国家出版基金项目
NATIONAL PUBLICATION FOUNDATION

国家出版基金资助项目

"十四五"国家重点图书出版规划项目

张琦 张艳荣 等 ◇ 著

巩固拓展脱贫攻坚成果与乡村振兴有效衔接

中国乡村振兴
前沿问题研究
丛书

丛书主编◇李小云

执行主编◇左 停

湖南人民出版社·长沙

图书在版编目（CIP）数据

巩固拓展脱贫攻坚成果与乡村振兴有效衔接 / 张琦等著. --长沙：湖南人民出版社，2023.10

（中国乡村振兴前沿问题研究丛书 / 李小云主编）

ISBN 978-7-5561-2729-0

Ⅰ．①巩… Ⅱ．①张… Ⅲ．①农村—扶贫—关系—社会主义建设—研究—中国 Ⅳ．①F126 ②F320.3

中国国家版本馆CIP数据核字（2023）第163093号

GONGGU TUOZHAN TUOPIN GONGJIAN CHENGGUO YU XIANGCUN ZHENXING YOUXIAO XIANJIE

巩固拓展脱贫攻坚成果与乡村振兴有效衔接

丛书主编　李小云
执行主编　左　停
本册著者　张　琦　张艳荣　等
策划编辑　黎红霞　欧阳臻莹
责任编辑　黎红霞　夏文欢
装帧设计　许婷怡
责任校对　丁　雯

出版发行　湖南人民出版社［http://www.hnppp.com］
地　　址　长沙市营盘东路3号
电　　话　0731-82683346
邮　　编　410005

印　　刷　长沙鸿发印务实业有限公司
版　　次　2023年10月第1版
印　　次　2023年10月第1次印刷
开　　本　710 mm×1000 mm　1/16
印　　张　15.75
字　　数　250千字
书　　号　ISBN 978-7-5561-2729-0
定　　价　70.00元

营销电话：0731-82221529（如发现印装质量问题请与出版社调换）

总序

在中国式现代化进程中
全面推进乡村振兴理论与实践创新研究

  党的十九大明确提出实施乡村振兴战略，并将其作为构建社会主义市场经济体系的六大方面之一。2018年，《中共中央 国务院关于实施乡村振兴战略的意见》明确了实施乡村振兴战略的指导思想、目标任务和基本原则，进一步明确了乡村振兴战略实施路线图。乡村振兴战略是中国乡村发展实践总结出来的新思想、新模式、新路径，是党的农业农村工作的总抓手，是针对我国农业、农村、农民的特点提出的具有中国特色的乡村发展道路。

  习近平总书记强调："从中华民族伟大复兴战略全局看，民族要复兴，乡村必振兴。"我们已经实现从解决温饱、摆脱贫困到全面小康的历史性跨越，但城乡发展不平衡、农村发展不充分仍然是社会主要矛盾的突出体现。农业农村这个短板能不能补上，是现代化进程中必须处理好的重大问题，关系到社会主义现代化建设的成效，也关系到共同富裕的成效，迫切需要坚持农业现代化与农村现代化一体设计、一并推进，走中国特色乡村振兴道路。

  全面推进乡村振兴是新发展阶段乡村发展工作重心的历史性转移。乡村振兴是全域、全员、全方位的振兴，涉及乡村产业、人才、文化、生态、组织振兴诸多方面，对象更广、范围更宽、要求更高、难度更大，是一项中长期的任务，最终目标是全面实现农业农村现代化，实现农业强、农民富、农村美，"全面实施乡村振兴战略的深度、广度、难度都不亚于脱贫攻坚"，需要系统谋划、有序推进。

全面推进乡村振兴也是构建新发展格局的需要。随着经济社会的发展，农业多种功能、乡村多元价值越来越得以彰显，全面推进乡村振兴也是挖掘农村内需潜力、畅通城乡大循环、构建新发展格局的重要举措。扩大内需，培育完整内需体系，农村有着广阔的增量空间。农民收入水平提升、农村社会事业发展，会释放出巨量的投资和消费需求。加快拓展和畅通国内大循环，就需要充分挖掘农村内需潜力，推动乡村振兴和城市更新"双轮驱动"，进一步增强产业链供应链韧性。

全面推进乡村振兴还是应变局、开新局的关键之举。习近平总书记强调："从世界百年未有之大变局看，稳住农业基本盘、守好'三农'基础是应变局、开新局的'压舱石'。"改革开放以来，我们创造出的经济快速发展、社会长期稳定这"两个奇迹"，一个很重要的因素就是保持"三农"的稳定发展。2020年以来，应对新冠疫情和部分地区严重自然灾害冲击，我国粮食和重要农副产品供给充裕，农村社会保持和谐安定，对保持经济社会稳定发展功不可没。当前，外部形势复杂变化，不稳定性不确定性日益增加，需要通过乡村振兴实现农业农村稳定发展，赢得应对风险挑战的战略主动和回旋余地。

全面推进乡村振兴更是中国式现代化进程的一个部分，面临很多理论、政策和实践问题。当前的乡村振兴战略，一方面是全球现代化特别是新中国以来国家农业农村现代化战略和实践的一个部分，另一方面又有鲜明的时代特征，面临其他国家、其他时期所没有的问题和挑战。乡村振兴战略需要随着实践的深化而加大研究总结力度。比如，不同类型地区的乡村振兴类型是否有差别；在城镇化大背景下，农村的人口尤其是年轻人还在继续减少，乡村振兴如何实现；在推进乡村振兴产业发展过程中，如何兼顾产业发展的规模集聚效益；如何推进乡村治理体系的创新，有效地保证乡村振兴战略的实施；如何在保证国家生态安全和粮食安全前提下，通过乡村振兴实现农民生活富裕的目标；等等。这些来自实践中的诸多疑问要求我们更加科学、准确地回答关于乡村振兴的实质或内涵到底是什么，需要在更深的层次从多维视角对我国乡村振兴研究的现状、热点和前沿进行更深入的思考和研究。

为此，三年前，湖南人民出版社和中国农业大学国家乡村振兴研究院商量，计划联合学术同仁对当前全面推进乡村振兴所面临的一些迫切需要思考的理论实践问题开展研究，并撰写出版这套《中国乡村振兴前沿问题研究丛书》，以期为更深入开展乡村振兴研究提供重要参考和建议。经过几个方面的努力，现在这套丛书终于付梓。

《中国乡村振兴前沿问题研究丛书》坚持问题导向、国际视野和前沿性，强化实地调查、案例研究和统计分析，在中外乡村发展理论大视野下，力求对当前的乡村振兴理论进行深刻理解和阐释，致力于回应乡村振兴战略和政策实践的现实需要。《中国乡村振兴前沿问题研究丛书》也对代表性的乡村振兴案例进行生动呈现。丛书共七卷，主要的内容包括国家现代化进程与乡村振兴战略、巩固拓展脱贫攻坚成果与乡村振兴有效衔接、乡村产业振兴与乡村功能拓展、乡村振兴与乡村人才建设、乡村振兴与民生保障、乡村组织振兴与新时代乡村治理、乡村振兴与城乡融合发展。丛书各卷编撰都由相关领域的一线专家担纲，这些专家对相关问题有充分的研究积累。

我们需要从全球现代化进程和中国农业农村发展的大历史的视角理解中国乡村振兴战略提出的必然性，理解中国乡村振兴的本质属性，并在此基础上构思解决中国农业、农村、农民发展各类问题的路径框架。《国家现代化进程与乡村振兴战略》系统地分析和阐释乡村振兴战略提出与形成的国际国内背景、基本内涵、重要内容、实施体系和重大意义；针对农村改革与发展中迫切需要解决的问题，诸如农村土地流转、农村组织与制度、农产品生产与流通、乡村建设与发展、城镇化、农村金融、贫困与脱贫攻坚、农村社会、农村法治、乡村治理等进行论述，聚焦"三农"领域的新做法、新经验；总结评估乡村振兴战略从顶层设计到基层落实的实践现状、主要做法、经验和模式。

脱贫攻坚和乡村振兴既是局部和全局的关系，也是不同发展阶段的关系。脱贫攻坚为乡村振兴提供了现实基础；乡村振兴也能为减贫创造长期的有利的政策氛围，为减贫发挥经济上的牵引作用，可以提升社会托底的水平，为减贫建立新的标杆，也为长期的反贫困提供新的治理和发展的资源和力量。巩固拓展脱贫攻坚成果与乡村振兴相衔接既是当下的问题，也是一个长期问题，涉及实现包容性、益贫性的社会经济发展模式和公共政策体系。《巩固拓展脱贫攻坚成果与乡村振兴有效衔接》就做好脱贫攻坚与乡村振兴有效衔接需要把握和厘清的二者的深刻内涵和内在逻辑关系，两大战略协同推进、平稳过渡的政策着力点、关键路径、机制构建以及实施重点、难点等做了分析阐释，对脱贫攻坚已形成的经验和项目如何主流化、常态化、机制化嵌入到乡村振兴战略进行了展望和讨论。

乡村振兴战略不仅应重视传统农业的发展，还应拓展乡村产业发展的新的方向，也就是对乡村新的产业功能的拓展。《乡村产业振兴与乡村功能拓展》从夯实农业生产能力基础、加快农业转型升级、提高粮食等农产品质量安全、建立现代农业经营体系、强化农业科技支撑、完善农业支持保护制度、推动农村产业深度融合、完善紧密型利益联结机制、激发农村创新创业活力等方面进行了阐释；同时，本卷还着眼于未来乡村产业发展，探讨了深化改革、拓展农村的新功能，通过构建新的乡村产业体系和新农业，为实现"农业强""农民富"创造前提。

乡村振兴离不开乡村人才振兴，乡村振兴需要一批新农人。《乡村振兴与乡村人才建设》从城乡融合的视角，对乡村人才队伍建设，特别是农业经营管理人才（农业职业经理人）、新型职业农民、农业科技人才、农村电商人才、乡村人才挖掘、乡村教育体系、乡村人才培养机制等方面作了详细阐释，就如何创新人才培育、引进、使用、激励体制进行分析和论证，旨在为激励各类人才在农村广阔天地大施所能、大展才华、大显身手，打造一支懂农业、爱农村、爱农民的强大的乡村振兴人才队伍提供具体指导。

乡村振兴战略的出发点和立足点都是人的发展、人民福祉的改善，特别是生活在乡村中的农民。农民的生活富裕是乡村振兴的最重要目标，也是中国现代化的特色和本色。《乡村振兴与民生保障》从政治、社会和经济维度对乡村振兴民生保障的目标、重点、意义和基本框架进行了系统性的阐释。乡村振兴应该为农民提供生态宜居的家园，提供基本的民生保障。乡村是一个人类生态系统，乡村振兴的过程应该包括人类生态系统的优化、功能化。乡村系统不仅能够传承乡村传统文化，更重要的要为乡村文化文明的新发展提供沃土。要把乡村文化和乡村生态系统融合起来，打造乡村居民生态宜居的家园。要加强改善乡村福利、加强乡村社会服务体系建设，发展乡村养老等服务功能。

组织振兴是乡村振兴的核心，《乡村组织振兴与新时代乡村治理》紧紧抓住组织振兴这一乡村振兴的"牛鼻子"，从组织振兴的意义、乡村治理的历史演变与时代要求以及如何构建新时代乡村治理体系等方面进行深入阐述，剖析了构建新时代乡村治理体系所面临的难题和困境，提供了打造服务型政府、建设村民自治组织、推进乡村法治建设、提升乡村德治水平、壮大乡村集体经济组织等措施和方法，为实现乡村各类组织的全面振兴提出相应的政策路径。组织振兴还要积极考虑数字治理技术在乡村的推进应用，打破数字鸿沟、实现数字超车，提升乡村组织治理能力和水平。

　　乡村振兴需要在城乡融合发展的大格局下予以推进。作为面向2050年国家现代化进程一部分的乡村振兴战略，也需要嵌入到国家社会经济发展的宏大框架中，与城镇化等"四化"统筹的战略相配合。城乡融合是推进乡村振兴战略的重要路径之一，只有通过城乡融合，才能实现资源在城乡之间的优化配置。城乡基本公共服务均等化是推进城乡融合的目标和主要指标，基本服务均等化也是提升乡村能力、改善乡村居民福利的重要方面，也是乡村产业发展的平台。《乡村振兴与城乡融合发展》力图从理论上建构新型工农城乡关系的框架，从实践层面回应城乡融合的政策和措施手段。

　　丛书尽可能针对乡村振兴需要思考的理论与实践问题进行系统的梳理和研究，提出了很多有建设性的意见和建议，为我国乡村振兴的学术研究提供了前沿观点与资料储备，也提出了需要学界和业界进一步探索的问题。我们希望丛书的出版有利于乡村振兴研究和实践工作的开展。

　　习近平总书记强调，全面建设社会主义现代化国家，既要有城市现代化，也要有农业农村现代化。要在推动乡村全面振兴上下更大功夫，推动乡村经济、乡村法治、乡村文化、乡村治理、乡村生态、乡村党建全面强起来，让乡亲们的生活芝麻开花节节高。乡村振兴涉及的领域十分丰富，需要研究探索的问题也很繁杂。本丛书的研究编写历经了三年的时间，其间，国内外的形势发生变化，乡村振兴战略的推进也在不断深化，丛书可能没有完全反映相关领域的最新进展，也希望得到各界的批评指教。

李小云

2023年8月

目

录

第六章

巩固拓展脱贫攻坚成果与乡村振兴衔接的难点和挑战

第七章

巩固拓展脱贫攻坚成果与乡村振兴衔接的重点政策领域

第八章

以人为本与资源整合：脱贫攻坚经验对乡村振兴的启示

第九章

结语与展望

第一章

习近平新时代中国特色社会主义思想引领下高质量振兴乡村发展

　　在实现中华民族伟大复兴的征程中，党和国家提出"两个一百年"奋斗目标，符合人类社会历史发展的客观规律，为社会主义建设指明了方向，反映了中国共产党人的初心和使命，彰显了中国特色社会主义制度的优势与自信。同时在时代更迭中，党和国家不断进行理论创新，特别是习近平新时代中国特色社会主义思想的形成，为新阶段的国家发展提供了思想指导和行动遵循。一直以来，"三农"问题受到党和国家的高度重视。百余年来，中国共产党对解决"三农"问题在每个发展阶段所采取的措施不同，但其最终目标和理想信念是不变的，即实现我国农业农村现代化，提升广大乡村居民主体的生活幸福感。党的十八大以来，党和国家综合考量农村实际需求，先后提出脱贫攻坚与乡村振兴两大战略，推动乡村现代化发展。改革开放以来，尤其是随着脱贫攻坚战的全面收官，我国实现了积贫积弱到全面小康的转变，乡村建设取得明显进展，但在爬坡期内仍不能放松，必须巩固拓展现有脱贫攻坚成果、提升减贫质量，为全面实施乡村振兴战略打下坚固基底。目前，我国正处于"两个一百年"奋斗目标历史交汇期，2021年中央一号文件《关于全面推进乡村振兴加快农业农村现代化的意见》中明确指出，要实现巩固拓展脱贫攻坚成果同乡村振兴有效衔接。因此，研究二者衔接的意义、背景，当前存在的难点及挑战，基于当下的状况，汲取脱贫攻坚的经验，在乡村振兴时期显得尤为重要。

　　回望中国自改革开放之后的奋进之路，特别是从脱贫攻坚到乡村振兴，基层政府因地制宜地进行乡村治理探索，为新时代乡村发展提供了一个个典型的标杆模式，为我国实现农业农村现代化描绘了基本蓝图。从脱贫攻坚到巩固拓展脱贫成果与乡村振兴衔接，再到全面进入乡村振兴，是针对当前我国乡村凋敝和衰落的客观事实所提出的解决方案，无疑向全世界展现出潜力无限的中国乡村，在世界范围内彰显了大国担当。我国正以斐然的实践成绩与科学理论向全世界彰显中国的制度优势，在这个必然载入史册的乡村振兴时期，不断汲取经验并有效完善，坚持"四个自信"，奋力迈向富强、民主、文明、和谐的社会主义现代化国家。

一、巩固拓展脱贫攻坚成果与乡村振兴有效衔接的先决条件

　　当前，我国正处于巩固拓展脱贫攻坚成果与乡村振兴有效衔接时期。站在全面建成小康社会和社会主义现代化"两个一百年"奋斗目标的交汇期，深入探究巩固拓展脱贫攻坚成果与乡村振兴有效衔接，是当下走中国特色社会主义现代化道路的必然选择。放眼全世界，我国乡村发展的当前阶段是很多发达国家也曾经历的阶段，但同时又区别于其他国家，因而我国必须在借鉴国外经验的基础上，因地制宜探索符合我国国情的发展道路，需要在当前乡村建设阶段合理设立衔接的过渡期，以促进国家不同发展战略的有效推进。深刻理解和挖掘巩固拓展脱贫攻坚成果与乡村振兴战略二者问题的提出和背景，对有序实现二者高效衔接有重大意义。从二者衔接的逻辑起点来看，其前提是具有高水平的脱贫质量，进而促进区域之间、贫困与非贫困人群之间均衡发展，这成为稳固脱贫攻坚成果的必然准备。此外，实现二者有效衔接必须遵循我国主要矛盾的转变，即从"人民日益增长的物质文化需要同落后的社会生产之间的矛盾"向"人民日益增长的美好生活需要和不平衡不充分的发展之间的矛盾"的转变，推动乡村现代化发展以及乡村制度成本节约。而从当前观察实践来看，我国脱

贫地区仍然存在许多问题，因此巩固拓展脱贫攻坚成果与乡村振兴有效衔接，有利于推动当前我国乡村的整体发展，在兼顾多元主体利益互动博弈的同时，促进我国乡村建设的内容互惠互通，更有利于中国创新乡村建设路径，为世界乡村发展做出卓绝贡献。

二、脱贫攻坚与乡村振兴的逻辑关系

脱贫攻坚和乡村振兴两大战略是中国特色社会主义理论体系的重要组成部分，也是解决"三农"问题的必然选择。分析巩固拓展脱贫攻坚成果与乡村振兴二者的有效衔接，对于推动乡村充分发展、城乡均衡发展，最终建成社会主义现代化强国具有重要意义。要实现巩固拓展脱贫攻坚成果和乡村振兴的有效衔接，应当充分理解两大战略的内涵要义，全面梳理二者间的逻辑关系。为此，主要是从时间和空间的双重维度、两大战略的耦合及差异性三个层面进行阐释：一是时间上的接续和空间上的优化。两大战略在时间安排上前后接续、长短交汇，空间上不断优化推动区域和个体高质量发展，确保了战略实施的连续性。脱贫攻坚的重点是要消除绝对贫困、全面建成小康社会，具有迫切性、针对性的特点。巩固拓展脱贫攻坚成果与乡村振兴有效衔接是为了进一步巩固贫困地区脱贫攻坚成果，并与其他地区同步发展。二是在理论价值指引下二者在实践内容上的耦合。依据中国特色社会主义共同富裕理论，脱贫攻坚缩小了区域间、农村在不同维度上的发展差距，补齐了贫困地区与其他地区同步发展的短板，在接下来的农村工作中，巩固脱贫攻坚成果与乡村振兴的衔接变得极为关键，做好巩固拓展脱贫攻坚成果和乡村振兴在五大路径上的有效衔接，对实现第二个百年奋斗目标具有重要意义。三是巩固拓展脱贫攻坚成果和乡村振兴存在的差异性。目前脱贫攻坚的巨大成果已经为扎实推进乡村振兴奠定了基础，但是在巩固拓展脱贫成果与乡村振兴衔接过程中，由于覆盖面、长远目标等方面各有侧重，其差异性以及随之而来的问题迫切需要准确把握脱贫攻坚和乡村振兴的逻辑转换，进一步做好过渡期的战略衔接。

三、以乡村建设为前提的减贫成效

在全面建成小康社会进程中，中国以 7.7 亿农村贫困人口摆脱绝对贫困的成绩，书写了全球减贫史上的一个奇迹，亦创造了减贫治理的中国样本。回望过往的奋斗路，中国的脱贫攻坚战取得了巨大的成就。一是体现在理论层面。以综合性扶贫策略回应了当前减贫实践中面临的复杂性和艰巨性，形成了习近平扶贫重要论述，丰富了全球贫困治理理论，创新了马克思主义反贫困理论，为全球摆脱贫困提供了中国智慧。二是体现在政策层面。构建了诸如"中央统筹、省负总责、市县抓落实"等系列管理机制体制，构筑"四梁八柱"顶层设计制度体系，发挥政府在减贫中的主导作用，并创新中国特色社会主义制度，为后续乡村发展提供了制度保障。三是体现在实践层面。从贫困人口的脱贫、贫困村的摘帽可以了解到，党和国家积极调动各种社会资源参与减贫治理，不管是外部基础设施、特色产业、生活环境，还是内部发展动力、公共服务、人才队伍、贫困人口精神面貌，都得到了极大的改善，鲜明的时代感在与历史的对照中油然而生，彰显了坚持中国共产党领导的正确性。

中国是传统农业大国，乡村在我国历史前进道路上扮演着重要角色，乡村与城镇共同构成了人类活动的主要空间，乡村具有强大的潜力和后劲。在这一场举国开展的治理中，上至国家层面，下到每个乡镇和村庄，共同致力于乡村减贫，为实现小康社会补齐了第一个短板，为振兴乡村打下坚实的地基。

四、巩固拓展脱贫攻坚成果与乡村振兴衔接的路径与机制

2020 年，我国脱贫攻坚取得全面胜利，但这并不意味着减贫治理的结束。对于脱贫摘帽的地区，其脱贫基础还比较薄弱，依然存在返贫风险大、脱贫

不稳定、产业同质化或产业支撑羸弱等问题，致使稳固脱贫攻坚成果的任务比较艰巨，因此需要巩固现有成果，拓展现有政策，促进现有体制机制衔接。在巩固拓展脱贫攻坚成果时，首先要厘清其基本内涵及其必要性，在守牢巩固的底线的同时，也要打破拓展的边界。巩固拓展脱贫攻坚成果，一方面是为防止出现大规模性返贫且推动高质量脱贫，另一方面是为衔接乡村振兴做铺垫，也是代表党和国家对人民的郑重承诺，保证脱贫成果经得起历史和人民的检验。要把握好巩固"两不愁三保障"成果、巩固脱贫攻坚时期所实施的政策以及巩固脱贫攻坚时期卓有成效的体制机制三个方面的基本内涵，以提升贫困人口和贫困地区的脱贫质量，实现可持续、稳定和高质量脱贫。确保帮扶政策总体稳定、提升脱贫人口可持续发展能力、优化公共服务和提升人居环境、激发脱贫人口的内生动力这四个实现路径要巩固，以确保巩固拓展脱贫攻坚成果，防止非持续稳定脱贫户与边缘贫困户发生返贫致贫现象。在巩固拓展脱贫攻坚成果与乡村振兴衔接中，党和国家设立 5 年过渡期，促使"巩固拓展—振兴"协同推进。推动二者的有效衔接，其关键点是构建系列可持续发展的长效机制，从政府—市场—社会参与、产业发展、生态补偿、基本公共服务、党委领导、防返贫、低收入人群帮扶、考核评估等方面构建更深层次的主体共融机制、更宽领域的内容共通机制和更高水平的体制互促机制，以切实推进乡村振兴。在巩固拓展脱贫攻坚成果与乡村振兴衔接阶段所构建的长效机制也同样能够在乡村振兴全面推进中发挥作用，为"十四五"以及第二个百年奋斗目标的实现作出贡献。

五、巩固拓展脱贫攻坚成果与乡村振兴衔接的难点和挑战

全面建成小康社会后，中国反贫困工作进入新阶段，巩固拓展脱贫攻坚成果与乡村振兴有效衔接是实现长效稳定脱贫的必然路径，是走向共同富裕的必然路径。2021 年中央一号文件强调要实现脱贫攻坚与乡村振兴有效衔接，其前提是脱贫攻坚成果稳固。然而当下，我国脱贫攻坚成果稳固性有待提高，巩固

拓展脱贫攻坚成果仍面临诸多难点，主要表现在农村可持续发展根基不稳、脱贫人口收入不稳定、基础设施和公共服务短板较为突出、政策延续性需进一步巩固等方面。同时以上情况导致二者有效衔接亦面临城乡、区域经济发展不平衡等问题。此外，我国在推进二者有效衔接过程中存在较大挑战，主要表现在两大战略要素壁垒需进一步突破、乡村特色产业发展水平有待提高、生态保护与经济发展之间的矛盾难以调和、乡村振兴内生动力有待强化、新型职业农民培育质量有待提高等诸多方面。

虽然新时代脱贫攻坚目标任务已完成，但是未来在如期推进农业现代化过程中，我国仍面临诸多难点和挑战。在当前以国内大循环为主体，国内国际双循环相互促进的发展格局下，以双循环的发展理念，破解当前巩固拓展脱贫攻坚与乡村振兴有效衔接的难题，是实现中国乡村全面振兴的必经环节。

六、巩固拓展脱贫攻坚成果与乡村振兴衔接的政策导向

在促进农村地区改革发展的进程中，党和国家先后提出脱贫攻坚与乡村振兴两大战略，并且为推动两大战略有效衔接，出台了系列文件。党中央的新一轮部署和系列文件的出台从政策逻辑上为乡村发展工作的持续推进指明了方向。在二者的有效衔接中，需梳理好关键环节的政策导向，首先应把握好巩固拓展脱贫攻坚成果的重点政策。从巩固来看，其侧重点在于优化产业发展、有序引入社会资本、强化人才队伍建设、落实易地扶贫搬迁后续扶持工作等方面。从拓展来看，其重点落脚于优化产业发展结构、延伸动态监测系统功能、提升基本公共服务供给质量、营造乡风文明发展环境这四个方面。由于政策的实施主体是基层政府，因而紧接着是做好组织体制机制的衔接，从而为政策落地落实起到保驾护航作用。同时也要优化考评体系，提升脱贫质量，使脱贫成果经得起历史和人民的考验。最后是厘清巩固拓展脱贫攻坚成果与乡村振兴衔接的政策重点领域，在逐项分类调整优化现有帮扶政策的基础上，实现战略惠及对象、

实施节奏、调整力度平稳过渡，变政策"悬崖效应"为"缓坡效应"，推动脱贫攻坚工作体系平稳转型，逐步转化为乡村振兴工作体系，为实现"十四五"高质量发展提供强有力支撑。

在实现中华民族伟大复兴的征程中，中国共产党一直坚持"以人民为中心"的根本立场。为有效破解城乡二元结构、促进城乡融合发展，在解决"三农"问题时，先后提出脱贫攻坚和乡村振兴两大战略。在脱贫攻坚战中，基层政府积极立足于自身资源禀赋，因地制宜地落实各项脱贫举措，在取得系列成就的基础上，总结出一批可复制、可推广、可借鉴的脱贫攻坚经验。这些脱贫经验是各界力量在反贫困治理中的智慧结晶，为乡村振兴的全面展开提供了借鉴，并能够在乡村治理新阶段持续发挥作用。

脱贫攻坚战内含中国共产党以人为本的核心价值观，无论是扶贫对象，还是扶贫措施，都是从人民的根本利益出发解决现实情境中的难题，让人民群众能够享受改革的红利。通过对贫困群众多元化的帮扶方式，有效调节社会贫富差距以及促进社会公平，同时也解决了区域性整体贫困问题，补齐了欠发达地区在新的发展阶段的短板。在精准思想指引下采取分类施策、产业就业"双轮"拓展农民增收渠道、优化农村公共服务、促进基层治理现代化、发展与保护结合、激发内生动力等措施，为乡村振兴的实施提供有益启示，即坚持短期脱贫与长期发展、三位一体协同治理、区域内外资源整合、城乡融合发展。

根据我国发展阶段、环境、条件变化，党和国家做出了以国内大循环为主体、国内国际双循环相互促进的新发展格局的重大战略决策，这是事关全局的系统性深层次变革。乡村振兴有助于扩大国内需求，对实现"双循环"有重要意义。在"两个一百年"奋斗目标的交汇时期，把握国内国际形势，从巩固拓展脱贫攻坚成果与乡村振兴有效衔接的重大意义出发，从时间和空间两个维度辨析两大战略的耦合与差异，总结脱贫成果经验的同时思考可持续发展的难点与挑战，针对衔接的重点难点进一步修改政策守住底线，完善创新制度保障，实现两大战略的高效衔接。乡村振兴的重点工作在农村，要求建设"产业兴旺、生态宜居、乡风文明、治理有效、生活富裕"的现代化农村。两大战略的高效衔接丰富了中国特色反贫困的理论体系，明确了要素市场化配置改革是完善社会主义市场经济体制的重点任务，政府和市场有机结合，协调发挥作用，切实提高要素配置效率和全要素生产率。两大战略有效衔接的立足点在于可持续发展，产业发展是链接城乡经济可持续协调发展的关键，因此在两大战略的衔接期，要以发展农村多元化产业经济为抓手，加强基层党组织建设，坚持以人民为中心、以生态保护为原则，改革优化政策保障，采用"引进来"和"送出去"相结合的形式，为农村积累人力资源，形成人才环流态势，为乡村振兴输入人才增添活力，实现脱贫攻坚与乡村振兴的有效衔接。

第二章

巩固拓展脱贫攻坚成果与乡村振兴
衔接的问题提出和时代背景

当前，绝对贫困基本消除，我国逐渐进入治理相对贫困的时期。《中共中央关于制定国民经济和社会发展第十四个五年规划和二〇三五年远景目标的建议》把不断巩固拓展脱贫攻坚成果、扎实推进乡村振兴战略列为"十四五"时期经济社会发展的主要目标，将实现巩固拓展脱贫攻坚成果同乡村振兴有效衔接作为未来五年全国农业农村发展的重点任务。面对新要求，应当从如何巩固拓展脱贫攻坚成果，如何实现二者有效衔接两个方面深入探讨。就巩固拓展脱贫攻坚成果而言，当前，我国返贫风险仍存在，巩固脱贫攻坚成果应当在全面落实"四个不摘"要求，保持现有状态稳定的前提下，在五年过渡期内，不断推进和提升脱贫攻坚成果的质量。就二者有效衔接而言，进入"十四五"，我国将乡村振兴作为解决"三农"问题的主要导向，在此之前，巩固拓展脱贫攻坚成果成为下一步政策顺利开展的必然途径，而二者有效衔接成为顺利实施乡村振兴战略的必要准备。

当前，我国正处于特殊历史时期，脱贫攻坚成果尚需巩固，乡村振兴战略蓝图尚需勾勒，诸多不稳定因素影响国家政策的实施。因此，在这一时期，需要不断巩固和拓展脱贫攻坚成果，实现政策衔接的平稳性，进而推动实现中国特色社会主义现代化。

一、巩固拓展脱贫攻坚成果与乡村振兴衔接的逻辑起点

改革开放以来，为提升乡村居民整体生活水平，我国不断致力于减贫事业，并于2020年12月完成脱贫攻坚任务，我国农村整体发展层次得到跨越式提升，农村居民生活水平总体提升。自此，我国进入脱贫攻坚与乡村振兴衔接过渡期。为稳步过渡到乡村振兴，不仅需要重视二者有效衔接，也需要看到巩固拓展脱贫攻坚成果的重要性。当前，提升脱贫攻坚成果质量，促进东西部协同发展，缩小区域经济发展差异，平衡贫困与非贫困人口发展差异成为巩固拓展脱贫攻坚成果的主要推手。此外，基于国内外乡村发展规律以及城乡融合的必然轨迹，以乡村发展为契机，在乡村振兴中，乡村需实现产业振兴、人才振兴、组织振兴，激发乡村发展活力。针对巩固脱贫攻坚成果、乡村制度成本节约、农业农村现代化的目标，实现脱贫攻坚与乡村振兴战略有效衔接成为应时之需。

（一）巩固拓展脱贫攻坚成果的必然性

1.稳定和拓展脱贫成果的要求

乡村振兴需要解决脱贫攻坚中遗留的问题和后续发展中产生的新问题。脱贫攻坚是党和国家为解决扶贫对象脱贫问题而采取的重大行动，也是为实现人民共同富裕而作出的重要战略部署。自脱贫攻坚开展以来，我国农村落后面貌逐步改善，农村贫困人口生活水平得到提升。2020年12月2日，国务院扶贫办公室宣布我国832个贫困县已全部实现脱贫摘帽。从现有脱贫攻坚成效来看，我国实现全面脱贫，乡村基础设施及公共服务建设总体水平提升，乡村教育资源较为均衡，贫困地区经济发展水平有所提升。但是，也产生了一系列新问题，特别是脱贫攻坚时期部分遗留问题难以解决。例如，当前我国脱贫人口仍然存在返贫问题，以及乡村区域发展不平衡，扶贫产业难以持续发挥益贫作用，易地扶贫搬迁后续可持续发展困难等问题。

具体而言，脱贫攻坚期间，我国返贫人口逐年下降，但是返贫人口下降并不意味着返贫风险不存在。2016年至2018年，我国返贫人口由68.43万下降到5.8万，返贫区域主要集中在偏远山区、基础设施落后地区以及公共服务不健全地区。收入稳定性不足、发展动力较弱、因病因老因残等风险因素造成返贫问题的存在。因此，我国巩固脱贫攻坚成果的任务仍旧繁重。因贫困成因的复杂性、贫困问题的系统性，我国在巩固脱贫攻坚成果方面主要面临以下几个问题：一是低收入人群的内生动力问题；二是产业扶贫的可持续性问题，以及产业的同质化问题；三是易地扶贫搬迁后续发展问题；四是帮扶政策稳定性问题。

基于上述分析，可见我国脱贫攻坚成果的巩固和拓展长路漫漫，在现行标准下巩固已有成果，在过渡期内拓展脱贫攻坚成果，成为脱贫攻坚与乡村振兴有效衔接的前提和保障。

2.提升脱贫地区整体发展水平的要求

在脱贫攻坚时期，东西部协作为西部地区经济发展增添活力。2016年习近平总书记在银川主持召开东西部扶贫协作座谈会，并指出要在组织领导、人才支援、资金支持、产业合作、劳务协作等层面加强东西部合作，推动区域协调发展。经过多年经验积累，特别是在脱贫攻坚阶段的大力推进和实践，如宁夏闽宁镇、广西东兰县、江西赣州市，东西部协作关系远远超越扶贫范畴，并为进一步构建区域协调、协同发展奠定制度基础。多年探索与经验积累，使东西部扶贫协作逐渐演变为不同政府部门、市场主体及社会力量共同协作的协同发展机制，并初步探索了在社会主义市场经济条件下土地、人才、资本、科技等资源要素在不同地区相互流动、优化配置的协同发展方式。

未来乡村建设和相对贫困的治理，不仅需要强调治理成效，更需要统筹考虑区域差异带来的总体发展效益。因此，要实现从"精准扶贫"到"双循环"区域协同发展格局的有效过渡，首先需要实现巩固拓展脱贫攻坚成果，在保证现有成果的前提下，才能不断推进二者有效衔接，进而实现向乡村振兴的过渡。

依据阿玛蒂亚·森（Amartya Sen）的能力贫困理论，在五年的过渡期内，一是东西部协作梯度化对接的推动。依据不同区域总体发展水平，将全国各地有序划分为多个梯队，分梯次推进脱贫攻坚与乡村振兴的有效衔接，并进一步为乡村振兴时期东西部高效协作带来可能。二是区域互动合作的可能性加深。基于已有区域合作基础，结合东西部不同区域的经济发展状况、区域合作开放政策以及区域贫困状态等特征，在现有基础上进一步加深东西部区域合作成为必然趋势，也为区域减贫合作提供了有效可行的互动合作政策设计和制度设计。三是构建东西部扶贫协作长效机制的迫切要求。减贫是我国经济发展的重要组成部分，需要将其融入整体经济发展中去看待。在"十四五"期间，区域发展更要强调区域合作、区域带动能力。虽然我国通过脱贫攻坚减小了区域间的发展差异，但是区域不平衡是一个长期存在且复杂的问题，需要不断深化推进。面对经济形势新变化、新挑战的出现，着力推进区域协作长效机制成为必然。应通过东西部扶贫协作长效机制深化区域减贫合作关系，有效推进区域经济发展，进而为解决区域发展不平衡问题提供方案。

面向未来，在乡村振兴期间，我国将构建以国内大循环为主，国内国际双循环相互促进的大发展格局。未来乡村建设更多聚焦解决不平衡不充分问题，并以优化发展格局、提高治理成效为导向。因此，东西部协作被赋予更多含义。2020年后，东西部协作更多超越扶贫范畴，聚焦东西部要素流动，协同发展。应当充分发挥东部地区新基建新要素的作用，实现在数字科技带动下提升乡村建设，平衡发达地区与欠发达地区之间的资源配置。深度挖掘西部地区土地要素、劳动力要素、自然资源要素等优势。推动东西部地区要素充分流动，构建益贫性经济增长、包容性经济发展、多元化社会发展的乡村振兴大发展格局。

3.平衡贫困与非贫困群体及地区发展

自改革开放后，我国经济整体水平快速提升。随着中国特色社会主义新经济时代的到来和脱贫攻坚任务的完成，我国贫困地区与非贫困地区、贫困户与非贫困户之间的差距逐渐缩小。但与此同时，也存在差别化政策所导致的人口发展差异与地区发展差异，以及脱贫后欠发达地区经济发展不稳定等问题。

一是贫困户与非贫困户、贫困地区与非贫困地区的政策差别化待遇导致的社会问题。由于非贫困地区无法享有与贫困地区同样待遇的优惠政策，非贫困户无法享有与贫困户同样待遇的帮扶政策，导致出现较为明显的福利差距以及其他社会衍生问题。贫困地区与非贫困地区的政策差异主要表现在后期二者基础设施建设完善度，贫困地区有明显超越非贫困地区的迹象；贫困户与非贫困户的政策差异主要表现在公共服务方面，例如教育类帮扶政策差异、医疗帮扶政策差异等。因此，在巩固脱贫攻坚成果的五年过渡期内，为防止这类衍生问题恶化，我国进一步调整对贫困与非贫困群体及地区之间的政策待遇，从而缩小二者发展差距。

二是欠发达地区总体发展水平不稳定，仍存在发展不平衡问题。与非贫困地区相比，虽然在相关政策支持下，贫困地区摆脱贫困现状，但是由于贫困地区总体发展基础薄弱、城乡发展差距大、农村发展不充分等因素，导致贫困地区经济发展水平不稳定，还需要进一步稳固和强化其现有成果。因此，设立五年过渡期，进一步优化乡村产业环境，增强贫困地区发展后劲，带动乡村生态治理、生态环境等全面进步，能够保证贫困地区从脱贫攻坚稳步过渡到乡村振兴，并实现地区经济发展水平均衡。

（二）二者有效衔接的必然性

1.我国社会主要矛盾转变的必然要求

当前，我国社会主要矛盾已经转变为人民日益增长的美好生活需要和不平衡不充分的发展之间的矛盾。从诸多分析中可以得知，我国城乡发展的主要矛盾是城乡关系失衡，农村主要问题是发展的不充分性。在脱贫攻坚时期，我国主要注重解决贫困群体的"两不愁三保障"问题，即贫困群体的基本生存问题。从本质上来讲，脱贫攻坚更多是对绝对贫困问题的解决，依然致力于满足农民群体的物质文化需求，提高农民群体的物质生活水平。因此，脱贫攻坚时期解决的问题更多归属于"人民日益增长的物质文化需要同落后的社会生产之间的矛盾"的范畴，这也是为我国社会主要矛盾转变所做的重要物质准备。在实施乡村振兴战略时期，基于脱贫攻坚取得的系列成果，我国绝对贫困问题已基本解决，位于贫困标准线之下的人口已达到贫困线标准之上。从"木桶效应"来看，阻碍我国经济发展的短板基本补齐，那么在新的发展阶段，就需要巩固拓展脱贫攻坚成果，使其能够有效衔接乡村振兴战略，从长远规划如何在各群体发展水平基本相持的状态下，进一步推动各发展主体的动能能效。在这个阶段，广大农民的需求从基本满足生存向追求美好生活转变，从"有没有"向"好不好"转变。针对这一现实情况，我国在乡村振兴战略实施期间，更多关注城乡基础设施建设的完善度、公共服务均等化、城乡发展不均衡、农村发展不充分等现实问题。

因此，基于上述分析，随着我国经济发展水平提升，我国社会主要矛盾已经发生转变，随之而来的是城乡居民需求的转变，特别是乡村居民的主要需求发生转变。基于上述转变，巩固拓展脱贫攻坚成果成为乡村居民生活水平提升的前提，二者的有效衔接成为化解我国社会主要矛盾的必然路径。

2.乡村制度变迁及降低乡村制度成本的驱动

脱贫攻坚与乡村振兴是我国农村发展的重大决策部署，而顺利实施乡村振兴战略的首要前提是完成乡村的基本建设。当前，我国乡村价值结构正经历翻天覆地的转变，其中乡村制度是我国乡村价值重塑的主要支撑。纵观乡村历史发展，从改革开放到脱贫攻坚直至乡村振兴，每个阶段乡村制度供给因主体利益博弈而发生变迁。此外，在当前发展形势下，降低乡村制度成本，推动乡村集约化发展是未来乡村振兴体系高效运行的前提。脱贫攻坚与乡村振兴在乡村制度供给和乡村制度成本上具有较大差异，因此，实现脱贫攻坚向乡村振兴的平稳过渡有助于我国乡村制度转变和乡村制度成本的降低。

从乡村制度成本角度来看，脱贫攻坚的实施提升了我国边远欠发达地区居民生活水平，为未来更高质量的乡村发展奠定基础，而乡村振兴战略更多是党和国家为实现全面建成小康社会、全面建设社会主义现代化国家而制定的七大战略之一。前者通过政策措施、资金帮扶、制度调整、资源引进等方式推动我国乡村样貌实现全面改善，其面向的主要是乡村农户个体，所以在脱贫攻坚时期我国乡村制度成本较高。乡村振兴作为脱贫攻坚的进一步提升，主要围绕整个乡村和全体农民，脱贫攻坚与乡村振兴在内容和方法上相互嵌套。因此，二者的有效衔接有利于未来乡村振兴战略实施的制度成本降低，避免国家资源和社会资源浪费。所以，探讨脱贫攻坚与乡村振兴战略衔接是有必要的，必须实现以脱贫促进乡村振兴战略高效实施。

从乡村制度变迁来看，乡村制度供给作为国家治理体系现代化的重要组成部分，其建设与完善体现了我国国家治理现代化的优势，也是我国国家良序、社会善治的重要体现。纵观我国乡村制度的演变，其始终坚持为乡村居民谋发展的初衷。无论是宏观意义上的改革，还是微观意义上的改革，我国乡村制度供给都遵循其阶段性的发展规律。这一发展规律遵循了理性选择制度主义的制度变迁理论。

通过脱贫攻坚阶段对边远欠发达地区的帮扶，我国偏远乡村的潜在功能、价值水平以及乡村架构已初显变化。为进一步发掘我国乡村功能价值，并满足乡村居民多维需求，乡村振兴战略应运而生。因为乡村整体的要素变迁、人才流动、资金拨付等方面均会有较大程度的变迁，随着这些外部因素的变化，我国乡村制度供给也发生变化。但是，在此之前乡村发展没有成功案例可借鉴，因此，需要通过探索来实现乡村制度变迁及乡村振兴。我国改革发展的经验告诉我们，渐进式发展和推广的方式是遵循事物发展规律的最好方法论。脱贫攻坚时期，我国通过自上而下的政策布局，成功实施诸多政策，而自下而上式创新推广机制成为反馈脱贫攻坚成效的最优选择。通过上下互动式的渐进推进方式，我国脱贫攻坚取得显著成效。鉴于以往我国改革试行的经验，在脱贫攻坚中取得创新成果的制度政策，应当在乡村振兴政策体系中试行，这也就意味着需要设立脱贫攻坚向乡村振兴的过渡期，实现脱贫攻坚时期的创新政策制度向乡村振兴政策制度过渡，从而保证我国乡村居民的平稳适应。

3.地方政府认知度及区域发展差异的推动

乡村振兴是脱贫攻坚的进一步发展，当前诸多地区对脱贫攻坚的做法都有具象特征，地方政府也对治理乡村贫困有明确思路。相对而言，乡村振兴仍处于规划阶段，虽然地方政府已经将乡村振兴战略写入地方政策文件，但是如何推进，如何具体实践并充分运用脱贫攻坚成果为乡村振兴战略助力仍然悬而未决。从基层来看，我国脱贫攻坚与乡村振兴仍处于"两张皮"运作阶段，并未真正实现二者的充分融合和衔接。分区域来看，西部地区多为经济欠发达地区，其未来主攻方向仍停留在如何稳固现有状态；而东部地区更多地会关注如何提升乡村发展的质量，提升乡村居民"生活美，人幸福"的水平。因此，综合上述两种视角，我国当下应当积极推行脱贫攻坚与乡村振兴有效衔接，既要兼顾不同阶段地方政府对二者的认识水平，也要兼顾不同地区发展水平差异问题。当然，我国也不乏可以做到兼顾二者，初步探索脱贫攻坚与乡村振兴战略有效衔接的典范。如河南省商丘市探索"基层党建、脱贫攻坚、扶贫车间"共同发力的发展模式，河南省济源市通过"产城融合，以产带城"的理念，探索了相对贫困状况下，脱贫攻坚与乡村振兴战略的高效衔接。其中河南省济源市贯彻党中央和省委系列决策部署，以城乡一体化统揽经济社会发展，把握机遇，以城乡融合、城乡居民总体经济水平提升、生态保护为目标，出台相关政策文件，从城乡运行体系、产业发展、民生保障、生态保护、文化传承等方面促进城乡全面融合发展。

二、巩固拓展脱贫攻坚成果与乡村振兴衔接的时代背景

当前，全国农村工作重心由脱贫攻坚向全面乡村振兴转移，巩固拓展脱

贫攻坚成果和降低乡村制度成本，成为当前我国乡村建设面临的首要问题。按照国际上其他国家和地区乡村建设的必经之路来看，从满足乡村居民生存需求到实现乡村居民再发展、乡村建设更美丽的阶段，需要有一定的过渡期实现二者有效衔接。基于我国城乡发展现状，应当进一步推动巩固脱贫攻坚成果与乡村振兴的有效衔接。

（一）国家战略调整的推动

从改革开放初期至今，我国国家整体战略推进根据不同时期"三农"问题的变化，作出相应调整。从"四个现代化"阶段到全面建设小康社会阶段，再到现如今"两个一百年"奋斗目标阶段，"三农"问题始终与国家整体战略联系紧密。"三农"问题是我国的基础性问题，"两个一百年"奋斗目标是我国主要奋斗目标。无论是"三农"问题，还是"两个一百年"奋斗目标，其最终的核心是平衡城乡关系，推动实现农民富起来、生活好起来的目标。因此，当下应该顺应国情农情，贴合历史发展规律，走中国特色乡村振兴道路。

随着脱贫攻坚的结束，我国"三农"问题得到改善，但是离乡村振兴战略实施的标准还有一定差距。基于这一现状，我国及时提出五年过渡期，作为脱贫攻坚与乡村振兴有效衔接期。无论是脱贫攻坚，还是乡村振兴，抑或是二者衔接，这一系列政策转变都是我国"三农"工作的应有之义。农业、农村、农民三者互为基础，需统筹发展。而在过去，基于当时国内经济状况，优先发展工业，农业发展相对落后，且农村经济发展水平较低，从而造成城乡割裂式发展，使得城乡之间差距加大。随着脱贫攻坚战的提出，我国逐渐重视农业、农村、农民统筹发展，农业农村现代化、农民生活富裕成为主要政策导向。当下，结合脱贫攻坚成果，"三农"问题得到一定程度的解决，但这只是开始，未来应该跳出"三农"看"三农"，从根本上解决"三农"问题。

打破城乡二元对立格局、实现城乡融合发展，对于乡村振兴而言具有重大意义，是我国现阶段破解"三农"问题的重要环节。城市与乡村是互相依存、互相补充、互利共赢的发展共同体。城市利用其辐射带动作用为乡村发展提供动能和导向，乡村则是城市发展的主要支撑。由于思想认知限制，在脱贫攻坚时期，重点突出城市的主要地位，而忽略乡村的作用。中国乡村资源较为丰富，有自然资源、历史资源、资产资源、权力资源等，但是由于城乡二元结构存在，人们往往将乡村视为贫困的发源地，从而忽略这些潜在资源，导致其成为"死资源"，进而影响乡村整体发展。从社会经济发展角度来看，我国正处于城镇化快速发展时期，党的十八大以来，不断通过制定一系列重大方针破解城乡二元结构，构建以城市群为主体，大中小城市和小城镇协调发展的城镇格局。从马克思主义城乡关系理论来看，我国当前经济发展正处于城乡融合阶段，表明城镇化成为必然趋势，但这并不是说要限制乡村的发展，相反，乡村的建设和发展要基于城镇化的发展。因此，从人口流动和空间集聚角度来讲，中国乡村振兴的过程一定是城镇化高速发展，是人口和产业在城乡之间流动、融合、互促的发展。其中的逻辑是：城镇化依赖乡村生产力和生产要素的融合，乡村振兴依赖城市对乡村的带动。

自脱贫攻坚结束，我国进入脱贫攻坚与乡村振兴有效衔接阶段。基于上述分析，可以看出，二者有效衔接是我国现阶段解决"三农"问题的整体导向，也是我国结合当下实际和国家整体战略导向的要求。

（二）后脱贫时代乡村发展的现实需求

进入后脱贫时代，我国贫困形势逐步从"绝对贫困为主"转变为"绝对贫困"与"相对贫困"并存，农村发展问题相应发生变化：脱贫人口的稳定性发展及兜底脱贫压力激增，相对贫困问题显现，农村人口发展需求转变。因此，在脱贫攻坚收官期与乡村振兴战略实施伊始期，促进两大战略有效衔接，解决农村人口发展的现实需求，具有重大指导意义。

　　首先，当前，我国农村贫困人口已实现由无条件发展、无能力发展到自我发展需求增长的转变，但是仍然存在部分特殊群体因缺乏劳动力或完全丧失劳动力被迫陷入贫困泥淖中的现象。这类群体是我国在后脱贫时代重点关注的对象，也是脱贫攻坚成果巩固与乡村振兴战略衔接过渡期内重点兜底对象。这类群体被纳入我国社会的接受群体保障体系中，意味着未来一段时间内，我国社会兜底保障系统人口数量将在短时间内大量增加，势必对帮扶资金和系统运行造成压力。因此，在巩固脱贫攻坚成果与乡村振兴战略衔接的过渡期内，必须提前做好社会救助准备，完善社会救助系统。其次，阶段性贫困形式转变。随着脱贫攻坚成效的显现，我国贫困形式由以"绝对贫困"为主演变为"绝对贫困"和"相对贫困"并存的形式。相对贫困属性的居民人数正在上升，这部分人口的"两不愁三保障"已得到解决，但是与中高收入人群相比，他们的总体收入水平只能满足最基本的生存需求，且可以获得的社会资源相对匮乏。这促使在脱贫攻坚与乡村振兴的衔接期，完善更加合理的社会资源分配制度、缩小城乡发展差距迫在眉睫。最后，农村人口发展需求转变。人的需求具有多样性和动态性特征，随着我国低收入人口自身生存发展境况的持续改善，其基本需求也发生改变（见图 2-1）。从满足基本温饱的生存需求转变为对生活和精神文化的需求，符合我国当前主要矛盾转变的发展趋势。面对农村人口发展需求转变，在巩固脱贫攻坚成果与乡村振兴战略衔接期，应当按照乡村振兴的总要求，为我国农业农村发展注入强大动力。

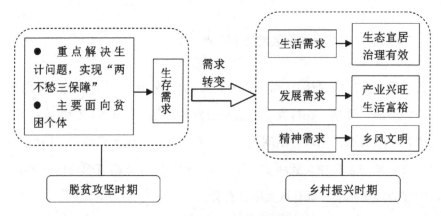

图 2-1　我国乡村居民需求转变

综述之，2018 年 9 月，《乡村振兴战略规划（2018—2022 年）》中提出"推动脱贫攻坚与乡村振兴有机结合相互促进"。在"十四五"时期，如何正确处理脱贫攻坚完成后的遗留问题，并高效地将农村现实需求融入乡村振兴战略任务中，是脱贫攻坚与乡村振兴衔接期的重大任务。解决好这些问题，同时可以为欠发达地区推进乡村振兴战略节省大量人力、物力和财力，为均衡发达地区和欠发达地区之间的资源分配提供可靠保障。

（三）从城乡贫困分治到贫困共治的驱动

在空间贫困理论和中国城乡二元经济社会制度的影响下，城镇在脱贫攻坚中被视作重要的接纳地，具备较强的益贫作用。而相比之下，乡村则更多地被认为是落后空间的代表，是贫困的发源地。随着我国城乡关系逐渐融合，可以发现，城镇与乡村并不是天然地处于分割状态，二者既有联系，又各具特色，不应该将二者分割开来看待贫困问题。乡村之所以贫困发生率较高，是因为乡村人口超出了乡村承载能力。中国不仅是农业大国，也是一个农民大国，农业、农村、农民在中国总体经济发展中占据重要位置，对未来实现我国社会主义现代化具有深远影响。当前，我国乡村居民从以农业为主转变为以兼业为主，城乡居民消费支出差距和收入差距在逐渐缩小，但是仍存在发展差距。在社会主义现代化进程中，城镇化、工业化不会完全取代新农村建设，城市与乡村将长期共存发展。在全面建成小康社会和乡村振兴战略实施的背景下，城乡融合是缩小城乡发展差距的主要路径。因此，应该超越城乡二元对立的思维，打破传统束缚，发挥城乡两极功能，实现空间、资源优势互补与配合，进而推动巩固拓展脱贫攻坚成果与乡村振兴战略有效衔接。

首先，从城乡发展差距来看。中共十九届五中全会通过的《中共中央关于制定国民经济和社会发展第十四个五年规划和二〇三五年远景目标的建议》提出将"脱贫攻坚成果巩固拓展，乡村振兴战略全面推进"作为"十四五"时期经济社会发展的主要目标之一。无论是脱贫攻坚还是乡村振兴战略的实施，推动城乡协调发展，实现共同繁荣是关键。而当下城乡发展不平衡，农村发展不充分是我国现阶段发展面临的最为突出的问题。2020 年，我国农村居民人均可支配收入水平是城镇居民的 39.08%，农村居民人均消费水平是城镇居民的 50.78%。通过对比发现（见图 2-2），我国城乡发展差距仍然较大，加强乡村基础设施建设、提升公共服务水平、居民增收等问题仍需解决。进而言之，相较于非贫困地区，我国贫困地区总体经济发展基础薄弱，城乡发展差距较大，农业农村问题较为突出，农业现代化转型相对困难。在脱贫攻坚时期，区域化发展差异较大，西部地区刚刚脱贫，东部地区起步早。此外，与脱贫攻坚不同，乡村振兴战略更多面向全局性、多元化的发展。因此，在脱贫攻坚与乡村振兴战略衔接期，合理化设立不同区域的工作发展目标，重点关注东西部地区城乡发展是很有必要的。

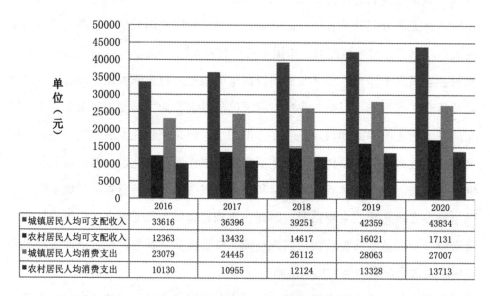

单位（元）	2016	2017	2018	2019	2020
城镇居民人均可支配收入	33616	36396	39251	42359	43834
农村居民人均可支配收入	12363	13432	14617	16021	17131
城镇居民人均消费支出	23079	24445	26112	28063	27007
农村居民人均消费支出	10130	10955	12124	13328	13713

图 2-2　2016—2020 年我国城镇、农村居民人均可支配收入及人均消费支出情况

其次，从新型城镇化关系来看。我国城镇化率逐渐呈上升态势。与1990年相比，2019年我国城镇化率上升34.2%，城镇常住人口增加至84843万人。城镇化率整体呈平稳上升态势，折射出我国社会的整体变迁。党的十九大要求"建立健全城乡融合发展体制机制和政策体系"。随着我国城乡关系趋向融合，在现有制度环境和政策形势下，应当突破城乡分割的思维窠臼，在城乡联动视域下充分利用城市和乡村两种场域、两种资源，推动城乡要素双向流动。基于当下我国城乡要素双向流动的发展理念，应当充分挖掘乡村场域的功能作用。乡村是集人文、地理、环境和资源于一体的综合体，在快速城镇化推进下大量搬迁群体离乡进城，导致乡村凋敝。在后发展时代，应当深度挖掘乡村场域的综合功能，发挥乡土人文作用、自然资源作用。同时，也应重视县城综合发展能力，把乡镇建成服务农民的区域中心，有利于发挥都市圈作为"坚持乡村振兴和新型城镇化双轮驱动"的战略平台作用，更有利于形成"城乡融合发展的空间格局"的战略支点和乡村建设的直接带动力量。

总而言之，从脱贫攻坚到乡村振兴战略，二者主要目的在于缩小城乡差距，实现共同繁荣。乡村建设行动，不仅是脱贫攻坚的任务，也是乡村振兴战略的重要任务，还是推动国家现代化的重要内容。统筹县域城镇化和村庄规划建设，有利于发挥国家发展规划的战略导向作用，统筹城乡国土空间开发格局，优化乡村生产生活生态空间，培育"田园乡村与现代城镇各具特色、交相辉映的城乡发展形态"。

（四）国际经验的必然选择

乡村发展是新时代我国解决"三农"问题的根本导向，近70年的脱贫攻坚工作为乡村发展奠定坚实基础。进入"十四五"，中国迎来乡村振兴的重大发展。然而，我国基层政府对乡村工作的指导思想仍然停留在脱贫攻坚阶段，对脱贫攻坚与乡村振兴的区别、乡村振兴的实施理念以及如何实施，都没有系统性的认识，导致在实践中捉襟见肘。从国际视角来看，乡村振兴战略并不陌生，主要发达国家通过乡村振兴相关方式促进农村发展乃至缩小城乡差距，并推动整体国民经济发展。纵观各国经济发展历史脉络，在经济发展过程中，城乡关系失衡、乡村凋敝、农村劳动力过剩等不均衡问题在每个国家基本都会发生。但不同国家的解决方式决定了其未来的经济走向，其中日本、韩国以及欧洲部分国家的相关措施，促使他们的乡村建设水平得到进一步提升。因此，在目前过渡时期，我国推进巩固拓展脱贫攻坚成果与乡村振兴战略有效衔接，应当借鉴和吸取相关国家的成功经验，并在此基础上探索具有中国特色的乡村振兴之路。

第二次世界大战以后，各国经济百废待兴，农村满目疮痍。日本政府制定保护耕地的相关措施，韩国政府推行一系列促进粮食生产的政策措施，欧洲共同体实施共同农业政策（Common Agricultural Policy，CAP），借此提高农业农村总体经济发展水平。但是日本、韩国以及欧洲部分国家经济重心集中在工业和城镇化方面，导致在 20 世纪 60 至 90 年代，这些国家出现工农产业发展失衡、区域经济不协调、农村劳动力流失严重、农村人口老龄化等问题。由此，日本在 20 世纪 60 年代发起乡村振兴运动，随后推行造村运动，旨在振兴本国内部日益衰落的农村。可以说，日本乡村振兴建设主要因素有劳动、土地和资本，以及缩小城乡差距、资本转为收益的农村长效机制。20 世纪 70 年代，韩国实施的"新村运动"主要通过政府干预，引进激励机制和竞争机制，激发农民内生动力，实现农户自身劳动力价值，为工业提供充足的后备供给。相比于日、韩两国，欧洲部分国家更多依靠"共同农业政策"，旨在解决农产品过剩问题，提升农产品竞争力，促进农村发展。总体而言，通过梳理上述国家的经验规律，发现它们主要通过完善立法、加强政府顶层设计、社会多元参与、产业融合、激发内生动力以及完善公共服务等方式促进乡村振兴（见图 2-3）。

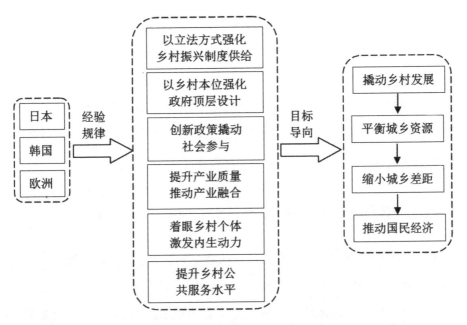

图 2-3 相关国家振兴乡村发展理念

通过对比分析，我国的城乡发展历史与日本、韩国等国家的城乡发展相类似，经历了从以工业发展为主，农业辅助工业，导致城乡关系失衡，劳动力向第二产业转移，到构建农业农村现代化发展格局，促进城乡融合发展的过程。但其间城乡发展的不充分所导致的资源匹配失衡、缺失长久经济增长点、农民增收缓慢等问题，促使我国不断探索新的发展增长极。从国际视角来看，中国从脱贫攻坚到乡村振兴的过渡是历史的必然选择，是我国城乡发展的必经路径。讨论中国的脱贫攻坚与乡村振兴，有必要"借他山之石"，走中国特色社会主义乡村振兴道路。

三、巩固拓展脱贫攻坚成果与乡村振兴衔接的意义

如期完成脱贫攻坚任务，是中国共产党必须履行的职责。在实现脱贫攻坚目标的同时，综合考量我国总体乡村人口发展状况和农业农村发展水平，逐步实施乡村振兴战略成为必然。从当前观察实践来看，欠发达地区乡村衰退较为明显，乡村空心化和老龄化问题严峻，乡村的承载能力超出其能力范围，农业

生产功能、居住功能和生活服务功能都严重退化。因此，要实现欠发达地区全面建成高水平小康社会的奋斗目标，需要循序渐进地推进我国乡村建设。基于当前我国乡村发展现状，巩固脱贫攻坚成果，推进乡村振兴战略，实现二者互动互融、相互支撑、有效衔接是应势之需。二者的有效衔接有利于中国创新乡村建设路径，为世界乡村发展做出卓绝贡献，有利于促进我国乡村建设的内容互惠互通，有利于兼顾多元主体利益互动博弈。

（一）中国创新乡村建设路径为世界乡村发展做出卓绝贡献

脱贫攻坚与乡村振兴是推动我国乡村建设的重大发展战略，脱贫攻坚具有针对性，侧重于我国欠发达地区特别是偏远落后地区的乡村发展；乡村振兴所面向的主体为广大乡村区域。改革开放以来，我国通过扶贫帮助广大贫困人口摆脱贫困，提升贫困人口生活幸福感和满足感，贫困人口数量的大幅下降为全世界人类减贫工作提供了典范。进入乡村振兴阶段，我国通过乡村振兴探索乡村繁荣兴旺的方式也将为世界乡村建设提供可参照的样本。

从脱贫攻坚的角度来看，我国减贫速度明显快于全球。贫困发生率从1978年的97.5%下降至2019年的0.6%，并在2020年12月宣布我国贫困县全部脱贫摘帽。我国用实际行动告诉全世界，中国的减贫经验值得学习和借鉴，中国的减贫成果可以为世界减贫做出贡献。同时，我国政府有组织、有计划的扶贫工作为其他发展中国家和地区的减贫事业提供了有益帮助。我国脱贫攻坚涉及地区经济发展、社会秩序稳定、生态环境保护等多个方面，以脱贫攻坚为导向的综合式经济发展方式为我国乡村振兴奠定基础。我国在实施减贫工作的同时，也为其他发展中国家和地区提供相应援助。新中国成立以来，我国积极开展国际救助，为发展中国家和地区提供医疗援助、物资援助及基础设施援助等。积极推进"一带一路"建设，让我国的普惠成果被更多沿线国家所享受。

从乡村振兴的角度来看，放眼全球发展乡村、振兴乡村的做法，无论是韩国、日本等亚洲国家，还是英国、德国等欧洲国家，它们的乡村建设都是基于较为雄厚的经济基础以及现行的资本主义制度。从国家性质和发展情况来看，在没有成功经验可借鉴的情况下，我国充分彰显了社会主义国家的优越性，发挥大国领导的制度优越性，基于已有的脱贫攻坚成功经验积极开展乡村振兴，实现"自上而下""自下而上"的互动式乡村建设路径，逐渐引导多方社会力量参与，推动一二三产业融合发展，搭建内生式自主发展平台，实现农业、农村、农民三者融会贯通的发展路径，这为发展中国家和地区未来在乡村建设方面提供了可借鉴、可参考的典范。

综上，我国从扶贫攻坚一路走来，向乡村振兴迈进，可为我国乡村建设发展提供经验的国家少之又少。同时，在工业化、现代化推进过程中，很多发展中国家正在面临乡村凋敝、城乡关系失衡、农村劳动力流失、土地零碎化、生态环境保护与经济发展失衡、农村产业结构失衡等问题，这些问题困扰着各国政府。如何破解这些难题，仍然没有定论。基于以上情况，我国构建脱贫攻坚与乡村振兴战略衔接的过渡期显得弥足珍贵，通过阶梯式、渐进式推进脱贫攻坚与乡村振兴战略的有效衔接，探索我国乡村复兴的有效途径，有利于我国有序开展农业农村现代化建设，实现第二个百年奋斗目标，也能为发展中国家和地区解决乡村建设问题提供一系列参考方案，为全球乡村建设事业提供成功经验。

（二）促进我国乡村建设的内容互惠互通

乡村建设的核心是以人为本。做好我国乡村建设的综合性发展，有利于实现乡村政治、产业、人才、文化教育、生态资源、城乡融合互惠共融的良序发展。开展乡村高效建设的关键是构建良好稳定的乡村治理框架机制，这种框架机制的构建不是一蹴而就的，而是需要循序渐进的改善、优化过程。因此，脱贫攻坚与乡村振兴战略有效衔接的过渡期为这一机制框架构建提供了充分的时间过渡。

首先，在脱贫攻坚与乡村振兴战略衔接的过渡期，强化乡村产业发展基地，推动"产业扶贫"向"产业兴旺"的转变，有利于实现特色鲜明、多元协调、一二三产业融合互补的现代化产业体系。我国传统农业大多存在产业链短、农业生产效率低、农产品市场风险较高等问题。虽然各地在脱贫攻坚期间采用优秀企业下乡驻乡带动地方农业产业发展、新型经营主体带动等方式刺激乡村产业发展，但是仍然逃脱不了乡村产业发展千篇一律、产业结构单一的困境。乡村产业的发展不是一蹴而就的，而是需要较长的适应期，实现乡村产业结构升级和新兴产业与地方特色融会贯通。脱贫攻坚与乡村振兴战略有效衔接期为我国乡村产业发展和融合提供机遇，在此期间，有利于我国巩固初步形成的乡村产业雏形，并在此基础上推动乡村产业串联成线、集群成链、搭建成网。

其次，在生态方面，脱贫攻坚强调生态扶贫，重在扶贫，乡村振兴更多强调生态宜居。随着我国国民经济整体水平的提升，对生态环境采取的措施是加大治理力度，实现人与自然的和谐共生。生态优势是我国乡村的最大优势和底气，也是衡量乡村居民生产生活状态的标准。在有效衔接期内，我国将进一步强化乡村生态恢复机制，建立健全生态补偿机制，着力发展绿色生态产业。

此外，在民生保障方面，脱贫攻坚时期我国更注重乡村居民的基本生存需求、基本生活要求能否得到满足。随着人民生活水平逐渐提高，乡村居民对教育、医疗、公共服务等民生保障的质量要求逐渐提升。而城镇化是推动民生保障的根本。因此，在脱贫攻坚时代结束之后，我国将重心倾向于推动新型城镇化建设，推动城乡基础设施一体化和公共服务全覆盖，畅通城乡要素双向流通渠道，将县域作为基本载体，实现城乡居民基础设施和公共服务均等化。

总而言之，未来我国乡村建设不能局限于地域化、局部化建设，而是要打破地域边界、行业边界及城乡发展边界的束缚，通过调节工农主体、城乡主体、区域主体的关系，实现更大范围内的内容互融共通。这一全新的发展理念，有利于我国在脱贫攻坚与乡村振兴战略衔接期进一步建立完善的乡村建设框架机制。

（三）兼顾多元主体利益互动博弈

随着脱贫攻坚工作的顺利完成，乡村振兴战略的逐步实施，立足于我国现实发展语境，坚持系统化发展观念，我国主要围绕"多元主体协同"的发展理念实施在乡村制度变迁中的"政府－市场－社会－农民"的多元利益协调发展互动机制。这种多元主体互动的本质是基于我国公共利益目标下的主体之间的利益博弈，无论是脱贫攻坚时期讨论的政府、市场角色扮演，还是衔接时期政府、市场、社会、农户的交互配合，都是一种利益协调过程，并非各主体的矛盾冲突。进一步说，这种互动过程是以公共利益为核心的博弈过程。所谓博弈论，是指在考虑自身利益的同时，也兼顾他人利益，在既定制度框架下，实现各利益主体的不断优化直至方案达到最优。从我国当下的现实发展情况来看，我国正面临着从脱贫攻坚向乡村振兴战略转变的过渡期，这期间，无论是政府、市场、社会还是农民，其角色扮演在外部环境因素的影响下都在发生变化。为达到未来乡村振兴发展的高水平，各主体之间基于公共利益逐渐调整各自站位，最终实现共同推动乡村建设的目标。

一是政府角色转变。在脱贫攻坚时期，政府更多扮演扶贫的主导角色，政府掌握更多话语权。随着我国农业农村发展逐渐现代化，考虑到乡村主体内生动力的培育，政府逐渐弱化主导角色，扮演"引导者"角色，给予乡村居民更多话语权和给予乡村更大发展空间。在脱贫攻坚与乡村振兴衔接期，我国继续发挥政府"有形之手"的作用，将政府的角色定位于为相关主体"保驾护航"，为乡村振兴提供有效的制度保障，营造良好的乡村发展制度环境，强化农民主体权益、乡村市场监管。通过完善良好的乡村制度环境，推动实现我国乡村"治理有效"的目标。

二是市场角色强化。虽然市场是一个逐利平台，但是在过渡期，通过合理规制约束进行引导，不但能弥补政府和社会在乡村建设中作用的不足，还能充分发挥市场在乡村建设中的优化资源配置、物资供给及培育乡村居民主体能力的作用。

在二者衔接期，充分发挥市场"无形之手"的作用，避免过度依赖政府强制力，有利于促进我国乡村产业健康可持续发展，实现城乡要素双向流动和乡村资源有效集中。同时，强化市场角色，充分发挥市场调节作用和市场筛选功能，有利于唤醒乡村"沉睡"资源，实现乡村可持续发展，最终激发乡村居民内生动力。

三是社会力量的注入。在过渡期，更多注重利益主体的主动性。社会力量在乡村建设系统运行中发挥"毛细血管"的作用，协调和监督各利益主体的运行状况。同时，也要充分发挥各公益组织、企事业单位的帮扶作用。因此，社会力量在过渡期的角色强化，有助于我国实现农业农村发展的自主性。比如在强化东西部协作中，支持各类社会企业、公益组织等各施所长、各尽其能，积极参与到社会帮扶大格局中，有利于撬动社会力量的点滴作用，积少成多，进一步实现社会、农业、农村、农民的有效内循环。

四是乡村居民个体能动性增强。乡村居民是我国乡村建设中的最终收益主导者，也是主要参与者。2021 年中央一号文件、政府工作报告等相关文件中，多次强调乡村居民利益主体的能动性。在"十四五"时期，我国在乡村振兴中更多关注乡村居民的自主能动性，通过产业带动、文化熏陶、新型经营主体引导等方式激发乡村主体的内生动力。对乡村居民主体能动性的关注，有利于推动我国乡村建设。

综上，在脱贫攻坚与乡村振兴有效衔接期，无论是政府、市场，还是社会力量和农户个体，与脱贫攻坚时期相比较，四者的角色均发生变化。政府的主导作用减弱，更多鼓励市场发挥"无形之手"的作用，社会帮扶的作用增强，更多注重农户个体的自我发展和内生动力的培育。无论角色如何转变，其最终目的是实现我国农业农村现代化发展。"政府—市场—社会—农户"四者是利益共通、互促互融的高效合作关系，因此，四者角色的转变，有利于更好实现乡村居民自我价值，稳定社会总体架构，充分发掘乡村潜在资源，打破资源循环的隔阂，推动社会良性循环，进一步实现经济高效发展。

第三章

空间与时序：脱贫攻坚与乡村振兴的关系

　　2020 年我国脱贫攻坚事业的圆满完成，标志着已消除绝对贫困、全面建成小康社会。巩固脱贫攻坚成果、缓解相对贫困问题、推动脱贫攻坚和乡村振兴衔接成为我国现阶段"三农"工作重心。在脱贫攻坚与乡村振兴的过渡期中，统筹推进两大战略，实现二者有效衔接是我国减贫事业与农村社会经济演变和发展规律的现实需要，也是开启全面建设社会主义现代化国家的"关键一环"。因此，要做好脱贫攻坚与乡村振兴的衔接，就要准确把握二者的内在关系，深刻理解脱贫攻坚与乡村振兴在目标指引、政策内容、参与主体、组织机制等方面的共性与差异，系统梳理时间、空间、理论、实践等不同维度脱贫攻坚和乡村振兴的逻辑关系，从而推动脱贫攻坚成果拓展、乡村振兴全面开展、农业农村现代化稳步实现。

一、衔接基础：时间与空间双重维度协同

　　脱贫攻坚和乡村振兴是新时代我国解决"三农"问题的两项重大战略，二者在时间和空间上具有一定的重叠。一是在时序上，两大战略具有三年的时间重叠，2018 年至 2020 年是两大战略的历史交汇期，脱贫攻坚和乡村振兴在时间上承接并发展。二者的重合是中央决策者的深谋远略，为决胜脱贫攻坚和乡村振兴全面推进提供了保障。二是在空间上，脱贫攻坚主要针对农村的贫困地

区和贫困人口，着重补齐深度贫困地区的"短板"。乡村振兴是要推动整个农村地区的振兴，解决城乡发展不均衡问题，对象是整个农村人口和农村区域，二者是包括和被包括的关系，贫困地区的全面脱贫为整个乡村的发展补齐了短板，乡村振兴战略在贫困地区脱贫的基础上巩固脱贫成果，实现整个乡村的全面振兴。

（一）时间继起：确保战略体系的连贯性

脱贫攻坚和乡村振兴是解决不同发展时期"三农"问题的阶段性政策，两大战略在时间安排上一前一后，一短一长，相互交汇，在时间上承接、发展，为整体战略的系统性实施做到"无缝衔接"。

1.精准扶贫与脱贫攻坚阶段（2012—2020年）

我国始终坚持以人民为中心，在减贫道路上举全国之力、一以贯之。脱贫攻坚和乡村振兴就是我党为消除绝对贫困、推动乡村良序发展所实施的前后相接的两个重要战略。党的十八大以来，党中央作出全面打赢脱贫攻坚战的部署，以精准扶贫思想引领脱贫攻坚决战决胜。在这之前，我国减贫事业经历了新民主主义革命时期的土地革命减贫、新中国成立后的生产扶助式扶贫、改革开放时期的开发式扶贫三个阶段，贫困地区的扶贫工作颇见成效。2013年精准扶贫实施以来，中共中央、国务院以全面建成小康社会为总目标，印发了《关于打赢脱贫攻坚战的决定》等文件，通过产业扶贫、就业扶贫、生态扶贫、社会保障扶贫、医疗教育扶贫等方式多措并举，明确在脱贫攻坚期内解决农村贫困人口"两不愁三保障"问题。2015年10月党中央提出全面部署脱贫攻坚战。自2016年开始，我国贫困县逐年脱贫摘帽，脱贫地区的战略任务从注重减贫数量、提高减贫效率向强化减贫成效、提升脱贫质量转移，各地区陆续进入巩固拓展脱贫攻坚成果的后脱贫时代。党的十九大后，党中央把打好精准脱贫攻坚战作为全面建成小康社会的三大攻坚战之一，持续高位推进，脱贫攻坚力度之大、规模之广、影响之深前所未有。2020 年末，全国农村贫困人口全面脱贫，832 个贫困县全部脱贫摘帽，脱贫成绩举世瞩目。脱贫攻坚取得了一系列显著成就：贫困人口收入水平持续提升，全部实现脱贫；贫困人口"两不愁三保障"全面实现；贫困地区落后面貌得到了根本性的改变。脱贫攻坚的全面胜利，标志着我们党带领全国人民在实现共同富裕的道路上迈进了一大步，但是脱贫摘帽不是终点，是新生活、新奋斗的起点。当前由于各地的脱贫成果存在差异性和脆弱性，脱贫地区的发展基础还很薄弱，扶贫产业的可持续发展、脱贫人口的自我发展能力提升、易地扶贫搬迁的后续扶持都是需要重点考虑的问题。基于乡村地区整体发展不平衡不充分的情况，各地方政府以国家乡村振兴战略为依据，根据实际情况制定针对性的目标计划，分阶段、分步骤逐步推进乡村振兴，把巩固脱贫成果和实现伟大目标落到实处。

2. 乡村振兴阶段（2018—2050年）

在全国脱贫攻坚有效开展之时，习近平总书记针对我国"三农"问题发展现状和我国社会主要矛盾的转化，在 2017 年党的十九大报告中首次提出"实施乡村振兴战略"，并在之后的多次会议中强调着力开展乡村振兴。随着《关于实施乡村振兴战略的意见》和《乡村振兴战略规划（2018—2022 年）》等文件先后印发，乡村振兴战略由此稳步开展，也意味着脱贫攻坚和乡村振兴进入政策叠加和战略过渡的关键时期。在乡村振兴筹备阶段（2018—2020 年），乡村振兴战略提出了振兴总要求和实施路径，并在 2021 年中央一号文件中强调从脱贫之日起设立 5 年过渡期，即 2020—2025 年重点巩固脱贫成果，从脱贫攻坚逐渐向乡村振兴过渡，阻断返贫路径，推进城乡公共服务均等化，实施好产业扶贫到产业振兴的转化，继续推动扶贫产业优化升级，加大人才的培养和科技力量的投入，做好文化振兴和生态振兴的转变。2025—2035 年实现中期目标，进一步缓解相对贫困，巩固拓展脱贫成果，消除贫困的脆弱性，基本实现农业农村现代化；2035—2050 年实现远期目标，在消除贫困后促进脱贫群体的长期可持续，国家减贫政策制度化，乡村全面振兴，农业强、农村美、农民富全面实现。

3.时间上的承接与发展

脱贫攻坚和乡村振兴衔接表现为时间维度上的连续性，前后有序，相互对接。首先是时间安排上的重叠期使得两大战略"无缝对接"。从时间顺序、实施的时间节点来看，脱贫攻坚与乡村振兴二者在时间上存在一段重叠期。重叠不仅强调时间一致性，还包括战略思想、战略安排和支持政策的一致性，是短期战略和长期战略结合的关系，是乡村振兴短期目标与脱贫攻坚一脉相承的关系。脱贫攻坚战时间是 2013—2020 年，主要在实现第一个百年奋斗目标的时期内；实施乡村振兴战略时间从 2018 年至 2050 年，乡村振兴安排在第二个百年奋斗目标期内，到 2020 年乡村振兴工作实施得到进一步重大发展，政策、制度等方面的过渡任务能够如期完成。根据战略部署，2018—2020 年是脱贫攻坚向乡村振兴过渡的关键三年。时序关系也折射出两大战略内容的呼应，乡村振兴的短期目标是完成脱贫攻坚，解决绝对贫困，这正与脱贫攻坚 2020 年全面胜利，消除绝对贫困内容相吻合。乡村振兴战略的起步，不仅要巩固脱贫攻坚的成果，还要做好政策、机制、组织等方面的衔接，确保两大战略在时间、内容上延续。两大战略有三年的并存交汇重合期，起承相接，充分反映了中央在部署两大战略时的高瞻远瞩，保障了脱贫攻坚成果的延续性，推动乡村振兴顺利实施。

其次是两大战略的时间差强调二者的差异性和递进性特征。脱贫攻坚与乡村振兴在时间上具有一定的错位关系，二者存在一定的差异性。从 2013 年启动的脱贫攻坚和 2017 年在党的十九大报告中提出的乡村振兴战略，虽然在 2018 年至 2020 年期间二者存在一定的重叠关系，但是，在 2020 年打赢脱贫攻坚战后，乡村振兴战略仍然要接续推进。二者在战略启动时间上具有一定的错位性，这也决定了两大战略在顶层设计、政策谋划、针对群体等战略安排方面会存在一定的差异性。并且，脱贫攻坚和乡村振兴这两大战略在战略安排上具有递进性。自新中国成立 70 多年以来，党中央、国务院始终高度重视全国贫困地区减贫扶贫等问题，并出台实施了一系列扶贫政策，致力于为人民谋福祉。同时，乡村振兴的实施必须是在脱贫攻坚全面胜利的前提下，因此，要想实现"两个一百年"奋斗目标，就要奋力打赢脱贫攻坚战，以确保稳定接续推进乡村振兴。由此可见，脱贫攻坚与乡村振兴具有阶段递进性特征。

（二）空间优化：推动区域和个体高质量发展

脱贫攻坚与乡村振兴衔接的空间优化主要表现为由集中资源支持脱贫攻坚向全面推进乡村振兴平稳过渡，一方面是要缓解区域间发展差异，加强脱贫地区与发达地区之间的资源流动，解决城乡发展不平衡和农村发展不充分的矛盾，推进乡村地区整体经济发展；另一方面是要加强脱贫村、农户与非贫困村、农户之间的衔接，将脱贫攻坚中贫困村和贫困户政策福利扩大至整个乡村地区和全部乡村居民，巩固脱贫成果与化解返贫风险。着力推进巩固脱贫攻坚成果与乡村振兴初级阶段的有效接续，对推进农业农村现代化、实现乡村全面振兴具有十分重要的战略意义。

1.宏观区域层面

脱贫攻坚任务全面完成，绝对贫困消除代表着我国进入缓解相对贫困的新时期，区域发展不平衡、乡村发展不充分成为新时代我国社会主要矛盾的突出表现。因此，脱贫攻坚中解决的连片特困地区贫困问题要向乡村振兴下推动整体乡村的居民发展转变。应该采用多维相对贫困标准和全方位的战略实施部署，以期实现后脱贫时代向全面共同富裕的目标迈进。

一是实现区域平衡发展。脱贫攻坚和乡村振兴的有效衔接实现了由点到面、由区域到全域的空间延伸，从脱贫攻坚聚焦的贫困县、贫困乡、贫困村过渡到乡村振兴聚焦的整个农村地区，重点解决点与面、区域与整体的矛盾，在统筹协调上坚持整体性和差异性的原则。

　　首先是脱贫攻坚关注重"点"解决区域贫困，为乡村振兴的全方位开展补足了短板。脱贫攻坚是旨在消除绝对贫困的战略，是在精准扶贫思想指引下主要针对我国贫困人口高度集中的连片特困地区实施的政策措施，解决了我国区域性贫困问题。随着集中连片贫困区消失，根据发展经济学理论，相对贫困威胁来源于客观上的整体社会富裕程度和发展速度不同。尤其是西部欠发达地区，经济发展基础薄弱，城乡差距较大，进一步造成西部深度贫困地区相对于西部较发达地区的相对贫困，出现阶梯化、层次化贫困代沟，因此脱贫攻坚极大程度弥补了乡村振兴实施的短板。脱贫攻坚和乡村振兴的衔接要分阶段、分地区逐步推进。其次是乡村振兴聚焦全"面"推进全域优化。区域性差异依然存在，需要乡村振兴在未来阶段对其协调融合，特别是加强东中西部之间的资源共享，并且持续关注老少边穷地区的发展。进入乡村振兴初级阶段后，中国农村极端贫困将得到全面消除，但极端贫困的消除并不意味着贫困的终结。尤其是在较为偏远落后、生态环境较为脆弱的地区，仍然存在数量庞大的低收入群体。这个群体虽然摆脱了绝对贫困，但贫困脆弱性强。从国内整体上看，东部发达地区依靠地理、交通、政策等优势吸收了国内绝大部分经济发展要素，吸引周边人口、资源等要素流入，导致东西部之间出现区域性的经济发展差距。欠发达地区则相对缺乏有利的发展条件，从而制约其可持续发展。欠发达地区的发展需要更多的资源投入来弥补"先天不足"的短板，将这些地区未开发和未充分利用的资源加以转化，为欠发达地区带来更多的经济效益，激发区域发展动力，以高于发达地区的边际报酬推动经济、社会的全面发展。因此欠发达地区的乡村振兴不仅有利于我国城乡统筹发展、区域均衡发展，也是畅通国内大循环通道、构建新发展格局的重要途径。

　　二是推动新型城乡关系建设。城市和乡村的发展具有整体性，推进城乡一体化与融合发展，建设互惠共生的新型城乡关系，既有利于巩固脱贫成果，又能为乡村振兴发展提供坚实保障。党的十九大报告指出，脱贫攻坚任务艰巨，城乡区域发展和收入分配差距依然较大。农村是现代化建设的短板，加快农村发展，是实施乡村振兴战略的目的和初衷。脱贫攻坚是要解决农村贫困问题，而乡村振兴旨在缩小城乡二元结构下城市主导乡村的非均衡发展模式造成的城乡差异，因此有必要充分认识二者的内在逻辑关系。

从脱贫攻坚的角度看，其战略实施的主要目标是解决农村绝对贫困问题。要充分利用脱贫攻坚中解决贫困问题的经验，把它总结好、推广好，真正实现两大战略从以农村贫困地区为主到面向整体乡村地区的转变。从乡村振兴的角度看，首先，该战略讨论和解决的是城乡关系问题，是认识城乡发展规律、破解城乡二元结构，在产业发展、基础设施建设、公共服务等方面逐步实现均等化发展的主要抓手。其次，乡村振兴战略推动发展要素由乡村到城市单向流动转变为城乡双向流动。在乡村振兴中，对脱贫地区而言，应当重点关注农村绝对贫困向城乡相对贫困转变的问题，充分利用农村地区的资源、经验，推动城乡资金、技术、人才、市场等要素快速流动，激发城乡融合发展潜力，促进新型城镇化建设。推动城市与农村发展良性互动，促进城乡融合发展。城镇化发展带来的贫困人口转移以及城乡贫困治理体系的二元分立状态，造成了游离在城乡之间的"隐性贫困"。因此在 2021 年后，中国贫困治理区域进一步扩大，在乡村振兴战略的指导下，要加强构建贫困治理的城乡一体化制度体系和治理模式，推动城乡融合发展。如河南省济源市紧紧抓住"产城融合、城乡一体"的战略定位，充分发挥省直管、市、镇、村"一竿子插到底"的体制优势，不断深化改革、扩大开放，遵循发展规律，统筹城乡在规划布局、产业发展、公共服务等方面融合发展的有效举措，进一步解放和发展生产力，释放并增强社会活力，在破解城乡二元体制上取得重大突破，全面提升济源的综合实力和区域竞争力。

2.微观个体层面

脱贫攻坚与乡村振兴战略在空间层面的逻辑关系还体现在城乡平衡发展的微观层面，即贫困村与非贫困村在经济条件、基础设施、资源禀赋等发展差异方面的衔接和贫困户与非贫困户在住房条件、医疗教育等公共服务方面政策福利的衔接。脱贫攻坚和乡村振兴衔接的重点就在于解决好区域和群体的利益分配和获得感均衡问题，因此从贫困村与非贫困村、贫困户与非贫困户的角度，分析脱贫攻坚存在的问题及引发的矛盾、脱贫攻坚与乡村振兴发展间的逻辑内涵具有重要意义。

一是贫困村与非贫困村间的发展差异需要两大战略衔接。由于对贫困村的政策倾斜，贫困村获得了相对非贫困村更多的政策红利，在饮水、电力、道路等基础设施建设上得到了极大改善，实现了从无到有的根本性转变，提升了基础设施的使用便捷度、质量和先进性，加快了区域内的体系化建设；公共服务水平也随之提升，贫困村在基本教育、医疗健康、养老保障、就业生活保障等方面不断缩小与非贫困村的差距，保障了贫困村基本公共服务的可获得性，实现了贫困村与非贫困村服务均等化、资源同质化的发展；人居环境方面，通过易地扶贫搬迁、环境整治等举措，为逐步实现乡村生态宜居奠定基础。

二是覆盖主体由贫困户向整体农户过渡。脱贫攻坚和乡村振兴的主体在农户，要实现两大战略的有效衔接，就要做好覆盖主体的过渡，从贫困户优先到所有农户全面推进。脱贫攻坚期间集中关键资源重点保证贫困户的脱贫解困，有效提升贫困群体的收入，为在乡村振兴阶段推动脱贫户持续增收、防止返贫等方面奠定基础。脱贫攻坚针对贫困户在产业、生态、教育、医疗、就业等方面统筹施策，为乡村振兴战略下脱贫群体不同返贫问题构建防返贫机制，保证政策的持久性和常态化，实现长效发展并有效应对突发性贫困。在5年过渡期内应加强对低收入群体的常态化帮扶，构筑长效防返贫机制，推动乡村振兴下相对贫困的高质量治理，确保相对贫困者持续稳定发展。同时，两大战略过渡期应重点解决贫困户与非贫困户在"悬崖效应"方面的问题。脱贫攻坚中为了保障如期脱贫，针对贫困户和非贫困户在资源供给、金融扶持、医疗保障、教育培训等方面形成了鸿沟，使得贫困户与非贫困户在能力发展和心理失衡上的矛盾不断扩大。相对贫困标准的提升，使得已经脱贫的脱贫户与存在返贫风险的非贫困户的收益差容易造成心理失衡而抵触脱贫摘帽。针对政策偏向与叠加造成的资源浪费，尤其是对于已脱贫但有返贫风险的农户以及边缘户，在扶贫政策和乡村振兴政策对接后，应该更加重视平滑政策福利，改变贫困户和非贫困户的二元政策结构体系。

 案例3-1

江西赣州：有效衔接"贫与非贫" 巩固脱贫成果

赣州市位于我国中部地区，江西省南部，一直都是贫困问题突出、贫困人口多、经济发展落后地区，是全国较大的集中连片特困地区之一。赣州的贫困人口主要在农村，而且赣州的"三农"问题特别突出，赣州市的脱贫攻坚是江西省脱贫攻坚的重中之重。在脱贫攻坚期间，赣州市创造性地提出将"6+3"贫困边缘人口（即未纳入建档立卡的低保户、残疾户、大病户、无劳力户、住危房户、独居老人户，小姓户、两不管户、偏远户等农户）作为重点关注对象进行识别和确定，并在一定范围内探索将发展能力和机会不足以及抵抗风险能力不强的贫困边缘人口纳入政策支持体系，不仅巩固了脱贫成果，而且与2020年后反贫困政策及乡村振兴战略的实施相衔接。在医疗方面，赣州市各县在现有基础上，不断创新健康扶贫保障制度。为防止非贫困人口因病致贫、因病返贫，石城县将疾病医疗商业补充保险推广到非贫困人口，采用财政补贴与个人自筹双方筹资的方式购买大病补充医疗保险，有效减缓了贫困人口与非贫困人口之间政策力度不一致导致的"悬崖效应"。

二、脱贫攻坚与乡村振兴战略耦合下的逻辑对接

脱贫攻坚与乡村振兴在逻辑上的耦合性体现为内容一致、相互作用、价值统一、主体共同，因此两大战略是互促共促的关系。脱贫攻坚与乡村振兴在中国特色社会主义共同富裕理论和社会主要矛盾转化理论的科学引领下，助力实现中华民族伟大复兴的伟大梦想。而且，脱贫攻坚与乡村振兴具有作用互构的内涵式关系，二者协调推进、互促共进，以实现长效发展。由此可见，两大战略存在一定的内在联系，二者在实施过程中共同强化乡村资源，进而实现农业

产业兴旺、农村治理完善、农民生活富裕的最终目标。

（一）理论价值的科学引领和延续

脱贫攻坚与乡村振兴两大战略在中国特色社会主义共同富裕理论和社会主要矛盾转化理论的科学引领下，不断满足人民日益增长的美好生活需要，共同向实现共同富裕的长远目标迈进。

1.共同价值：中国特色社会主义共同富裕理论

共同富裕作为社会主义的本质要求，即要求根本解决绝对贫困问题。共同富裕解决相对贫困的总目标，是中国共产党始终坚持以人民为中心的发展理念的必然选择。从经济发展的维度理解，共同富裕不仅要求整体经济发展水平达到一个较高水平，还要求不同群体间的差距得到合理控制与缩小。截至 2020 年，我国城乡收入比为 2.56，城乡差距在全球范围内都是较高的。相关研究认为，即便到了 2035 年，城镇化率达到 70% 以后，我国也仍将有 4.5 亿人在农村生活。如果这部分农村居民的发展问题没有得到解决，全体人民共同富裕也就难以实现。因此，在中国特色社会主义共同富裕理论的指引下，习近平总书记对中国贫困治理事业深刻思考并相继提出了脱贫攻坚与乡村振兴两大战略，来消除绝对贫困、化解相对贫困、实现"两个一百年"目标。

从扶贫脱贫角度看，脱贫攻坚战是在习近平新时代中国特色社会主义思想指引下的重要实践，是全社会迈向共同富裕的必要前提。脱贫攻坚战的圆满完成解决了全面建成小康社会中最艰巨的农村绝对贫困问题。从乡村振兴角度看，2020 年 8 月，习近平总书记在经济社会领域专家座谈会上指出："'十四五'时期是我国全面建成小康社会、实现第一个百年奋斗目标之后，乘势而上开启全面建设社会主义现代化新征程、向第二个百年奋斗目标进军的第一个五年，我国将进入新发展阶段"。新发展阶段意味着共同富裕的目标不再仅仅是实现整体经济水平的提高，还要求不同群体之间差距的缩小。我国要向实现共同富裕的长远目标迈进，脱贫攻坚的高质量完成及其成果的巩固，为有效推进乡村振兴战略奠定基础，乡村振兴战略的实施是实现共同富裕的重要部署。实施乡村振兴战略有助于巩固拓展脱贫攻坚成果、提高农业农村的现代化水平，以缓解我国城乡发展不平衡问题，从而扎实推进共同富裕建设。

2.理论核心：社会主要矛盾发生改变

社会主要矛盾转化理论是脱贫攻坚和乡村振兴有效衔接的理论核心。脱贫攻坚战略是在短期内集中资源解决绝对贫困的问题，确保满足贫困户的基本生存需求，其实质就是解决"人民日益增长的物质文化需要同落后的社会生产之间的矛盾"这一旧的社会主要矛盾的整体性战略。完成"三农"问题的底线任务之后，就要向满足农民美好生活需要的方向转变，也就是要通过实施乡村振兴战略，逐步实现城乡均衡发展、农村高质量发展、公共服务均等化、乡村治理高效化等。

3.作用互构：二者的支撑内涵

脱贫攻坚与乡村振兴具有作用互构的内涵式关系，二者相互协调，相互促进，在解决"三农"问题过程中共同发挥自身强有力的作用。脱贫攻坚为乡村振兴奠定了坚实的物质基础，为乡村振兴补齐短板。脱贫攻坚所取得的一系列显著成就，在很大程度上能够减轻乡村振兴战略实施的压力，且脱贫攻坚战所总结的有益政策举措和体制机制也能够为乡村振兴提供借鉴，以更好地完善乡村振兴政策体系和制度框架。同时，乡村振兴是对脱贫攻坚成果的深化和发展，在过渡期内以乡村振兴的目标、思想为指引继续巩固拓展脱贫成果，从物质资源、政策保障等方面为脱贫攻坚后续完善提供支持，二者相互促进，以确保推动我国乡村发展步入新台阶。

首先，脱贫攻坚是乡村振兴的前提和基础。两大战略的有效衔接是确保全面建成小康社会、实现农业农村现代化、达到"两个一百年"奋斗目标的重要支撑。一是历史性地首次消除绝对贫困。要改善民生、实现共同富裕，就要集中力量和资源实施扶贫开发，实现从解决温饱问题到取得全面脱贫的历史性进展，促进区域减贫方式的升级。二是脱贫攻坚为贫困地区乡村振兴打下了坚实基础，推动了资源优化配置和脱贫攻坚效用的延续。脱贫攻坚实施"五个一批"工程，综合实施产业扶贫、就业扶贫、健康扶贫、医疗扶贫、社会保障扶贫等措施，使贫困地区的基础设施、公共服务和生产生活条件得到明显提升，贫困地区人口持续稳定增收，社会发展环境发生了显著的变化，为新时代推进乡村振兴战略奠定了坚实的基础。脱贫攻坚战的决胜，不仅消除了现行标准下统计层面的绝对贫困问题，也为今后的乡村振兴工作提供了资源汇聚、机制延续等多方面的支撑。因此，要加强脱贫攻坚与乡村振兴统筹衔接，确保脱贫成果可持续。

其次，乡村振兴是脱贫攻坚的发展。党的十九届五中全会作出了优先发展农业农村，全面推进乡村振兴的重大安排，并首次明确提出要"实现巩固拓展脱贫攻坚成果同乡村振兴有效衔接"。两大战略是新时代推动中国农村发展的两大重要部署。脱贫攻坚是短期内必须完成的政治任务，乡村振兴则是需要长期坚持的历史性目标，着力激发贫困地区的内生动力和外在活力，助力破解相对贫困，实现共同富裕，二者共同在以人民为中心的政策实践中相得益彰。消除绝对贫困的标准是满足"两不愁三保障"，而乡村振兴则更强调生活富裕，客观上对兜底提出更高要求，保障基本生活水平的"底线"标准将随之提升，要求为贫困群体提供更充分的保障。乡村振兴推动城乡融合发展，对资源的统筹协调实现了帕累托最优，有效降低了两大战略过渡发展的成本，激发了乡村发展的内生动力。乡村振兴还将带来推进治理和发展的新生资源与力量，为巩固拓展脱贫攻坚成果提供人才与资源保障。因此，以衔接脱贫攻坚为目标，可以在更高质量和水平层面巩固脱贫攻坚成果，形成脱贫致富长效机制。巩固脱贫攻坚成果，要坚决守住贫困地区"两不愁三保障"成果，防止脱贫人口返贫、边缘人口致贫，实现真脱贫、脱真贫。由于脱贫人口具有脆弱性、边缘性等特点，他们仍是社会经济生活中的弱势群体。在巩固脱贫成果的基础上，应将脱贫成果更多地惠及农村人口特别是边缘人口，继续完善脱贫攻坚体制机制，使其在相对贫困治理与乡村振兴衔接中发挥更大的作用。着力拓展脱贫攻坚成果，为解决接续的相对贫困问题，实现农村农民全面发展奠定基础。

（二）两大战略递进发展的实践内涵

1.拓展多元主体共建共治共享

巩固拓展脱贫攻坚成果的多元主体与乡村振兴的领导主体、治理主体和建设主体以及受益主体具有高度的一致性。参与脱贫攻坚的主体是实施乡村振兴战略的"排头兵、领头雁"，为有效推进乡村振兴战略蹚"浑水"，排除了部分"雷区"，积累了丰富经验，不仅使得乡村振兴顺利衔接拓展脱贫攻坚丰硕成果，而且有利于更加精准有效地推进乡村振兴战略。二者在多元主体衔接方面具有以下的关系：一是建设主体的扩展。脱贫攻坚所留存的多方主体为乡村振兴夯实了基层人力基础，从中央直达基层、调动多元主体力量，嵌入在包含政府、企业、社会、农户等的多重关系中，为巩固拓展脱贫攻坚在产业、就业、易地扶贫搬迁等方面的成果提供了强大的动力支撑。乡村振兴需要汇集广泛的社会优质资源参与乡村建设，企业、高校、研究所、民间组织等多元主体，因此可以充分利用脱贫攻坚时期的人才队伍。二是治理主体的扩展。脱贫攻坚形成了省委负总责，以市县党政领导为前提，村"两委"治理为基础，乡村居民为被动主体的治理格局，为推进乡村振兴战略搭建了治理框架，奠定了发展层级。而乡村居民是乡村发展的主体，乡村治理应充分尊重乡村居民的意愿，把被动接受管理转变为主动参与治理，有效推进乡村振兴战略中"治理有效"目标的实现。三是受益群体的扩展。乡村振兴战略是在"新阶段—新理念—新格局"等战略背景下提出的，其发展成果应由广大人民群众所共享。脱贫攻坚的受益群体既是脱贫的主体，又是乡村振兴的推动者，二者存在发展主体与受益主体上的包含性。脱贫攻坚的受益主体，将成为乡村建设的有力带动者，尤其是脱贫攻坚中所培育的一批发展致富能手，会成为带动乡村居民参与乡村建设的主体和受益者。因此，推动实现巩固拓展脱贫攻坚成果与乡村振兴有效衔接，既要坚持脱贫攻坚时期所形成的多元主体协同治理的机制，又要在此基础上对各主体存在的不足加以改进以适应乡村振兴的发展，真正实现乡村由乡村居民共建共治共享的发展格局。

2. 多路径协调共促衔接

脱贫攻坚以底线思维为标准，补齐贫困地区短板，以"五个一批"具体方式精准助力脱贫解困，推动产业扶贫、生态扶贫、教育扶贫、人才帮扶、党建扶贫等，做到产业、环境、思想、动力、治理等方面发展的无缝衔接。巩固脱贫攻坚成果和乡村振兴战略的有效衔接包括了产业可持续发展、人才队伍建设、文化氛围塑造、生态环境改善、组织体系完善等多方面的复杂问题。由于脱贫攻坚和乡村振兴的复杂性和系统性，两大战略在具体路径的衔接上存在新问题和新矛盾，因此乡村振兴的推动要遵循规律，借鉴脱贫攻坚有效经验，根据乡村振兴阶段的新需求、新目标，在产业、生态、文化、机制等方面制定新的发展规划。

首先，构建新发展格局下"产业—生态"融合振兴发展路径。习近平总书记在 2020 年 3 月 6 日召开的决战决胜脱贫攻坚座谈会上指出，扶贫产业要实现可持续发展，就要继续深化长期培育，加大帮扶力度，推动脱贫攻坚取得胜利。脱贫攻坚时期，贫困地区产业发展的主要目标是带动贫困户、贫困村在短时间内脱贫，其特点是短时间性、突击性和运动性。伴随而来的是当地产业是否能够与本地生态环境和谐共存、是否为未来创业就业营造良好氛围等问题。乡村振兴则是站在更为长远、稳定的角度来看待农村发展，其具备长远性、稳定性和常规性。要实现农业农村现代化的发展，必须树立并践行"绿水青山就是金山银山"的发展理念，构建"产业—生态"协同发展的路径，发展绿色循环经济,将乡村地区的生态资源转化为经济优势,因地制宜发展可持续产业业态,推动两大战略在产业和生态方面有效衔接。

案例 3-2

东兰县生态优先考量下的产业崛起之路

广西壮族自治区河池市省东兰县坚持新发展理念,明确了"在发展中促脱贫、在脱贫中促发展"的脱贫攻坚总体思路,以绿色发展助力产业扶贫,探索绿色与扶贫的双轨交融、互促互进的可持续发展模式。东兰县委、县政府始终从资源禀赋、产业基础等基本县情出发,提出了"坚守生态优先底线,促进产业绿色崛起"的扶贫产业发展方针,多措并举促进产业的绿色发展,有效促进了县域经济稳定发展和农民持续增收,走出一条生态保护与产业发展"双赢"、经济增长与农民增收同步,具有东兰特色的产业扶贫新路子。一是创造性地打破资源的部分属性,将生态优势转化为经济优势,退耕还林并积极发展油茶、板栗、核桃等经济林产业,同时建立循环农业、立体式农业,大大缓解农业资源压力,改变脆弱的农业生产环境,保护生态环境,增强农业和农村的可持续发展能力。东兰县绿色脱贫是实现城市高质量发展、综合承载力提升的关键要素和基本底色,有效实现脱贫与生态双赢的有机统一,维持地区生态系统平衡,为贫困地区实现可持续脱贫,建立解决相对贫困的长效机制提供了重要思路。二是抓住打造全域旅游这一重大机遇,东兰县将扶贫产业融入全县旅游产业体系中统筹谋划,重点推进"农旅融合"和"文旅融合",促进一二三产业的有机融合。如"旅游+农业",重点发展乡村旅游、休闲农业、特色农业等;再如"旅游+工业",重点打造铜鼓小镇、科技体验旅游、农产品精深加工等,为乡村地区可持续发展注入新动能。

其次,"文化—人才"衔接解决人的发展问题。当前,脱贫攻坚已取得全面胜利,乡村振兴正全面推进。乡村振兴的有效开展必须依靠人才的培育,以乡村振兴为主线,使农业农村的发展和人才的培养互促共进,既能通过乡村吸引人才,又能依靠人才壮大农村,从根本上解决"空心村"、农村人口老龄化、人才流失等问题,因此加快推进乡村"文化—人才"振兴是关键。针对刚脱贫地区和刚脱贫人口发展能力弱的问题，加强技能培训、教育支持，培育新型职业农民，带动乡村居民实现自我发展。以文化激活乡村内生动力，推动乡风文明建设，使得文化成为乡村振兴的重要路径，营造多样化的乡村文化环境吸引人才，也让农民在满足生存需求之外获得更多精神上的富足感，进一步提升农民的文明素养，巩固乡村新风。四川省沐川县为顺利实现脱贫攻坚与乡村振兴的有效衔接，高度重视对人才的内培外引，为乡村人才振兴提供重要支撑。通过培育村级后备力量、培育新型职业农民、农民工定向回引等工程的积极实施，为乡村发展解决了人才紧缺等问题，有效实现了脱贫成果的可持续发展。

最后，就组织衔接而言，基于组织发展视角，脱贫攻坚中形成的各种扶贫行动架构为新时代的乡村组织振兴提供较多借鉴。脱贫攻坚为了如期完成扶贫目标，在党的基层组织的领导下提高了农村组织治理能力，积极培育更多的发展性组织，而且构建了多元主体协商平台，能够有效支撑乡村组织振兴工作。具体说来，一是在扶贫工作中，许多农村"两委"组织接受了发展性考验，其治理能力得到了很大提升，能够更好地支持乡村振兴战略的实施。通过加强农村"两委"组织培训和注入治理人才等方式，有效地壮大了农村"两委"组织，使其能够更为有效地服务乡村建设发展。二是扶贫工作中形成的发展性组织可以直接服务于乡村振兴工作。除了扶贫产业载体之外，为了开展扶贫工作还成立了许多公益性社会组织，这些主体能够很好地弥补政府行为的不足，为乡村发展提供精准帮助。而在全面落实乡村振兴战略时，也需激励这些组织继续发挥相应作用。三是许多地方针对脱贫工作形成了较为成熟的主体协商平台或机制。在推动各项扶贫工作落地的过程中，政府、农民、企业和社会组织等多元主体通过工作磨合和相互认同建成了协商平台，能够更加有效地协调主体间的合作行为。

三、脱贫攻坚与乡村振兴战略差异下的逻辑转换

脱贫攻坚与乡村振兴战略是关系我国广大农村发展的两大重要战略性部署，具有政策实施上的共性，但是也存在差异性，比如特惠性与普惠性的矛盾、快速脱贫向长效发展的转变以及需求层次变迁下贫困群众基于自我发展提升的一些变化。在脱贫攻坚和乡村振兴的过渡期，要深入分析二者的内在逻辑关系，明确衔接的协调融合路径，同时把握好二者的不同点。脱贫攻坚具有紧迫性、突击性、局部性和特殊性等特点，乡村振兴则具有渐进性、持久性、整体性、综合性等特点。

（一）特惠性向普惠性过渡

脱贫攻坚和乡村振兴两大战略在实施对象和政策范围上侧重点不同，因此在两大战略的过渡期内，要加快从特惠性向普惠性的过渡，解决好二者之间的矛盾，才能有效化解政策延续上的路径依赖问题。

从脱贫攻坚的特惠性角度看。首先，特惠性提升了扶贫效率。脱贫攻坚时期的精准扶贫策略，是针对贫困户不同的致贫原因"特惠定制"的扶贫模式，坚持公平、共享的发展理念，整合资源聚焦聚力，对贫困户精准发力，准确高效地解决了贫困户的温饱和增收问题，有效减缓了"精英俘获"造成的资源错配与浪费。其次，特惠性引发了乡村新矛盾。脱贫攻坚中存在的对贫困村、贫困户和非贫困村、非贫困户政策的不平衡，造成外部扶持上的悬殊，既容易引发大家的心理落差，也容易产生分配不均的社会矛盾，导致干群关系紧张。

从乡村振兴的普惠性角度看。在解决了绝对贫困问题后，乡村振兴战略开始减缓相对贫困问题，在欠发达地区乡村居民生存有保障的情况下，大力推动整体农村全面振兴和农民全面发展，更多地关注经济社会发展成果的全民共享问题，政策的制定转向"全民普惠"。同时关注乡村居民更多元化的利益诉求，在延续脱贫攻坚有效政策措施的基础上，深入优化乡村振兴的体制机制，推动

乡村地区整体发展，使群众在共享共建中实现共同富裕。因此，乡村振兴政策的普惠性能够有效解决欠发达地区与发达地区、城市和乡村的发展不均衡不充分问题，可以进一步深化脱贫攻坚，实现全面发展的可持续。

（二）"快速脱贫"向"长效发展"转变

在后脱贫时代，衔接脱贫攻坚和乡村振兴两大战略，即要实现从"快速脱贫"到"长效发展"的转变，将脱贫攻坚在短期内获得的成果在乡村振兴阶段加以巩固和拓展，有效应对脱贫攻坚引发的乡村新矛盾，真正实现乡村地区的可持续发展。

脱贫攻坚重点在于完成"三农"问题的底线任务，通过福利性政策对贫困群体给予帮扶，更多关注收入短期快速增长和"两不愁三保障"脱贫攻坚标准。福利性主要表现在政府对贫困地区的帮扶，比如资金补助、基础设施建设、人才支援等，是相对简单而非系统的各项目间的对接安排。这主要存在两方面的问题。一方面是资源的利用效率有限，还存在扶贫资源碎片化等困境，没有形成长效可持续的发展机制；另一方面是各方力量协同不足，没有充分激发乡村居民的主体意识和自我发展能力。对于相对贫困的乡村而言，在脱离外部帮扶资源之后可能会出现发展乏力或不稳定的问题，所以乡村振兴的后续保障与升级必不可少。

乡村振兴要推动实现农业农村现代化并逐步迈进第二个百年奋斗目标，应当处理好福利性与效率性的矛盾，激发乡村发展的内生动力，加强相对贫困地区政府引导下市场效用的发挥，避免引发某些贫困地区的"福利依赖"。脱贫攻坚中部分地区"踩线"脱贫，仅仅是达到了统计层面的脱贫标准，后续的发展和可持续性依然具有很大的不确定性，必然会影响到乡村振兴的有效开展。而乡村振兴着力推进乡村内部在经济、文化、环境等方面的自给，以产业发展为核心，兼顾生态环境，实现"人、财、地"循环可持续发展。并且更加注重发挥市场在资源配置中的主导作用,摆脱过度依赖政府的发展困境,构建"政府－市场－社会"的联动机制,将相对贫困地区的资源优势、生态优势充分转换,化解地区间由于"马太效应"造成的发展不平衡,提升基本公共服务能力,从而实现农村发展和脱贫成果的长期性和可持续性。

案例3-3

河南省济源市创新发展路径,实现内生造富

河南济源因济水发源地而得名,是愚公移山精神的发祥地,有建档立卡贫困村59个,建档立卡贫困人口2073户7084人,呈点状、插花式,都是贫中之贫,困中之困。济源作为插花型贫困地区,聚焦贫困县乡发展难点重点,以雄厚的经济实力,营造减贫环境,实现农村内生动力持续发力,巩固脱贫成果,有效防止返贫。

搭建城乡融合平台,打好精准脱贫的地基。济源市从基础设施、产业、结对帮扶等方面为精准扶贫工作奠定坚实基础。在精准扶贫战略的指导下,济源在插花式贫困治理中探索了一条具有济源特色的扶贫道路,以脱贫攻坚的高质量提升全面建成小康社会和乡村振兴的成色和底色。坚持"工业强市"主战略和高质量发展思路,推进传统工业高端化、智能化和绿色化转型,强调现代优质农业产业链建设,为产城融合的持续稳步发展奠定基础条件。

市场化多元主体嵌入产业链的发展路径。济源以新兴产业为核心,打破行业边界,打造以创新为导向的全产业链生态系统,提高产业集群绿色化和智能化水平,产业转型和贫困治理相互促进,产业链嵌入式发展通过就业扶贫和生产技能提升等多种方式,推进全市共同富裕。在脱贫攻坚中探索出将扶贫嵌入到社会经济发展中,通过借助产业融合、产业链延伸所发挥的辐射带动作用,推动农业农村脱贫致富,有效避免了条块化扶贫模式。将不同产业的产业链环节与农业农村联系起来,因地制宜探索多种模式,形成包括基层党建与产业"双推进"扶贫模式、龙头企业"联镇带村"就业模式、农民合作社组织化生产模式、现代农业生产基地带贫模式、产销对接电商服务扶贫模式等多种模式的农业产业扶贫格局。

地区经济的内生支撑动力——愚公精神与组织保障。发端于济源的愚公移山精神作为中华民族精神的重要组成部分,为推动济源经济一体化发展与打赢脱贫攻坚战提供了强大动力,为开启新时代济源全域内产城融合新征程提供了不竭源泉。济

源市发动政府力量和社会力量，凝聚脱贫攻坚强大共识，将习近平总书记关于扶贫开发系列讲话用到实处，深度挖掘社会资本，通过设立产业扶贫基金为促进产业扶贫发展提供资金来源保障，首创济源精准扶贫LOGO，将扶贫文化转变为产业和区域经济品牌，增强产业带贫能力。

农村内生禀赋与城乡公共产品均等化。"集体产权"的生成与再造，激活乡村发展新动能，唤醒各类沉睡资本。济源市委、市政府紧盯"两不愁三保障"要求，不断推进城乡一体化建设，实现全面小康语境下城乡公共产品均等化，对促进济源市稳步发展发挥了重要作用。

（三）基于需求层次变迁的自我发展提升

马斯洛在其需求层次理论中指出，个体的五大类需求有高低层次之分，在相对较低的需求被满足之后，个体的需求层次才会逐渐上升，但同时最低层次需求仍然存在。结合我国实际来看，我国经历了基本解决温饱问题到建设小康社会再到全面建设小康社会的阶段。当下，中国人口基本生存需求已基本得到满足，这也是脱贫攻坚时期我国致力解决的重大问题。随着脱贫攻坚的结束，贫困人口基本生存需求和发展需求基本得到满足，随之而来的相对应的人口社会需求、尊重需求等亟待满足。为满足升级的需求，我国在乡村振兴时期更多注重激发群体内生动力、提升产业驱动力、完善基本公共服务，由此形成社会经济发展转型的重要驱动力。

脱贫攻坚主要聚焦物质性贫困。这个时期，我国乡村具有较为显著的传统农业特征，乡村人口以第一产业为主，人口活动范围以耕地为核心向四周展开，村与村之间的联系较为紧密，城乡之间联系较为疏远，区域之间联系弱，资源往来、信息往来较少。基于这种现实情况，乡村人口仍处于实现基本生存需求阶段，而提高耕地生产力、增加粮食产量成为主要的生计策略。随着脱贫攻坚的进一步深入，地方政府开始打破城乡壁垒，引进龙头企业带动乡村发展；通过政策补贴保障低收入人群的基本收入；开展易地扶贫搬迁解决搬迁群体风险抵御能力弱、难生存的问题；在村"两委"的带领下，不断强化乡村基础设施建设，完善相应的硬件工程，提高粮食产量，进而满足农户主体基本生存需求。在脱贫攻坚后期，随着农户主体的基本生存需求得到满足，主体的需求提升意识逐渐增强，加之脱贫攻坚后期城乡联系逐渐密切、区域联系增强，城乡人口流动增加，农户主体的自我发展需求亟待满足。因此，在脱贫攻坚后期致力通过生产技术、资金支持、非农化岗位供给、外出务工等多种形式满足农户主体的发展需求。总体来看，在这一时期，政府通过采取多元化措施实现低收入人群的基本生存需求和发展需求满足，使得绝对贫困得到历史性解决。脱贫群体在物质层面的欠缺已经得到极大改善，但精神等非物质性贫困欠缺较多。巩固拓展脱贫攻坚成果则要将扶贫与扶志、扶智有机结合，着力培育低收入群体内生动力和发展能力，抓紧补齐精神贫困治理"短板"。

乡村振兴阶段的贫困更大程度上意味着已脱贫人口或边缘户无法获得可发展的资源、能力和机会，因此不仅要解决已脱贫群体基本生存和收入上的问题，更重要的是要着力解决多维相对贫困、发展问题。加快解决精神等非物质性贫困，一方面能为解决相对贫困提供精神动力和能力支撑，提升群众的满意度和获得感；另一方面可以通过深入分析需求层次变迁理论下乡村居民对生活环境、教育医疗、发展机会、治理权利等方面需求的转变，增强群众获得感，帮助农户提升自我发展能力以及社会竞争力，在区域、城乡平衡发展的大格局下统筹推进脱贫攻坚和乡村振兴的有效衔接。

第四章

作为乡村振兴的前提和
基础的脱贫攻坚的成就

习近平总书记在全国脱贫攻坚总结表彰大会上指出："经过全党全国各族人民共同努力，在迎来中国共产党成立一百周年的重要时刻，我国脱贫攻坚战取得了全面胜利，现行标准下 9899 万农村贫困人口全部脱贫，832 个贫困县全部摘帽，12.8 万个贫困村全部出列，区域性整体贫困得到解决，完成了消除绝对贫困的艰巨任务，创造了又一个彪炳史册的人间奇迹！"党的十八大以来，贫困地区群众收入持续增加，经济社会发展进程加快，稳定实现"两不愁三保障"，生活水平提高，基础设施和公共服务设施显著改善，乡村生态环境改善，居民精神风貌焕然一新。2020 年底，全面建成小康社会和脱贫攻坚的胜利，为实现农业农村现代化、实现乡村振兴奠定了坚实的基础。中国的脱贫攻坚事业的完成，促成我国实现《联合国 2030 年可持续发展议程》的减少贫困目标提前了 10 年。脱贫攻坚时期，我国每年减少的贫困人口数量超过 1000 万人，这一减贫规模持续 7 年，并且减少的贫困人口数约等于欧洲的一个小城市人口数量。中国减贫速度大大加快了全球减贫进程，为全球减贫事业做出了重大贡献。脱贫攻坚取得的成就，无论对我国还是对整个人类都具有重大意义，能够载入人类社会发展的史册，并且这一成就更是向全人类展现了坚持中国共产党领导的正确性以及中国特色社会主义制度的优越性，为世界治理贫困提供了有中国特色的智谋、方案以及力量，为世界消除贫困增强了信心。

一、理论创新：习近平扶贫思想的价值引领

脱贫攻坚的全面胜利和取得的巨大成效，是以习近平同志为核心的党中央团结带领全国各族人民艰苦奋斗的结果，这一规模大、范围广的脱贫攻坚战，离不开科学思想理论的指导。认识来源于实践，正确的认识能够指导实践。我国脱贫攻坚过程中形成的各种理论顶层设计是不断从扶贫实践中总结的经验，又不断辩证分析，寻找适合中国特色社会主义的扶贫理论。党的十八大以来，逐渐在实践中形成了有中国特色的扶贫理论体系，为脱贫攻坚战的胜利提供了科学指引。

（一）习近平扶贫重要论述为中国乡村发展提供科学指引

习近平关于扶贫的重要论述是习近平思想的构成之一，是脱贫攻坚战过程中的优秀上层建筑成就。党的十八大以来，习近平总书记从自身长期反贫困的实践积累和长期从政的感受出发，通过把中国实践与马克思主义反贫困理论相结合，以中国国情为基础，从全局角度对我国脱贫发展问题进行深刻洞察与思考，形成了关于扶贫的重要理论论述。

一是扶贫开发本质观。2012年，习近平总书记在河北阜平考察扶贫工作时提出：“消除贫困、改善民生、实现共同富裕，是社会主义的本质要求。”反映了帮助贫困群众消除贫困，是社会主义的本质要求，坚定不移地走社会主义道路是贫困治理胜利完成的强大支撑。二是实现“两不愁三保障”，全面建成小康共享观。“全面建成小康社会，关键是要把经济社会发展的‘短板’尽快补上，否则就会贻误全局。全面建成小康社会，最艰巨的任务是脱贫攻坚，最突出的短板在于农村还有七千多万贫困人口。”贫困地区人口整体全范围脱贫是实现小康社会的基础，贫困地区群众不愁吃不愁穿，教育、医疗、住房有保障，经济才会发展，城乡差距才会缩小。习近平扶贫重要论述指出扶贫的重点和难点在

哪里，因此要针对问题制定措施。加大力度帮助贫困地区，深入促进扶贫事业，全面实现"两不愁三保障"的脱贫标准。实现全面建成小康社会，必须补短板，贫困地区必须摆脱贫困，贫困地区脱贫是最紧迫的任务。习近平扶贫重要论述是扶贫开发工作的科学指南，指导党带领人民把扶贫工作摆在首位，保证贫困群众脱贫致富，与全体人民一起迈入小康社会。这一成就要惠及全国民众，小康社会要人人共享，这是社会主义的要求。三是坚持中国共产党的领导，强化组织保证观。党的领导贯穿在整个脱贫攻坚的历程中，"坚持党的领导，发挥社会主义制度可以集中力量办大事的优势，这是我们的最大政治优势"。脱贫攻坚坚持党的领导，党中央统筹全局，坚定不移地带领群众做好扶贫工作，与贫困作斗争，以人民对美好生活的向往为目标，带领全党全国各族人民克服困难，打赢脱贫攻坚战。四是坚持"真扶贫，扶真贫"，精准扶贫观。"要真真实实把情况摸清楚。做好基层工作，关键是要做到情况明。"脱贫攻坚要真真正正做事情，摸清基层真实的贫困情况，并针对性去扶贫，这关系国家发展、民生福祉，得求真务实办实事。"精准扶贫""精准脱贫"思想，是习近平总书记关于反贫困重大的理论创新。习近平总书记指出："我们注重抓六个精准，即扶持对象精准、项目安排精准、资金使用精准、措施到户精准、因村派人精准、脱贫成效精准，确保各项政策好处落到扶贫对象身上。""我们坚持分类施策，因人因地施策，因贫困原因施策，因贫困类型施策，通过扶持生产和就业发展一批，通过易地搬迁安置一批，通过生态保护脱贫一批，通过教育扶贫脱贫一批，通过低保政策兜底一批。"扶贫的"精准性"是有效脱贫的关键，是贫困人口全面脱贫的有力保障。贫困地区、贫困人口范围广，涉及面宽泛，精准脱贫方略解决了这一难点。五是坚持凝聚社会力量，深化民众合力观。"扶贫开发是全党全社会的共同责任，要动员和凝聚全社会力量广泛参与。要坚持专项扶贫、行业扶贫、社会扶贫等多方力量、多种举措有机结合和互为支撑的'三位一体'大扶贫格局，健全东西部协作、党政机关定点扶贫机制。"人民的力量是无限的，在党和政府的引导下，汇聚全社会力量，推动各方积极协作，各级党政机关单位、国有企事业单位起到模范带头作用，踊跃参与，加强东西部点对点扶持，号召民营企业等施展作用，形成全社会合力打赢脱贫攻坚战的良好局面。六是坚持贯穿扶贫、扶智、扶志，激发内源发展观。"把贫困群众积极性和主动性充分调动起来，引导贫困群众树立主体意识，发扬自力更生精神，激发改变贫困面貌的干劲和决心，变'要我脱贫'为'我要脱贫'。"扶贫不仅要扶物质层次，更要注重精神建设和主观思想，把人的建设放在重要位置，以人为中心，调动其积极性和创造性。焕发贫困群众精气神，激发他们的脱贫致富能力，依靠自己的能力发展，首先摆脱内心的贫困，培养新的价值观。贫困群众有尊严脱贫，脱贫不易返贫。通过加强知识与思想文化培训，提高人的健康状况，培育贫困群众可持续发展的能力。七是坚持消除贫困的全球合作观。"世界长期发展不可能建立在一批国家越来越富裕而另一批国家却长期贫穷落后的基础之上。只有各国共同发展了，世界才能更好发展。"习近平主席在2015减贫与发展高层论坛上指出："让我们携起手来，为共建一个没有贫困、共同发展的人类命运共同体而不懈奋斗！"我国始终坚持和平与发展的理念，在为消除国家贫困不断呕心沥血的同时，不忘助力其他困难国家，在与各个国家积极合作的前提下，为其他国家解决贫困问题建言献策。中国脱贫攻坚的经验为其他国家贡献了中国方案和中国智慧。

党和政府依据习近平扶贫重要论述，明确实现贫困地区全部脱贫的目标，明晰脱贫任务，为脱贫工作提供了行动指南。根据习近平扶贫重要论述，精准扶贫、精准脱贫、产业扶贫、生态扶贫、健康扶贫、教育扶贫等一系列扶贫方式的实施，使农村贫困问题得到有效的解决，具体问题针对性解决。习近平扶贫重要论述是贫困地区各个方面进一步发展的思想引领，脱贫攻坚战的胜利，离不开它的科学指引。它为乡村全面发展振兴奠定了坚实的理论基础，乡村振兴在此基础上创新发展，实现农业农村现代化。

（二）中国减贫理论彰显多重世界意义

贫困是全人类所面临的共同难题，不同国家的贫困状况是不同的，因而不同的国家有其不同的治理理论，对于贫困的认识和实践也有所不同。理论科学化并本土化，才会对消除贫困发挥巨大的作用。中国的脱贫攻坚战，在包括习近平总书记的扶贫重要论述在内的中国减贫理论的指引下，取得了全面胜利。中国脱贫攻坚取得的理论成就，可以被全球其他国家借鉴，也可以激励其他国家探索适合自己国情的反贫困理论，拓宽了世界贫困治理的理论视野与消除贫困的实践路径。

首先，丰富和创新发展了马克思主义反贫困理论。在脱贫攻坚实践过程中，中国共产党将中国贫困实情和马克思主义反贫困理论结合并进行创新发展，这一理论成果是具有中国特色的减贫理论，是马克思反贫困理论思想中国化。一方面，中国共产党人从各个角度和层面，不断认识总结和构建了中国反贫困理论体系，其中关于激发贫困群众内生动力扶贫，东西部协作、全社会参与扶贫，制度扶贫等重要扶贫方式，不仅具有一定的实践性，而且具有一定的政策性，丰富了全球贫困治理理论。另一方面，特别是习近平扶贫重要论述对其贡献了原创性的理论，"精准扶贫、精准脱贫""坚持群众路线""把扶贫和扶志、扶智结合起来"以及依靠全社会力量合力攻坚等思想，创新发展了马克思主义反贫困理论，为全球其他类似于中国国情的发展中国家和地区提供了减贫的另一种理论依据和实践借鉴，为全球反贫困理论的创新发展提供了可借鉴的基础，帮助其他国家打破贫困治理停滞不前的局面。我国的精准扶贫思想与实际践行经验为世界消除贫困创新了手段，为构建全球新时代贫困治理体系提供了新的思路。"消除贫困、改善民生，实现共同富裕，是社会主义的本质要求"，这是在马克思主义反贫困理论基础之上的创新发展。中国创新提出的"把发展作为解决贫困的根本路径"，是继承了马克思的"发展生产力是解决贫困问题的先决条件"。我国从马克思主义反贫困理论政治经济学立场出发，提出脱贫攻坚要坚持党的领导，从政治方面和经济方面同时着力消除贫困。

其次，拓展了人类命运共同体的思想领域。习近平总书记提出："只有各国共同发展了，世界才能更好发展。"反映出中国共产党人消除全球贫困的美好愿望，以及盼望全球反贫困胜利的价值取向。中国脱贫攻坚的理论成就，不仅为许多的发展中国家和地区提供了可能的发展机遇，也使得国际社会的反贫困有了可以借鉴和参考的成功案例，有利于更快地缩小发展差距，共享发展成果，打造人类命运共同体。习近平总书记提出："全面小康路上一个也不能少。"中国脱贫攻坚社会合力是人类命运共同体思想的一个缩影，中国的成功实践加快了全球共同摆脱贫困的步伐。

二、顶层设计：新时代脱贫攻坚制度供给

从党的十八大召开开始，党中央领导人依据中国国情，以习近平扶贫思想为科学指南，在脱贫攻坚战的实施中，颁布了一系列决策部署，构建了"中央统筹、省负总责、市县抓落实"的管理体制，形成了以六大体系为支撑的脱贫攻坚"四梁八柱"顶层设计制度体系。脱贫攻坚被纳入国家整体发展规划。这些制度体系指引脱贫攻坚实现全面胜利，同时，也为乡村振兴战略的实施奠定了制度基础。

（一）坚持中国共产党统一领导，构建中国减贫制度体系

脱贫攻坚战的胜利完成，离不开制度体系的保障，离不开中国共产党的领导。党的十八大以来，脱贫攻坚在制度体系方面也取得了瞩目成就。

一是构建了脱贫攻坚责任体系。为保证乡村按时全面脱贫，中央与中部和西部共22个省、自治区、直辖市党政主要负责同志签订了"扶贫军令状"和脱贫攻坚责任书，县级党委和政府承担脱贫攻坚主体责任，不仅强化了党政一把手负总责的领导责任制，还强化了东西部协作、定点扶贫以及社会各界合力攻

坚的责任。二是建立了政策体系。中共中央办公厅、国务院办公厅出台了13个配套文件（见表4-1），各部门出台200多个政策文件或实施方案，各地也相继出台和完善"1+N"的脱贫攻坚系列文件，形成政策合力，能针对性地对困难和问题进行解决。三是建立脱贫攻坚财政投入体系。建设中央、省级财政专项扶贫投入，地方政府债务、易地扶贫搬迁专项资金、扶贫小额信贷等资金投入，证券业和保险业等资金支持体系，整合使用财政资金投入，确保把钱用到刀刃上，以保障脱贫攻坚顺利实施。四是构建脱贫攻坚帮扶体系。中央单位定点扶贫和地方各级结对帮扶工作，聚集全社会力量助力扶贫，东西部对口扶贫，社会组织、爱心企业和人士等社会力量参与扶贫，鼓舞各个级别党政机关、高等院校、医疗机构、养老服务机构、金融机构等加入扶贫行列。五是构建脱贫攻坚监督体系。构建党内与党外、政府和社会相结合的全面的监督体系，党内巡视和民主党派监督相结合，国务院扶贫开发小组监督巡查，审计署对资金进行监督审计，各行各业进行监督，国务院扶贫办设立扶贫监督举报电话，开展社会公众的监督。六是建立脱贫攻坚的考查审核体系。中共中央颁布了省级党委以及政府的扶贫事业开发工作成果稽查办法，执行最严格的考核评估，以保真扶贫、扶真贫、真脱贫。

表 4-1　脱贫攻坚部分相关文件

出台时间	政策文件名称	出台部门
2015 年 11 月	《中共中央国务院关于打赢脱贫攻坚战的决定》	中共中央、国务院办公厅
2016 年 2 月	《省级党委和政府扶贫开发工作成效考核办法》	中共中央、国务院办公厅
2016 年 4 月	《关于建立贫困退出机制的意见》	中共中央、国务院办公厅
2016 年 10 月	《脱贫攻坚责任制实施办法》	中共中央、国务院办公厅
2016 年 11 月	《"十三五"脱贫攻坚规划》	国务院
2017 年 12 月	《关于加强贫困村驻村工作队选派管理工作的指导意见》	中共中央、国务院办公厅
2018 年 6 月	《关于打赢脱贫攻坚战三年行动的指导意见》	中共中央、国务院办公厅

（二）印证中国道路选择正确性，彰显"四个自信"优势

习近平总书记强调："我们在脱贫攻坚领域取得了前所未有的成就，彰显了中国共产党领导和我国社会主义制度的政治优势。"脱贫攻坚任务的如期胜利完成，证实了我国选择中国特色社会主义道路的准确性，中国特色社会主义文化的引领性，中国特色社会主义理论的科学性，中国特色社会主义制度的优越性。

首先是增强了制度自信。党的十八大以来，以习近平同志为核心的党中央，带领人民群众，组织并实施了规模空前、力度最大、惠及人口最多的脱贫攻坚战，克服种种困难，顽强不屈地与贫困做斗争，证明了中国共产党始终坚持为中国人民谋幸福、为中华民族谋复兴的初心使命，始终坚持全心全意为人民服务的根本宗旨，反映了坚持党的领导是中国特色社会主义制度的最大政治优势。脱贫攻坚是以全体人民生活水平提高，实现人民对美好生活的向往为目标，在调动人民群众的积极主动性，激发内生动力，实现脱贫成果共享的同时，提高人民群众的创造能力。习近平总书记强调："我们搞社会主义，就是要让各族人民都过上幸福美好的生活。"脱贫路上"一个都不能少"，体现了中国特色社会主义制度坚持人民主体地位。脱贫攻坚形成全社会合力攻坚的良好局面，各部门、各地区、各单位等联合起来脱贫，凸显了社会主义制度集中力量办大事，构建"三位一体"的扶贫格局，调动全社会力量参与扶贫的显著优势。习近平总书记提出的"精准扶贫，精准脱贫"是引导脱贫攻坚全面胜利的重要战略，党和政府实施产业扶贫、就业扶贫等扶贫方式，发展特色产业，投入资金建造扶贫车间，实现贫困群众就地就近就业，彰显了发展社会生产力的显著优势。中国特色社会主义制度体系为脱贫攻坚实现巨大成就提供保障，中国人民相信其是新时代中国发展繁荣的根本制度保障，是具有鲜明中国特色的制度优势，是具有强大自我完善能力的先进制度。脱贫攻坚的成功增强了这种信心。

其次是增强了道路自信。习近平总书记强调："贫穷不是社会主义。如果贫

困地区长期贫困，面貌长期得不到改变，群众生活长期得不到明显提高，那就没有体现我国社会主义制度的优越性，那也不是社会主义。"表明社会主义消除贫困，逐步实现共同富裕的本质。脱贫攻坚取得贫困群众全部脱贫、"两不愁三保障"全面实现，贫困人口收入增加，贫困地区经济发展加快，完成全面建成小康社会第一个百年目标等成就，为实现社会主义现代化，实现人民美好生活，建设富强民主文明和谐美丽的社会主义现代化强国奠定了基础，显示了中国特色社会主义道路的准确性，发展进步方向的正确性，坚定了中国特色社会主义道路是实现社会主义现代化的必由之路的信心。

再者增强了理论自信。党的十八大以来，习近平总书记奔赴扶贫一线，考察各个贫困地区，在此过程中产生了许多关于扶贫的观点、思想与论断，形成了习近平扶贫重要论述理论。脱贫攻坚工作实践是以习近平新时代中国特色社会主义思想，尤其是以习近平扶贫重要论述为科学指导，是符合中国国情的。习近平扶贫重要论述深入阐释了"脱贫的原因、怎样脱贫、怎样巩固脱贫效果"等理论和实践问题，科学回答了夺取精准脱贫攻坚战全面胜利怎样正确处理重大关系的问题，为全面实现小康社会，摆脱贫困提供了正确的方向。精准扶贫、精准脱贫的新理论是对马克思反贫困理论的创新，是脱贫攻坚的重要理论指导。脱贫攻坚的成功实践，有力地证明了中国特色社会主义理论的科学性、真理性，更加充分地表明了其理论和实践的重大价值。

最后增强了文化自信。在脱贫攻坚的征程中形成团结一致、顽强不屈、求真创新、精准实施等精神力量，这是中华民族精神外化于乡村治理的体现，证明了中国特色社会主义文化是激励中华儿女奋勇前进、砥砺前行的精神力量，根植于脱贫攻坚的伟大实践中，是贫困人口脱贫致富的精神引领，在面对一次次困难时，融入每一个中国人思想中的精神力量，给予中华儿女前进的勇气。脱贫攻坚也推动了社会主义精神文明进一步发展，中国特色社会主义文化是脱贫攻坚取得全面胜利的重要思想基础。脱贫攻坚为我们打了强心剂，坚信中国特色社会主义文化是立足中国实践，推进中华民族实现伟大复兴的强大精神力量。

三、行动方案：多维一体融合的中国减贫成效

乡村要振兴，解决"三农"问题是重中之重，而脱贫攻坚是解决"三农"问题的重要环节。在脱贫攻坚历程中，基层党组织逐渐建设完善，贫困地区经济发展速度加快，经济发展方式逐渐转变，群众收入增加，生活水平提高，人居环境、生态环境得到改善，群众精神风貌焕然一新。脱贫攻坚战解决了不同维度不同方面融合一体的"三农"问题，其伟大实践成就弥补了乡村发展的短板。乡村振兴迎来了新机遇，以脱贫攻坚的成就为契机，逐步实现农业强、农村美、农民富。

（一）补齐短板：贫困地区与贫困人口齐发展

"乡村全面振兴，农业强、农村美、农民富全面实现"是乡村振兴到 2050 年的总目标，即实现农业农村现代化与乡村治理体系和治理能力现代化，把我国农村建设成为社会主义现代化新农村。解决相对贫困、实现共同富裕，统筹城乡发展和人的发展等整个农村地区农业农民问题，瞄准的是"第二个百年目标"，即本世纪中叶社会主义现代化强国得以建成。但乡村全面振兴首先要解决"三农"问题中最棘手的发展问题，即农村贫困地区的贫困户生存和发展最基本的需要问题，解决贫困群众吃得饱、穿得暖的问题，解决发展不平衡不充分等实现乡村振兴的"短板"问题，最终实现贫困群众全部摆脱贫困，贫困县、乡、村全部摘帽。党的十八大以来，党和政府加大了对贫困地区的扶持力度，经过党领导人民不懈奋斗，依据现行农村贫困线，我国在 2020 年底，帮助近 1 亿贫困群众脱贫，国家贫困县全部摘帽，取得了世界瞩目的成就。在产业、组织、生态、文化、人才等方面取得巨大成果，城乡差距缩小，为实现乡村振兴提供了物质、技术、组织、群众等基础支持。

1.国家级贫困县全部摘帽、贫困人口全部脱贫

2012 年以来，贫困县、贫困人口数量持续减少，贫困发生率持续降低，减贫速度不断加快。随着国家转县域瞄准为"县、乡、村"三级瞄准，采取精准扶贫、精准脱贫方略，国家级贫困县数量减少始于 2016 年，从 2012 年总数 832 个减少到 2019 年剩余 52 个（见图 4-1）。全国的农村贫困群众从 2012 年的 9899 万人到 2020 年实现动态清零，年均减少 1237.4 万人（见图 4-2）。2020 年底脱贫攻坚战全面胜利，不仅使国内全部贫困人口脱贫，过上了美好生活，也大大缩减了世界贫困人口总数。

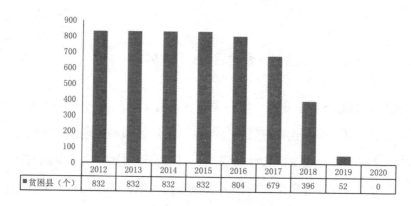

图 4-1　2012—2020 年贫困县数量变化趋势图

数据来源：《中国统计年鉴（2020）》

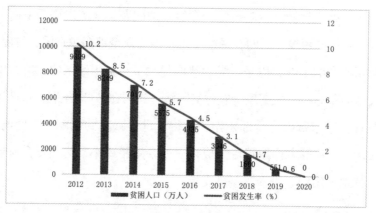

图 4-2　2012—2020 年贫困人口数量和贫困发生率变化趋势图

数据来源：《中国统计年鉴（2020）》

2.区域性脱贫取得巨大成就

从农村贫困人口在全国范围内的分布来看，主要集中于中西部地区，因而中西部地区整体性贫困相对突出。脱贫攻坚战以来，党和政府聚焦贫困区域，尤其是深度贫困地区。为提升这类地区的经济发展水平，加大对其扶贫政策倾斜和扶持力度，推进东西部地区等实行跨区域扶贫协作，东部经济发展迅速的先富裕地区为西部落后贫困地区提供帮助，鼓动个体以及企业、社会组织等积极加入扶贫行列。到 2020 年底，东部地区 1367 万、中部地区 3446 万、西部地区 5086 万贫困人口得以全部脱贫，实现区域性整体脱贫，贫困发生率分别由 3.9%、10.6%、17.5% 降为零（见表 4-2）。

表 4-2　2012—2020 年分地区农村贫困人口变化情况

年份	贫困人口规模（万人）			贫困发生率（%）		
	东部	中部	西部	东部	中部	西部
2012	1367	3446	5086	3.9	10.6	17.5
2013	1171	2869	4209	3.3	8.8	14.5
2014	956	2461	3600	2.7	7.5	12.4
2015	653	2007	2914	1.8	6.2	10.0
2016	490	1594	2251	1.4	4.9	7.8
2017	300	1112	1634	0.8	3.4	5.6
2018	147	597	916	0.4	1.8	3.2
2019	47	181	323	0.1	0.6	1.1
2020	0	0	0	0	0	0

数据来源：《中国农村贫困监测报告（2020）》

党和政府聚焦集中连片特困地区和以"三区三州"为代表的深度贫困地区，不断补弱板、去劣势，通过资源比较优势，发展特色产业、生态扶贫，设置公益性扶贫岗位，通过文旅融合发展特色文化旅游业等措施，使集中连片特困地区贫困人口从2012年5067万人减少到2019年313万人，7年共减少了4754万人，年均减少679万人。民族八省区贫困人口数量从2012年3121万人减少到2019年119万人（见图4-3）。

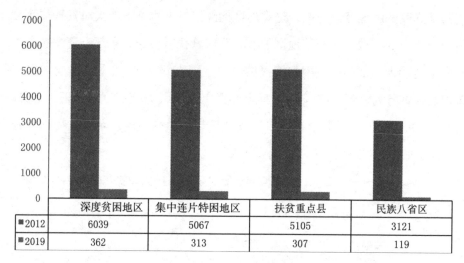

	深度贫困地区	集中连片特困地区	扶贫重点县	民族八省区
■2012	6039	5067	5105	3121
■2019	362	313	307	119

图4-3　2012年和2019年不同区域农村贫困人口数

数据来源：《中国农村贫困监测报告（2020）》

从不同省份农村贫困人口变化来看，以甘肃、云南、贵州、河南、四川、广西为例，从2012年到2020年底，实现甘肃596万、云南804万、贵州923万、河南764万、四川724万、广西755万农村贫困人口全面脱贫（见表4-3），实现贫困人口占比较高的省份全面脱贫，为全国脱贫任务顺利完成贡献了区域力量。2019年，云南、贵州、四川、广西、河南农村贫困人口在50万以上，6个省份贫困发生率均下降至2.2%及以下。2020年在新冠肺炎疫情的影响下，党和国家继续带领人民不畏艰难，探索新的扶贫方式，在2020年底，实现全国脱贫，取得脱贫攻坚战的胜利。

表 4-3　2012—2020 年重点省份农村贫困人口变化情况

年份	甘肃		云南		贵州		河南		四川		广西	
	人口（万人）	发生率（%）	人口（万人）	发生率（%）	人口（万人）	发生率（%）	人口（万人）	发生率（%）	人口（万人）	发生率（%）	人口(万人)	发生率（%）
2012	596	28.5	804	21.7	923	26.8	764	9.4	724	10.3	755	18.0
2013	496	23.8	661	17.8	745	21.3	639	7.9	602	8.6	634	14.9
2014	417	20.1	574	15.5	623	18.0	565	7.0	509	7.3	540	12.6
2015	325	15.7	471	12.7	507	14.7	463	5.8	400	5.7	452	10.5
2016	262	12.6	373	10.1	402	11.6	371	4.6	306	4.4	341	7.9
2017	200	9.7	279	7.5	295	8.5	277	3.4	212	3.1	246	5.7
2018	121	5.8	179	4.8	173	5.0	168	2.1	98	1.4	140	3.3
2019	46	2.2	66	1.8	53	1.5	51	0.6	52	0.7	51	1.2
2020	0	0	0	0	0	0	0	0	0	0	0	0

数据来源：《中国农村贫困监测报告（2020）》

区域性减贫效果明显，脱贫攻坚的最短板——深度贫困、连片贫困问题得以解决，2020 年底，区域性整体贫困问题得到解决。这为乡村全面发展奠定了基础，全国乡村振兴的初始起跑线基本一致，为解决发展不平衡不充分问题提供了条件。

贫困地区与贫困人口的全面脱贫，是党和国家坚持人民主体地位，保证全体人民逐步实现共同富裕的具体实践成果。在脱贫路上不落下一个贫困家庭、不丢下一个贫困群众，从根本上维护了贫困群众的切身利益，有利于切实发挥他们的内生脱贫能力，调动贫困人口的积极性、主动性，培养其创造性。贫困人口依靠自身能力脱贫，收入持续增长，提升了获得感、幸福感、安全感。长期以来制约贫困地区发展的瓶颈已基本解决，短板得以补齐，这为乡村振兴目标的实现贡献了巨大的力量，并为我国实施乡村振兴战略奠定了坚实的基础。

3.从世界看中国减贫实践成就

脱贫攻坚战的胜利，不仅让我国全部贫困人口脱贫，过上了美好生活，也大大缩减了世界贫困人口总数，即使在 2020 年经历了新冠肺炎疫情，中国依旧如期实现全面建成小康社会、打赢脱贫攻坚战。第一，中国在其他国家贫困问题依然突出、贫富分化加剧的背景下，是第一个实现《联合国 2030 年可持续发展议程》减贫目标的发展中国家，对全球减贫贡献率超过三分之二，按照世界银行 1.9 美元每天的国际贫困标准，我国减贫人口占全球减贫总人口 70% 以上。这是中华民族发展史上的里程碑，也是全世界减贫史上的大事件，拓展了人类脱贫的内生能力疆域，给其他国家实现全面脱贫增加了信心。第二，中国农村贫困发生率从 2012 年的 10.2% 下降到 2019 年的 0.6%，年均下降 0.87%。全球贫困发生率从 1981 的年 42.3% 降至 2019 年的 9.0%，累计下降 33.3 个百分点，减贫速度慢于中国。第三，2012 年中国贫困人口占世界贫困人口的比重为 9.92%，2015 年比重为 1.3%，截至 2020 年底中国贫困人口已全部脱贫（见表 4-4）。8 年来，中国取得的脱贫攻坚成就，目前来看全球范围内没有一个国家可以达到，中国创造了人类脱贫历史上的奇迹。

表 4-4　2012—2020 年中国与世界贫困人口对比

年份	中国贫困人口（万人）	世界贫困人口（万人）	中国占世界比重（%）
2012	8739	88079	9.92
2013	2511	76641	3.28
2014	1909	-	-
2015	960	73400	1.3
2016	689	-	-
2020	0	-	0

数据来源：孙咏梅《中国脱贫攻坚成就与反贫困展望》

（二）产业新业态：贫困地区转变经济发展方式

产业扶贫是增加农村居民收入和提升内生动力最有效且直接的方式，也同样是增强贫困地区"开发式"扶贫功能、帮助贫困人口家门口就业的长远之计。培育产业是确保脱贫与防止返贫的有效手段。党的十八大以来，各地全面推进贫困地区产业发展，依托当地特色资源，发展特色产业。

全国贫困县累计建成种植、养殖、加工等各类产业基地超过 30 万个。全国贫困县登记农产品地理标志 800 多个，认证绿色和有机农产品 1.1 万个，比 2012 年增加了 4 倍多，基本上每个贫困县都建立了两三个有特色的、减贫覆盖面广的主导产业，例如某些贫困地区发展特色产业，创建了特色农产品品牌（见表 4-5）。通过发展特色产业，扶贫方式由输血式扶贫转变为造血式扶贫，贫困人口有了长久增收和在家门口就业的途径，外出打工的人可以返回家乡就业或创业，贫困地区的经济有了活力。90% 以上建档立卡贫困户得到了产业扶贫的支持，基本上具备劳动能力和有意愿的贫困人口都参与到其中。政府在贫困地区设立扶贫车间，以产业下乡等方式，助力贫困人口通过劳动致富。超三分之二的贫困人口主要靠外出务工和产业脱贫，贫困人口的工资性收入和生产经营性收入比重逐年上升。

表 4-5　部分贫困地区特色产业情况

贫困地区	特色产业
山东济南市济阳区曲堤镇小刘村	蔬菜大棚
江西于都县禾丰镇	鲜花种植
云南贡山独龙族怒族自治县独龙江乡巴坡村	种植草果
广西田林县六隆镇	酸笋加工
甘肃瓜州县瓜州镇三工村	蜜瓜产业
河南汝阳县靳村乡椿树村	香菇产业

截至 2020 年底，71.9 万家农村合作社、6.76 万家企业、超过 15 万家家庭农场在贫困地区培育发展，实现龙头带动贫困地区产业发展。"龙头企业 + 合作社 + 农户"的长效带贫模式，通过各种方式把贫困户带入产业链，稳定增加其收入。建立新型扶贫产业，如光伏产业、电商产业、旅游产业等，很多贫困地区发挥当地的生态优势，通过村容村貌的整治，改善生态环境，进而使得乡村面貌焕然一新。同时也依据当地习俗，进一步与第三产业相融合，发展乡村旅游业，延长乡村产业发展链。电商产业发展方面，2014 年，832 个贫困县实现电子商务进农村综合示范工作全覆盖，贫困县网商从 2016 年 131.5 万家增长到 2020 年 311.23 万家。甘肃省陇南市电商产业发展排在全国前列，截至 2020 年底，开办 1.4 万家网店，累计销售额达 220 多亿元，50 万贫困人口因此受益，增加了收入。电商扶贫示范镇河南省济源市坡头镇 2018 年电商销售额超 1000 万元，带动了 80 户贫困户创业就业，增收 50 多万元。东西部对口扶贫促进了贫困地区劳动密集型产业等第三产业的发展，一大批产业的发展增加了当地就业，带动了经济活力。

贫困地区产业发展条件显著改善，是产业振兴的基础条件，促进了贫困地区经济转型，为乡村推动一二三产业融合发展提供了前提条件，为乡村振兴时期培育农村可持续产业以及实现产业振兴打下了基础。

（三）生活富裕化：贫困群众生活质量显著提升

1.贫困人口收入水平提高

收入水平是衡量生活水平高低的一个重要指标，贫困地区人口收入水平影响着经济的发展，因此增加贫困群众收入是脱贫的极重要手段。自从党的十八大召开以来，贫困地区农村居民收入保持着较快的增长速度，人均可支配收入从 2013 年 6079 元增长到 2020 年 12588 元，增长了 107%，增长速度高于全国农村。

　　贫困地区农村居民人均可支配收入 2019 年为 11567 元，是 2014 年 2561 元的 4.5 倍；人均经营净收入、财产净收入 2019 年低于 2014 年；人均工资性收入由 2014 年的 822 元上涨至 2019 年 4082 元，增长了 396%；人均转移净收入由 2014 年 1877 元增长至 2019 年 3163 元，增长率 68.5%（见表 4-6），农业生产稳定，对经营净收入增长贡献较大。随着党和国家不断推出新的扶贫政策和方式，比如产业扶贫、就业扶贫、生态扶贫、旅游扶贫、消费扶贫等，以及城乡融合发展和市场化的深入，贫困地区农村居民从事非农工作和外出务工的比例不断增加，各个贫困地区培育了依靠当地特色资源的产业，带动贫困人口增收，贫困地区居民收入渠道多样化，收入持续增长。

表 4-6　2014 年和 2019 年贫困地区农村居民收入水平和结构对比

指标	2014 年			2019 年		
	收入水平（元）	结构（%）	名义增速（%）	收入水平（元）	结构（%）	名义增速（%）
人均可支配收入	2561	100.0	11.2	11567	100.0	11.5
1. 工资性收入	822	39.6	13.7	4082	35.3	12.5
2. 经营净收入	4237	40.4	7.7	4163	36.0	7.1
（1）一产业净收入	2999	28.6		2986	25.8	6.9
农业				2045	17.7	1.8
牧业				711	6.1	23.2
（2）二三产业净收入	1239	11.8		1177	10.2	7.6
3. 财产净收入	222	2.1	14.1	159	1.4	16.5
4. 转移净收入	1877	17.9	13.9	3163	27.3	16.3

数据来源：《中国农村贫困监测报告（2020）》

　　贫困地区农村居民人均可支配收入 2019 年 11567 元，比 2018 年名义增长 11.5%，比全国农村增速快。工资性收入增长份额最大。工资性收入和经营净收入是贫困地区农村居民增收主要来源，贫困地区农村居民工资、转移、财产三项收入增速均快于全国农村居民，持续与全国农村居民收入缩小差距。全国农村居民 2019 年人均工资性收入 6583 元、人均经营净收入 5762 元、人均转移净收入 3298 元。贫困群众工资性收入和经营性收入占比逐渐上升，转移性收入比例逐渐下降，收入结构不断优化，贫困群众脱贫内生动力增强。

2019 年，城镇居民人均可支配收入增长到 42359 元，农村居民人均可支配收入为 16021 元，城乡居民人均可支配收入比值为 2.64，比上年下降 0.05，城乡收入差距持续缩小。社会总体消费水平受城乡居民之间收入差距的大小影响，收入差距过大，总体消费水平会降低。因此随着贫困地区居民收入水平的提高，贫困地区人口的消费需求扩大，农村经济得到快速发展。社会主义的本质特征是共同富裕，贫困地区居民收入的增加，是消除两极分化，缩小城乡居民收入差距，消除贫困的重要促进因素。

2.农村居民消费结构优化

消费由收入决定，消费能力受收入水平高低影响，随着收入水平的提高，消费结构得到优化。贫困地区农村居民人均消费支出 2019 年 10011 元，较上年增长 11.8%，高于全国农村 1.9 个百分点。其生存型消费支出（衣食住行生活用品）和发展享受型消费支出（教育文化娱乐、通信和医疗保健以及其他用品和服务）都呈现持续增长趋势，增速都高于全国农村，消费支出越来越多样化，消费结构进一步优化（见表 4-7）。恩格尔系数进一步降低，收入的持续稳定增长，促使贫困群众的消费需求改变，提升生活品质、丰富精神文化生活的需求不断增加，拉动了农村消费，为促进国内大循环提供了支撑，地区经济发展速度迅速加快。

表 4-7 2019 年贫困地区农村与全国农村消费水平和结构对比

指标	贫困地区农村			全国农村		
	消费水平（元）	结构（%）	名义增速（%）	消费水平（元）	结构（%）	名义增速（%）
人均消费支出	10011	100.0	11.8	13328	100.0	9.9
1. 食品烟酒	3121	31.2	11.2	3998	30.0	9.7

续表

指标	贫困地区农村			全国农村		
	消费水平（元）	结构（%）	名义增速（%）	消费水平（元）	结构（%）	名义增速（%）
2. 衣着	549	5.5	12.4	713	5.4	10.1
3. 居住	2173	21.7	8.9	2871	21.5	7.9
4. 生活用品及服务	585	5.8	9.0	764	5.7	6.0
5. 交通通信	1200	12.0	14.8	1837	13.8	8.7
6. 教育文化娱乐	1163	11.6	14.3	1482	11.1	13.8
7. 医疗保健	1054	10.5	14.7	1421	10.7	14.6
8. 其他用品和服务	166	1.7	12.9	241	1.8	10.6

数据来源：《中国农村贫困监测报告（2020）》

判断贫困人口是否脱贫，是看贫困地区年人均可支配收入是否达到现行国家贫困线标准之上。如果高于贫困线，认为是脱贫，反之，则是处于贫困状态。贫困地区农村居民收入提高并持续增长，超过了现行国家贫困标准线，极大地促进了贫困人口数量的减少和贫困发生率的降低，缓解了贫困地区的贫困状况。脱贫地区居民收入持续增长，脱贫人口才不会返贫，乡村振兴才能稳定实现。脱贫攻坚以来，农村居民的恩格尔系数持续降低，居民生活水平越来越高，贫困地区居民从生存型资料消费转向发展享受型资料消费，城乡居民贫富差距缩小。脱贫群众生活富裕程度决定乡村振兴实施效果，因此脱贫攻坚实现了贫困地区居民收入的持续翻倍增长，增强了其增收脱贫的内生动力，脱贫地区居民生活水平显著提高，为乡村振兴打下了坚实的基础。

贫困地区"两不愁三保障"突出问题得到解决。饮食方面，农村居民人均水果、蛋、奶、肉、水产品消费量增加，群众不仅吃得饱，而且吃得健康、营养均衡。衣着方面，农村居民一年四季换洗衣服充足。根据国家脱贫攻坚普查公报，中西部22个省（区、市）建档立卡户随时可以吃到肉、蛋、奶或豆制品，国家贫困县建档立卡户占98.84%，非国家贫困县的建档立卡户占99.03%。

义务教育方面，党和政府一直以来致力于贫困地区学校、学位、师资、资助等保障能力的加强。2020 年贫困县的九年义务教育巩固率达 94.8%，在义务教育学习阶段，因贫困辍学的 20 多万名学生全部返校上学，适龄少年儿童上学有保障全面实现。800 多万名贫困家庭的初高中毕业生享受职业教育培训定向招生、学生就业、职教脱贫等倾斜政策。医疗卫生保障方面，贫困地区医疗卫生服务体系基本完善，贫困人口全部实现基本医疗保险、大病保险、医疗救助三重制度的保障，大病集中救治、慢病签约管理、重病兜底保障等方式有效保证贫困人口的健康。贫困地区饮用水，质和量都达标，2889 万贫困人口的饮水安全通过党和国家实施饮水安全和巩固提升工程得到保障。2020 年，贫困地区人口人均可支配收入快速增长。贫困人口不担心吃穿，义务教育、基本医疗、住房安全以及饮水安全有保障，"两不愁三保障"目标已全面实现，推动了脱贫攻坚如期胜利完成，贫困地区达到脱贫标准，居民获得感、幸福感上升，为乡村振兴解决相对贫困问题，进一步提高生活水平，实现整个农村居民生活富裕提供了先决条件（见表 4-8）。"两不愁三保障"的实现，为乡村振兴"产业兴旺、生态宜居、乡风文明、治理有效、生活富裕"目标实现解决了又一个难题。

表 4-8　贫困地区文化教育、医疗保健、民生保障情况

指标		2012 年	2013 年	2014 年	2015 年	2016 年	2017 年	2018 年
文化教育	普通中学在校学生数（万人）	1577	1474	1460	1440	1444	1453	1490
	小学在校学生数（万人）	2512	2523	2222	2198	2194	2191	2226
医疗保健	医疗卫生机构床位数（万床）	76	86	96	104	111	121	128
民生保障	各种社会福利收养性单位（个）	9385	9372	10202	10421	10314	10169	10167
	各种社会福利收养性单位床位数（万床）	60	69	78	81	82	80	82

数据来源：《中国农村贫困监测报告（2020）》

（四）人居环境改善：从环境落后到生态宜居

1.基础设施和公共服务水平提高

脱贫攻坚战开展以来，国家不断加大投入力度，推动贫困地区的生产生活设施、文化教育以及医疗卫生服务水平等明显改善，制约贫困地区经济发展的短板得到相应补齐，为促进贫困地区的社会经济发展，居民收入和消费水平的提高和结构优化提供了充足的条件，贫困人口生产生活环境与条件明显改善。

交通通信基础设施得以提高（见表4-9）。至2020年末，贫困地区以"建好、管好、护好、运营好"农村公路（即"四好公路"）为目标，建设了村村相通、村乡相连的便捷交通运输网络。2019年贫困村进村主干道硬化的农户比重达99.5%，2020年99.6%的贫困村通硬化路。能便利乘坐公共汽车的农户比2013年增加20.4%。2020年底，全国贫困地区新改建公路、新增铁路里程分别是110万、3.5万公里，条件允许的情况下，贫困乡镇、村全范围硬化路面、通客车、通邮路。

2019年，贫困地区97.3%的居民安装宽带，能接收有线电视信号的农户比重达99.1%，2020年国家贫困县的行政村中，99.9%覆盖通信信号，99.6%通宽带互联网，99.9%覆盖广播电视信号，通信设施显著改善。贫困地区道路的建设修缮和通信条件的提高，促进了居民生活水平的提高和当地经济的发展。贫困地区的硬件设施得到保障，使贫困地区与外界的人流、物流、知识流、信息流保持畅通，支撑着贫困地区的发展。城乡距离变短，乡村旅游发展起来，乡镇企业增多，农民回乡创业，发展农业产业，贫困人口与外界交流增多，思想发生改变，乡风更加文明。

表 4-9 2013 年和 2019 年贫困地区交通通信基础设施情况

指标	2013 年	2019 年
所在自然村能接收有线电视信号的农户比重（%）	79.6	99.1
所在自然村通电话的农户比重（%）	98.3	100.0
所在自然村通宽带的农户比重（%）		97.3
所在自然村通公路的农户比重（%）	97.8	100.0
所在自然村进村主干道硬化的农户比重（%）	88.9	99.5
所在自然村能便利乘坐公共汽车的农户比重（%）	56.1	76.5

数据来源：《中国农村贫困监测报告（2020）》

水利设施及电网基础设施基本实现全面覆盖（见表 4-10）。贫困地区水电设施条件落后一直是制约经济发展的重要影响因素。党的十八大以来，党和国家聚焦农村水利设施和电网覆盖问题，着力补短板，极大改善了贫困地区的水电条件。根据国家脱贫攻坚普查结果，2020 年底，大电网全面覆盖全国县级行政区，其中通动力电贫困村达到 99.3%。

表 4-10 2020 年国家贫困县中的行政村水、电情况

指标	2020 年
通动力电的行政村比重（%）	99.3
全部实现集中供水的行政村比重（%）	65.5
部分实现集中供水的行政村比重（%）	31.9

数据来源：《中国农村贫困监测报告（2020）》

教育文化与医疗卫生公共服务水平大大提升。党和国家通过健康扶贫、教育扶贫等一系列政策措施解决贫困地区居民因病致穷、代际贫困问题。疾病一直是导致贫困的重要因素，国家通过实施各种保障政策，致力于使贫困人口看得起病、看得好病、有地方看病和少生病。通过实施贫困人口"三个一批"行动计划，到 2020 年 9 月 30 日，已救治贫困患者 1256 万户（1942 万人），救治比例达 99.1%，惠及 4552 万贫困人口。大病集中救治使得 444 万人接受了集中

救治，为重大疾病危害得到控制和消除提供了根基，慢性签约服务管理使 1202 万贫困人口接受了慢性病治疗，143 万贫困人口得到了重病兜底保障，三项措施救治比例均达 99.0%。建立新型合作医疗，医疗费用按比例报销，大大减轻了贫困人口的医疗费用负担，健康扶贫效果显著。建设完善了医疗保障体系，明显提升了农村整体人口基本医疗卫生保障水平，大病专项救治的费用持续减少，个人自付比例 2016 年为 35.8%，2020 年为 8.2%，降低了 27.6 个百分点。次均总费用 2016 年为 1.2 万元，2020 年下降至 0.36 万元。贫困地区居民的健康问题得到解决，有效防止了因病致贫、因病返贫。脱贫攻坚的实施，建立完善了贫困地区县、乡、村三级医疗卫生服务体系，提高了服务设施条件，是乡村振兴建设健康乡村，促进健康服务逐步完善的保障，是乡村医疗卫生服务能力和可及性进一步提升、卫生环境进一步改善的前提，为乡村振兴实现城乡、区域间卫生资源配置逐步均衡，居民健康差距进一步缩小，基本医疗有保障成果持续巩固，乡村医疗卫生机构和人员"空白点"持续实现动态清零，健康乡村建设取得明显成效奠定了基础。

教育文化方面，贫困地区幼儿园、小学、初中义务教育阶段基础设施显著改善（见表 4-11）。2013 年以来，国家对贫困地区义务教育薄弱学校累计改造达 10.8 万所，使得贫困地区适龄儿童、少年都可以在自己的村子上幼儿园和小学。所在自然村上幼儿园、小学便利的农户比重 2019 年分别为 89.8%、91.9%，分别比 2013 年增加了 18.4 个百分点、12.1 个百分点。贫困地区公共文化服务水平不断提高，文化活动室、文化综合服务中心建设得到改善。有文化活动室的行政村比重 2019 年比 2013 年提高了 18.4 个百分点。到 2020 年底，全国基本上实现了村级文化服务设施的全覆盖，中西部的 22 个省份（区、市），99.48% 的基层文化中心建设完成，持续促进贫困地区文化建设，贫困群众的文化生活也变得丰富多彩起来。

表 4-11　2013 年和 2019 年贫困地区教育文化和医疗卫生基础设施情况

指标	2013 年	2019 年
所在自然村有卫生站的农户比重（%）	84.4	96.1
所在自然村上幼儿园便利的农户比重（%）	71.4	89.8
所在自然村上小学便利的农户比重（%）	79.8	91.9
有文化活动室的行政村比重（%）	75.6	94.0

数据来源：《中国农村贫困监测报告（2020）》

　　贫困人口摆脱贫困依靠教育可以获得最持久的力量，可以最有效地阻隔代际贫困的传递。脱贫攻坚实现了贫困地区教育文化服务水平的提高，贫困家庭孩子有学上，提升了其脱贫能力，为推动整个农村教育的发展，培养乡村建设人才提供了重要的动力。在脱贫攻坚显著改善贫困地区的教学基础设施条件，补齐贫困地区义务教育发展短板的基础上，乡村振兴激发农村发展的内生动力，进一步促进乡村不同级别和类别的教育，特别是职业教育的高质量发展。推动农村教育的全面振兴以及缩小城乡教育的差距，实现教育脱贫，是乡村教育振兴的基础，脱贫地区保障适龄儿童上学的数量，义务教育阶段学校的数量、老师的数量等，为实现乡村教育现代化提供了保障。

　　2.贫困地区旧貌换新颜

　　党和政府通过实施贫困地区居民住房改造，村子环境改善，增加绿化园林与景观设计，污水处理，生活垃圾、村内道路沟渠、家禽粪便、农耕生产资料废弃物等清理回收（所在自然村垃圾集中处理的农户比重 2019 年为 87.9%，比 2018 年增加 4.3 个百分点），厕所革命（有水冲式卫生厕所的农户比重 2019 年比 2018 年增加 16.3 个百分点），不规范建筑的拆除，占道草堆草垛清除以及危房改造等措施，实现了村容村貌的整治（见表 4-12、4-13）。2013 年以来，累计共 790 万户 2568 万贫困人口通过危房改造工程，住上了安全住房，住房条件极大改善。居住钢筋混凝土房或砖混结构房的贫困地区农户比重在 2019 年达到70%,比上年增加2.6个百分点,比同期全国农村农户比重低2.4个百分点,差距逐渐缩小。拆除重建了破烂的泥草房、土坯房,居住竹草土坯房的农户比重2019年为1.2%,比上年下降0.7个百分点。1075万户三类重点对象的危房得到改造。中央财政2019年对深度贫困地区建档立卡户危房改造补助户均增加2000元,达1.6万元。同时保留修缮地区特色建筑。通过村容村貌的整体改造,贫困地区环境越来越优美,房屋坐落整齐,卫生干净整洁,居民文化素养高,行为举止文明,并顺应形势建造文化特色旅游村,实现了当地居民收入的增加。整治贫困地区人居环境是最基础、最直接、最有效的民生工程,为实现乡村振兴"农村美"打造了地基。

图4-4 河南省美丽小镇济源市思礼镇鸟瞰图

图 4-5　农村危房改造前后对比图

贫困群众的思想观念改变，精神风貌也焕然一新，由以前的各顾各的，到现在基本上每个人都能意识到要保护村里的自然环境和生活设施；从过去的无环保意识，到现在的增加绿化，认同"绿水青山就是金山银山"的理念。乡村的整体发展理念由从前耗用资源来换取经济收益，追求短期效益，变得眼光更长远，可持续发展和绿色生态成为贫困地区发展的主题。

表 4-12　2018 年和 2019 年贫困地区住房情况

指标	2018 年	2019 年
户均居住住房面积（平方米）	145.1	147.9
居住竹草土坯房的农户比重（%）	1.9	1.2
居住钢筋混凝土房或砖混结构房的农户比重（%）	67.4	70.0

数据来源：《中国农村贫困监测报告（2020）》

表 4-13　2018 年和 2019 年全国农村居住情况

指标	2018 年	2019 年
居住钢筋混凝土房或砖混材料结构住房的农户比重（%）	71.2	72.4
住宅外道路硬化的农户比重（%）	90.9	92.6
有水冲式卫生厕所的农户比重（%）	42.1	58.4
所在自然村垃圾集中处理的农户比重（%）	83.6	87.9
所在自然村有绿化园林景观设计的农户比重（%）	29.4	34.5

数据来源：《中国农村贫困监测报告（2020）》

3.生态环境显著改善

我国贫困地区大多数是生态环境脆弱地区，在地理空间上相重合。党和国家以习近平总书记提出的"绿水青山就是金山银山"为目标，将治理和保护生态环境与扶贫结合起来，带领贫困群众恢复过度开垦荒漠地区植被、建造防风固沙工程治理风沙、退耕还林还草、造林植树，选用多样生态保护方式，设立生态保护公益岗位，例如生态护林员、护草员、保洁员等扶贫公益岗位，并且合理开发当地自然资源，一方面增加了贫困人口收入，另一方面又促进了贫困地区生态保护，极大改善了贫困地区生态环境。从 2013 年到现在，全国贫困地区有总面积达 7450 万亩的耕地，退耕还林还草；共创立了 2.3 万个扶贫造林（种草）专业合作社（队）。通过进行贫困地区环境保护，居住环境整治，生态环境恶劣程度深的地区整村易地扶贫搬迁等，到 2020 年底，大约累计建设完成 3.5 万个集中安置区，266 万余套安置住房，累计 6100 多所幼儿园、中小学，1.2 万多所医院和社区卫生服务中心，3400 多个养老服务设施，4 万多个文化活动场所建设或改建完成，生态环境恶劣区域的贫困群众通过易地扶贫搬迁实现生活环境改变的人数达 960 多万，易地扶贫搬迁规划建设任务全面完成。

贫困地区生态环境得到改善，青山绿水和当地传统文化吸引了外地人来当地旅游，推动乡村旅游的发展，极大增加了当地居民收入。生态环境改善，生态宜居水平提高，为乡村振兴全面提升乡村发展，保护乡村生态系统，保存乡村风貌，实现人与自然的和谐相处作出了最基础的努力，使贫困地区群众认识到保护自然、顺应自然、敬畏自然的生态文明理念，共建美丽乡村。

（五）乡风文明：从粗俗陋习到文明新风

脱贫攻坚在促进贫困地区经济发展，改善居住环境和条件等物质因素的同时，也改变了贫困地区的乡风文明，改变了贫困群众的精神价值观念。

贫困群众的思想认识水平显著提升。通过宣传党的理论，以中国特色社会主义思想为引导，贯彻社会主义核心价值观，贫困群众思想由"等、靠、要"转变为勤劳致富，主动性和积极性提高，脱贫内生动力增强。通过对贫困地区群众进行技术技能培训，利用实地教学、网络培训、远程授课等方式，增加了贫困群众的农业知识，提升了其专业技能。使其依靠自身能力脱贫致富，信心和劲头加强。基础设施的改善打开了贫困地区通往外面的大门，与外界交流增多，外来思想带来了思想的冲击。贫困地区教育文化事业的发展逐渐加快，建立了文化中心、体育广场、图书馆，给贫困群众带来了科学文化知识，丰富了他们的精神世界。贫困地区积极推进文明建设，通过评选文明户，激发贫困群众团结起来建设文明村；通过举办道德讲堂等活动，宣扬自强不息、勤劳勤俭、助人为乐、待人友善、邻里和睦、尊老爱幼等中华民族传统美德；通过建立村级道德评议制度，举办"五好家庭""最美家庭""文明户"等评比活动，以此激发贫困群众的上进心与荣誉感。脱贫攻坚进一步把绿色生态文明、健康文明理念带入贫困地区，贫困群众道德素质明显提高，文明程度显著提升，在一定程度上改善了喜宴白事铺张浪费，赌博、好吃懒做、酗酒、个人卫生习惯差、污染生活环境等陋习，脱贫攻坚时期，贫困地区以社会主义核心价值观为指导，修订村规民约，规范村民行为，加强法制宣传，使村民们建立了规则意识与法治观念，自我管理、自我约束意识加强。

（六）治理体系现代化：组织体制的延续与创新

脱贫攻坚的实施巩固了党在贫困地区的执政基础，党和政府提供了坚强的组织保障，推动了贫困地区基层自治组织能力的提高和人员结构的完善。实现扶贫开发和基层组织建设相结合，脱贫攻坚完成的同时，基层组织建设也同时实现。在此过程中，"中央统筹、省委总责、市县抓落实"的管理体制、"一把手负责制，五级书记一起抓扶贫"的领导机制、权责清晰、层层落实的贫困治理体系得以构建。

习近平总书记强调："农村要发展，农民要致富，关键靠支部。"脱贫攻坚全面胜利，离不开基层党组织的作用。党和政府在脱贫攻坚的过程中加强贫困地区乡村基层政权和群众性自治组织能力建设的同时，加强基层组织作风建设。修订完善了村规民约，建立了突出问题奖惩机制。2013年开始选派驻村干部开展扶贫帮扶工作，到2016年，全国12.8万个贫困村全部实现驻村工作队进村。截至2020年2月底，全国范围内共有25.5万个驻村工作队，累计共有290多万名县级以上党政机关和国有企事业单位干部被选派到贫困村和组织软弱涣散村担任第一书记或驻村干部。一批批有能力、思想进步、政治能力强、懂党建且愿意为扶贫事业贡献力量的青年干部和高校毕业生奔赴扶贫一线，担任挂职干部、驻村第一书记，和乡镇政府、村委会一起，加强了基层党组织建设，提升了基层服务能力，使基层建设更加有活力。基层党组织的作用不断加强，号召凝聚群众能力明显增强，与群众关系更加密切。脱贫攻坚过程中，村级领导班子组织能力加强，带领贫困群众加强了自我管理、自我服务、自我监督。对贫困地区的恶习陋俗进行了整改，贫困地区依照政策性文件完善了村规民约，基层政权和群众性自治组织带领贫困群众勤劳致富，增强了他们的脱贫主动性，提高了基层村组织自给和服务群众的能力。从脱贫攻坚开始到2020年底，全国贫困村村均集体收入，从很多贫困村几乎没有收入增加到12万元。农村基层党组织的战斗堡垒作用得到了很好的发挥，巩固了党在农村的执政基础。

四、巩固脱贫攻坚成果，接续乡村振兴

2020年底，脱贫攻坚全面胜利，绝对贫困问题得以消除，全部贫困人口摆脱贫困，全部贫困县得以摘帽，区域性集体贫困解决，贫困人口人均可支配收入水平提高，贫困地区基础设施和公共服务水平接近全国平均水平，全面实现了贫困人口"两不愁三保障"，全面建成小康社会。

脱贫攻坚取得了巨大成绩，但依然存在问题，如易地扶贫搬迁后续保障不

足，产业发展趋于同质性且仅是基础产业，产业层级低，刚脱贫群众（边缘人口）具有脱贫脆弱性，易返贫、易致贫，脱贫地区集体内生发展动力还不是很足，城乡差距还是较大，乡村扶贫项目申请未落实，脱贫后乡村扶贫人才撤出等问题。因此要在巩固脱贫攻坚成果的基础上，改进脱贫攻坚中的不足，汲取经验，构筑长效机制，促进脱贫攻坚与乡村振兴更好地衔接。

乡村振兴以脱贫攻坚取得的成果为基础，巩固拓展脱贫攻坚成果，再接再厉，实现"三农"工作重心转移，以实现农业农村现代化为总目标，以坚持农业农村优先发展为总方针，以实现"产业兴旺、生态宜居、乡风文明、治理有效、生活富裕"为总要求。乡村振兴是新时代"三农"工作的总抓手，致力于解决现阶段人民日益增长的美好生活需要同不平衡不充分的发展之间的矛盾。脱贫攻坚解决了贫困群众的生活需求，即基本需求问题，乡村振兴在脱贫攻坚任务胜利完成的前提下，继续前行，逐步实现乡村全面振兴和社会主义现代化。

第五章

乡村振兴：脱贫攻坚成果的巩固与长效机制建立

习近平总书记在决战决胜脱贫攻坚座谈会上强调：高质量完成脱贫攻坚目标任务，对各地脱贫攻坚成效进行全面检验，确保经得起历史和人民检验。党的十八大以来，以习近平同志为核心的党中央高度重视脱贫攻坚工作，取得了一系列重大历史性成就。到 2020 年，我国现行标准下农村贫困人口全部脱贫，全国 832 个贫困县全部摘帽，消除了绝对贫困和区域性整体贫困，我国脱贫攻坚战取得全面胜利，脱贫攻坚目标任务如期完成。习近平总书记在全国脱贫攻坚总结表彰大会上说："脱贫摘帽不是终点，而是新生活、新奋斗的起点。"脱贫摘帽不可能一劳永逸，脱贫攻坚战的结束并不意味着脱贫的终点，消除绝对贫困并不代表我国已经从根源上破除贫困，它意味着我国由消除绝对贫困向解决相对贫困迈进。在此基础上，进一步巩固拓展脱贫攻坚成果，着重把握其基本内涵，以更好地实现巩固拓展脱贫攻坚成果同乡村振兴有效衔接。与此同时，如何巩固拓展脱贫攻坚期间取得的成果显得尤为重要，防止脱贫人口返贫致贫，是后扶贫时代我国需要解决的重点问题。只有巩固脱贫攻坚成果，进一步拓展和提升脱贫攻坚成就，建立稳定脱贫的长效机制，确保高质量和可持续脱贫，才能防范化解致贫返贫等风险。脱贫攻坚成果具有一定的脆弱性，必须构建长效机制，以确保脱贫攻坚成果的持续性、稳定性和连续性。要确保长效机制的建立在实施乡村振兴战略过程中也同样能够发挥推动作用，需要把巩固拓展脱贫攻坚成果作为推动乡村振兴的重中之重，在巩固拓展脱贫攻坚成果中推进乡村的全面振兴，朝着建设社会主义现代化国家和实现中华民族伟大复兴中国梦的方向奋斗。

一、内涵升华："巩固"基础与"拓展"成就

在全面打赢脱贫攻坚战后，仍需采取措施切实巩固拓展脱贫攻坚成果，接续推动乡村振兴战略的实施。党的十九届五中全会审议通过《中共中央关于制定国民经济和社会发展第十四个五年规划和二〇三五年远景目标的建议》，首次明确提出，要"实现巩固拓展脱贫攻坚成果同乡村振兴有效衔接"。巩固脱贫攻坚成果是一项系统性工程，它是对脱贫攻坚的一种延续，主要着眼于解决成效的持续稳定问题，具有局部性、过渡性。要巩固好脱贫攻坚成果，为推动乡村振兴提供动力和基础，实现二者平稳过渡。

巩固拓展脱贫攻坚成果，代表了党对广大人民群众的郑重承诺，并确保脱贫成效经得起历史和人民的检验。目前，我国发展不平衡不充分的问题仍然存在，是解决相对贫困问题的主要制约因素，且乡村振兴基础尚不牢固，脱贫成果尚需稳固。我国脱贫人口中仍有近200万人存在返贫风险，边缘人口中还有近300万人存在致贫风险。因此，需进一步巩固提升脱贫攻坚取得的成果，化解返贫致贫风险，保证脱贫成果的可持续和高质量。同时，也为全面实现乡村振兴奠定坚实基础，以更好地实现巩固拓展脱贫攻坚成果同乡村振兴有效衔接。

要理解巩固脱贫攻坚成果的基本内涵，需主要把握"巩固"二字。"巩固"的内涵主要包含三个方面：第一，巩固"两不愁三保障"成果。持续巩固义务教育、基本医疗、住房安全、饮水安全有保障等相关成果，加强农村低收入人口动态监测力度，以确保脱贫人口不返贫、边缘人口不致贫，也是更好实现脱贫攻坚和乡村振兴二者有效衔接的必要环节。第二，巩固脱贫攻坚时期所实施的政策。保证帮扶政策的稳定性，巩固好脱贫攻坚成果，确保由脱贫攻坚平稳过渡到

乡村振兴战略的实施，以便于在乡村振兴发展中更好推进巩固脱贫成果工作的进行。在脱贫攻坚时期，金融、医疗、教育、住房、饮水帮扶政策以及兜底保障政策等发挥了重大作用。因此，要巩固好帮扶政策成果，使脱贫攻坚时期形成的政策举措在"十四五"期间也能发挥解决相对贫困、返贫致贫等问题的作用。第三，巩固脱贫攻坚时期卓有成效的体制机制。实践充分证明，在脱贫攻坚时期，党委领导、政府主导和社会参与机制都是行之有效的。因此，应该继续巩固和完善脱贫攻坚期间所形成的"中央统筹、省负总责、市县乡抓落实"的领导体制，以及"五级书记"抓党建的工作格局，并运用到乡村振兴的推进工作中，确保二者体制机制有效衔接，以帮助低收入人口和欠发达地区能够可持续发展，保持脱贫稳定性，持续推进脱贫攻坚成果的巩固。

巩固拓展脱贫攻坚成果，还应掌握领悟"拓展"的重要性，重点把握"拓展"的基本内涵，即在巩固"两不愁三保障"成果的基础上，进一步拓展和提升脱贫攻坚时期所取得的重要成就。"拓展"的基本内涵主要包含两个方面：第一，拓展帮扶群体的范围，从脱贫攻坚时期所针对的集中连片特困地区、贫困县、贫困村和贫困户向脱贫人口和农村低收入人口拓展。但是，需要注意的是，对于能够确保稳定脱贫的人口应该将其退出帮扶范围，而对于存在较大返贫致贫风险的脱贫人口和边缘人口，仍需纳入帮扶范围。第二，拓展帮扶标准以及帮扶政策。在脱贫攻坚时期，主要目标是帮扶贫困人口基本脱贫，实现贫困人口"两不愁三保障"，确保贫困群体的基本生活。而在后扶贫时代的"十四五"时期，应该提升帮扶质量，把让脱贫人口过上更美好的生活作为帮扶标准，朝着共同富裕方向共同前进。同时，在脱贫攻坚时期所采取的部分具有针对性、速效性的政策，造成了帮扶对象和非帮扶对象在政策享受方面的"悬崖效应"，这种状况使得政策可推广性受限。因此，要根据巩固拓展脱贫攻坚成果现阶段相关要求来制定帮扶政策，对脱贫攻坚时期的政策进行调整和优化，不能简单照搬照抄，要增强政策包容性，以确保帮扶政策的普惠性，从而提高帮扶质量。

要巩固好脱贫攻坚成果，防止返贫风险，确保能够实现脱贫攻坚同乡村振

兴有效衔接，为推动乡村振兴提供动力和基础。对脱贫攻坚取得的成果巩固效
果越好，二者衔接的难度就越小。巩固脱贫攻坚成果能够提升贫困地区、贫困
群众的自我发展能力，使贫困地区在后期实施乡村振兴战略时能够收到事半功
倍的效果。因此，要准确把握巩固脱贫攻坚成果的基本内涵，实现二者平稳过渡。

二、接续升级：巩固落实和质量提升的实现路径

在第六个国家扶贫日到来之际，习近平总书记对脱贫攻坚工作作出重要指
示 要采取有效措施，巩固拓展脱贫攻坚成果，确保高质量打赢脱贫攻坚战。
脱贫成果来之不易，如何巩固拓展脱贫攻坚成果，如何让脱贫基础更加稳固、
成效更可持续，推动巩固拓展脱贫攻坚成果同乡村振兴有效衔接成为脱贫攻坚
后的又一大难题。巩固拓展脱贫攻坚成果阶段，仍然要确保帮扶政策稳定，通
过产业就业的"造血"功能提高可持续发展能力，着重把握易地扶贫搬迁后续
工作，激发贫困群体内生动力，以防止脱贫人口返贫致贫，确保脱贫人口高质量、
可持续及长久性脱贫，助推乡村振兴，逐步实现全体人民共同富裕。

（一）分类优化调整，实现政策可持续

2020年3月，习近平总书记在决战决胜脱贫攻坚座谈会上指出：保持脱贫
攻坚政策稳定。对退出的贫困县、贫困村、贫困人口，要保持现有帮扶政策总
体稳定，扶上马送一程。过渡期内，要严格落实摘帽不摘责任、摘帽不摘政策、
摘帽不摘帮扶、摘帽不摘监管的要求，主要政策措施不能急刹车，驻村工作队
不能撤。脱贫攻坚之所以取得历史性成就，很大程度上归因于上层建筑。当前，
脱贫人口和欠发达地区自身发展能力不足，必须继续落实帮扶政策，做到"脱
贫不脱政策"，确保脱贫人口仍然能继续享受政策帮扶待遇，为巩固拓展脱贫攻
坚成果留出适当的缓冲期。在做到基本保障的同时，按照"新政策不出、旧政

策不退"的原则,确保帮扶政策的可持续发展,以防止因政策退出而引起的返贫和新致贫,从而巩固拓展脱贫攻坚成果,切实推进乡村振兴(见图5-1)。

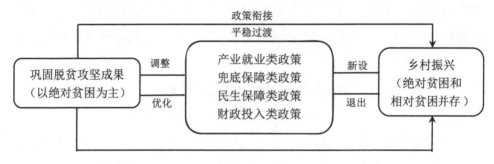

图5-1 巩固拓展脱贫攻坚成果与乡村振兴政策衔接

分类优化调整帮扶政策。在过渡期内,需要对帮扶政策进行逐项分类优化调整和改善,不能套用以往的政策来进行帮扶,部分政策要退出,部分政策接续保留,部分政策调整完善,以进一步拓展帮扶政策成果。产业、就业等长远发展类帮扶政策要不断完善,兜底保障帮扶政策基本保持总体稳定,教育、医疗、饮水、住房等民生保障类帮扶政策确保普惠性。着力推动针对贫困人群的特惠性、阶段性、攻坚性政策向针对全体农村居民的普惠性、长期性、常规性政策转变,针对低保对象、稳定脱贫人口和返贫致贫人口等不同群体分类进行不同程度的帮扶工作,实行分类施策的帮扶政策。同时,全面治理和调整保障不足、过度保障的帮扶政策,杜绝贫困人口过度"福利依赖"。对于一些超越保障标准的帮扶政策,应予以退出。同时,在打赢脱贫攻坚战后,涉农资金试点政策等财政投入类政策是否能平稳过渡、是否要继续执行以及驻村工作队"何去何从"等问题,也是在巩固拓展脱贫攻坚成果同乡村振兴有效衔接中值得关注的重点。

继续统筹整合涉农资金试点政策。推进涉农资金统筹整合,是党中央、国务院作出的决策部署,也是我国巩固脱贫攻坚成果的重要举措。2021年4月,财政部等11个部门联合印发《关于继续支持脱贫县统筹整合使用财政涉农资金工作的通知》,通知称:"2021—2023年,在脱贫县延续整合试点政策。2024—2025年,整合试点政策实施范围调整至中央确定的国家乡村振兴重点帮扶县。"继续沿用涉农资金试点政策，以确保财政政策支持的稳定性，保证政策平稳过渡，实现巩固拓展脱贫攻坚成果同乡村振兴政策的有效衔接。各地方财政部门要明确列出涉农资金整合政策的负面清单，确保合理使用涉农资金试点政策。根据脱贫人口实际困难情况给予适度倾斜，加大对相对脆弱的贫困边缘人口的政策帮扶力度。在涉农资金使用上，根据巩固拓展脱贫攻坚成果的需要，进一步规范涉农资金的使用管理，突出财政资金的支持力度，调整资金支持重点，拓宽涉农资金的使用范围，主要将整合资金用于农村基础设施、农业生产发展等项目，对产业发展给予重点支持。同时，根据涉农部门及相关单位确定的重点项目，鼓励整合资金优先用于有利于巩固拓展脱贫攻坚成果的有益项目，统筹好各类财政资金，努力将支持脱贫攻坚时期的涉农政策向乡村振兴方向转变。

保持驻村工作队队伍相对稳定。脱贫攻坚期间，驻村工作队高质量完成扶贫工作。驻村帮扶政策在过渡期应保持稳定衔接，进行适当调整和完善，为巩固拓展脱贫攻坚成果提供坚强的人员保障。推动驻村帮扶制度延续衔接，与乡村振兴战略相结合，持续推动驻村工作向乡村振兴转移，充分发挥我国的制度优势。驻村工作队不应随着脱贫的胜利而取消，向乡村派驻村工作队的大体趋势应该保持不变，主要向重点乡村持续选派驻村第一书记和工作队，实现驻村工作队常态化。坚持把乡村振兴作为根本导向，对于任期已满的驻村工作队应返回原单位，同时持续选派新一轮的驻村工作队。要顺应过渡期新趋势，严格调整和完善选派范围和标准，调整优化驻村工作队力量，以实现欠发达地区脱贫的可持续，确保在驻村工作队撤离后脱贫人口不返贫不致贫，以实现巩固拓展脱贫攻坚成果同乡村振兴有效衔接。

（二）搭建长效发展平台，推动产业就业结构优化

贫困人口过度依赖外界帮扶实现短期脱贫，一旦外界帮扶撤退，则会出现

返贫现象。我国仍然存在脱贫人口返贫致贫风险，因此，为了防止返贫，需要提升脱贫人口的可持续发展能力，提升脱贫人口的"造血"能力，巩固拓展产业就业攻坚成果，确保脱贫成果的可持续性。

1.提档升级高质量发展产业

脱贫攻坚实施以来，我国贫困地区、欠发达地区人口主要依托产业项目帮扶来保证基本生活水平。虽然产业扶贫取得了显著成效，但是产业处于成长阶段，仍然存在同质化、产品市场竞争力不强、与市场对接不足等问题。因此需要优化产业发展路径，确保产业发展的成果使脱贫人口持续增收。一是发挥科技优势，拓宽乡村全产业链发展。根据当地产业基础和自然禀赋，以市场需求为导向，补齐科技创新短板，结合当地资源优势，因地制宜发展壮大特色产业，延伸特色产业链条。优先发展绿色有机食品和地理标志农产品等特色产业，并加大对特色产业品牌化建设的支持力度，运用微博和微信等新媒体平台加强对特色产业品牌的展示和宣传，提高品牌知名度和市场竞争力。抓好优势产业项目，发展产业，变"输血"为"造血"，形成专业化生产和规模化发展的竞争优势，增强可持续发展能力。同时，抓住电商平台助农新机遇，构建线上消费扶贫专区，形成长期稳定的产销对接关系。二是优化产业结构，拓展农业的多功能性。将以第一产业为主的产业结构向一二三产业融合的可持续发展体系方向转变，着力提升产业精深加工水平，增加产业附加值，提升农业价值链。大力发展创意农业，利用当地特色产业发展乡村生态旅游和休闲农业，融入文化血液，促进产业新业态新气象。培育新型农业经营主体，鼓励小农户通过土地流转、入股分红、购销合同、农户参与务工等模式，与新型农业经营主体建立合理的利益联结分配方式，建立健全利益联结机制。政府应给予企业相应的税收减免、资金帮扶及贴息贷款等扶持政策，提高企业的主动参与性。三是在过渡期内，产业帮扶政策应实现稳定过渡。产业发展离不开政策支持。对于政策依赖性较小的扶贫企业适时停止支持政策，对于仍在起步阶段、政策依赖性强、发展前景好的扶贫企业应保持或加强政策支持，扩大政策的覆盖面，以确保产业长效稳定发展。四是加强产业风险防范，提升农民主体收入水平。习近平总书记指出："农业农村工作，说一千、道一万，增加农民收入是关键。"农业生产、农产品销售容易受到自然因素和市场因素双重影响，对农民收入会产生一定的影响。我国产业同质化严重，存在较高的市场风险。因此，应该着力补齐科技创新短板，鼓励科研机构、高等学校和大型企业与贫困地区建立长期的合作帮扶机制。加大研发投入，推动农产品加工工艺改造，以规避市场风险。同时，充分发挥产业保险机制和风险补偿机制作用，加大政府政策帮扶力度，规避因自然灾害而返贫的风险，以减少农产品的损失，从而分散低收入群体所面临的风险。

2. "进城"与"留乡"互补式就业

就业是民生之本，如何使贫困户得以稳定就业是当前阶段需要解决的重大问题之一。促进农民稳定就业，实施就业优先战略，是巩固拓展脱贫攻坚成果的基本路径，也是推动乡村振兴的现实需要。一是稳定外出务工规模。不断完善转移就业工作，建立劳务协作工作站，进一步加强东西部劳务协作，鼓励支持东中部劳动密集型产业向西部地区转移，确保劳务输出地和输入地精准对接。提升就业服务能力，全面掌握欠发达地区的劳动力就业需求信息，确保输入地为劳动力有针对性地提供就业前的职业介绍、职业指导和技能培训等相关服务，并为其提供权益保障。如"福州定西扶贫劳务协作模式"通过双向劳务协作，实现定西市全部脱贫摘帽。福州市累计组织输转定西贫困劳动力15417人次到福州就业，直接带动3万多贫困人口脱贫致富。福州市持续推进与定西市的劳务协作，加大脱贫人口有组织劳务输转力度，在巩固定西市脱贫成效的同时保障福州企业用工，实现福州市和定西市合作共赢，成为全国东西部扶贫劳务协作唯一入选"全球减贫案例"的案例。二是支持就地就近就业。以产业为牵引，积极打造产业园区、龙头企业和专业合作社三大平台，充分发挥特色产业优势，推动优势企业稳定带动脱贫人口就地就近就业，以实现稳定持续增收；继续发挥扶贫车间、扶贫基地等就业载体的带动作用,吸纳低收入人口以及就业困难人员,确保低收入人口能够享有稳定的就业保障;通过设立公共就业创业服务中心,积极引导有创业意愿的群体进行自主创业,提供"一站式"就业服务,为回乡创业者提供创业引领、创业指导以及创业培训。加大宣传力度,出台激励政策,延续自主创业优惠政策,吸引青年群众回乡创业,对符合条件的创业群体给予相应的财税减免政策;鼓励农民灵活就业,引导"小店经济""夜市经济"以及"地摊经济"规范发展,适当放宽出店经营管理,优化营商环境。鼓励脱贫人口发展小规模经济实体,通过多种渠道帮助农户拓宽农产品销路,以此来带动就近就地就业;继续提供公益性岗位就业机会,解决就业困难群体的就业问题。根据低收入人口的就业意愿和实际工作能力,给予群众个性化就业服务,做到人岗相适。做到因需设岗、以岗任聘和竞争上岗,设立生态护林、卫生保洁、公共管理、孤寡老人和留守儿童看护等岗位,根据工作强度、工作时间等因素给予相应的岗位补贴和社会保险补贴。同时,充分发挥职业培训在就业工作中的作用,以提升培训人员的技能水平和就业能力,确保就业能够实现可持续发展。

(三)基础设施与公共服务的网络化与城镇化

我国贫困人口主要集中在深山、高原等交通不便的地区,经济发展水平处于滞后状态,自然环境十分恶劣,且基础设施和公共服务建设薄弱,容易出现返贫现象。贫困地区返贫现象的频发,其实质在于贫困本身具有脆弱性。脱贫攻坚时期,农村基础设施和公共服务建设在很大程度上得到了改善,脱贫工作大大改变了农村面貌,为巩固拓展脱贫攻坚成果提供了良好的前提条件。在过渡期内,仍应继续按照"缺什么补什么"和"适当留有余地"的原则,着力提升我国基础设施建设水平,持续优化公共服务,特别是加大对西部等深度贫困地区的支持力度,以提升欠发达地区的人居环境质量,实现公共服务均等化。

1.完善基础设施建设

持续加大对脱贫地区的基础设施建设和管护力度，加强农村物流体系和冷链设施的建设，补齐水利、能源、交通、电力、道路等基础设施的短板。注重农村饮水安全问题，深入实施安全饮水巩固工程，做到保护水源的同时对水质进行严格监测评价，以确保贫困群众能够喝上"放心水"，进一步巩固提升农村水利脱贫攻坚成果。不断完善交通运输体系，实施农村电网改造建设工程，解决农村电压低、供电不稳等方面的问题。加大对乡村道路的投资力度，推进脱贫县"四好农村路"高质量发展，重点推进农村旅游路、资源路、产业路的升级改造，加大推动自然村内通硬化路项目建设，确保资源要素能够自由流通，以全面改善贫困群众出行条件。继续推进农村危房改造工作，给予低收入人口相应补助，努力实现低收入群体"住房安全有保障"，减少农村低收入群体危房重建的负担。深入推进农村厕所革命，建设或改扩建无公害厕所，全面普及卫生厕所。建立农村生活垃圾处理体系，对农村生活垃圾进行分类减量，实现污水处理设施全覆盖，保证污水能够合理排放，改善提升村容村貌，以建设美丽宜居乡村。

2.促进公共服务均等化

要实现巩固拓展脱贫攻坚成果同乡村振兴有效衔接，必须加强农村公共设施建设，以确保低收入群体能享受到医疗、教育、体育、卫生等公共服务，推进欠发达地区公共服务均等化。构建多层次的医疗保障体系，合理提供医疗保障，不断提升公共医疗卫生服务水平，解决脱贫人口因病致贫、因病返贫的问题。加强农村医疗队伍建设，确保贫困群众在患有常见病、慢性病、地方病时能够得到及时治疗。巩固拓展健康脱贫的成果，保证过渡期内健康帮扶政策稳定过渡，并推动政策朝着普惠性方向发展，确保制度的可持续。确保城乡居民享有基本医疗保险、大病救助、医疗救助等制度保障，实现建档立卡脱贫人口、边缘户兜底救助全覆盖，确保其公平性和平等性，实现医疗服务均等化。确保欠发达地区享有先进的教学设备和优质的教师人才，努力提升农村师资质量和水平，将教育扎根于农村，确保教育脱贫不返贫。进一步完善学前教育、义务教育、普通高中教育、中等职业教育等建档立卡学生的资助制度，实现基本公共教育服务均等化。扎实推进体育场地设施和体育指导员队伍体系的建设，提升农村公共文化体育服务水平。

3.优化易地扶贫搬迁后续扶持路径

我国易地扶贫搬迁工作是脱贫攻坚的"头号工程"，对巩固脱贫攻坚成果至关重要。完成易地扶贫搬迁，只是第一步，后续扶持工作更加关键。脱贫攻坚时期，全国易地扶贫搬迁已全面完成，巩固脱贫攻坚成果应将易地扶贫搬迁工作转向后续帮扶工作，要确保稳得住、有就业、逐步能致富。首先，完善安置区配套基础设施和公共服务设施建设。加大力度改扩建安置区、安置住房、教育设施、医疗服务设施、养老设施以及文化活动设施等，提供优质公共服务和实现安置区配套服务的规划，使搬迁群体均可享用公共服务。改革户籍制度和社保政策，强化易地扶贫搬迁后续管理工作，保障搬迁人口的基本合法权益。其次，齐抓产业就业。根据当地经济资源条件，培育发展主导产业和地方特色产业，使搬迁人口从产业发展中获取稳定利益。高度重视搬迁人口的就业质量，提供高质量就业岗位。最后，完善安置社区治理工作，促进搬迁群众主动参与。社区人员需要做好社区治理工作，以提升搬迁群众的幸福感、获得感、安全感。加大力度完善社区服务设施，优化社区医疗和社会保障服务。搬迁群众从山区转移到城镇社区集中居住，面对新环境和生产生活方式的改变会产生焦虑感。因此，需要帮助搬迁人口构建新型人际互动支持网络，增加社区成员之间的互动性。提升搬迁群众的身份认同感，消除搬迁群众的隔离感，建立归属感，使他们能以主体地位迅速融入新生活。安置社区搬迁群众纠纷高频突发，可以组建红白理事会和居民议事会以化解矛盾，加强社区治理秩序，引导搬迁群众移风易俗、和谐相处。鼓励他们积极参与社区管理工作，提升社区融入度。定期对社区工作人员进行培训,加大其职业技能培训力度,提升社区服务和管理能力。

(四)强化群众内生动力

习近平在《摆脱贫困》一书中说:"摆脱贫困,其意义首先在于摆脱意识和思路的'贫困',只有首先'摆脱'了我们头脑中的'贫困',才能使我们所主管的区域'摆脱贫困',才能使我们整个国家和民族'摆脱贫困',走上繁荣富裕之路。"后扶贫时代,仍然有较大部分农民长期存在"等靠要"思想。并且,脱贫人口往往自身发展能力弱、素质偏低且思想懈怠,缺乏内生动力。尤其在疾病突发、自然灾害频发等情况下,脱贫人口缺乏抵御风险的能力,因病返贫、因灾返贫等隐患依然存在。因此,激发欠发达地区群众的内生动力、转变脱贫人口的懒惰思维,是巩固拓展脱贫攻坚成果的关键所在。

1.完善激励机制,唤醒主体意识

当劳动市场的工资水平低且劳动强度大时,贫困人口可能会失去通过积极劳动摆脱福利补助的内生动力,从而产生"福利依赖"。我国部分地方政府过度注重脱贫攻坚目标的实现,重脱贫数量而忽略脱贫质量。对贫困人口的"过度帮扶"在短期内可以提高他们的收入水平,但从长远来看,会导致他们收入水平的不稳定性和短暂性的提升。这种举措导致我国部分贫困人口习惯于长期依靠社会、政府帮扶和政策倾斜,若相关帮扶措施"撤退",贫困地区的经济水平会大幅下降,可持续脱贫难度大并且会加大贫困人口返贫的风险,形成"断血式"返贫。由此可见,无偿发放福利会造成恶性循环,使贫困户失去自我发展的主动性和积极性。并且,他们会因为外界激励而转移注意力到如何获得外界激励而忽视了内在的感受,削弱了对活动本身的关心程度。从长远来看,会减少群众的内生动力。因此,在给予群众福利激励时,一定要保证公平、适度。深入实施以工代赈项目,引导群众通过参与工程建设来获得劳务报酬,在一定程度上能够改善农村基础设施建设,激发群众持续增收的内生动力。也可树立脱贫先进典型并给予嘉奖，加大对典型模范事例的宣传力度，充分发挥其带头引领模范作用，调动群众"人人争当模范"的进取精神，适当增加他们的竞争压力。

给予脱贫人口适度激励，引导他们主动参与公共事务，帮助他们在参与过程中提升和锻炼治理能力，激发他们的主体地位意识和内生动力。尝试在多项政策实施过程中利用有条件的现金转移方式，创新发展如"爱心超市"等模式。"爱心超市"是一种不以营利为目的，通过设立评分标准来考察脱贫人口表现并给予相应积分，用积分换取物品的公益救助方式，能极大地调动广大脱贫群众的积极性、主动性和创造性，增强他们的参与感，使他们从根本上摆脱"不怕穷"的思想，从"要我脱贫"向"我要脱贫"转变，切实保障脱贫群众自身利益，让他们成为巩固脱贫攻坚成果的主导者。

2.筑牢文化根基，传播优秀文化

打赢脱贫攻坚战，使贫困地区摆脱了物质贫困，为实现精神富裕奠定了坚实基础。进入后扶贫时代，巩固拓展脱贫攻坚成果不仅需要把物质富裕摆在突出位置，还需要加强文化建设，摒弃陈规旧俗。把脱贫人口放在首位，转变他们的落后思想，为实现彻底脱贫提供精神保障。弘扬和践行社会主义核心价值观，加强社会主义精神文明建设和思想道德建设。引导帮助脱贫人口摒弃过时落后的文化习俗，引导他们改变封建迷信、婚闹等陈规陋习，推进脱贫人口移风易俗，焕发乡村文明新气象。大力推进县级公共图书馆、文化馆，乡镇综合文化站等文化项目工程建设，加强基层文化建设，以满足脱贫人口的文化需求。截至 2020 年 12 月，全国共有村级文化服务中心 575384 个，已有 2397 个县（市、区）建立图书馆总分馆制,建成分馆数量超过 2 万个。通过广播电视村村通工程、全国文化信息资源共享工程、农村电影放映工程、农家书屋工程和西部开发助学工程等文化惠民工程，将优质文化输送到乡村，以此来增强脱贫人口自我发展能力，从而实现文化设施到村、文化服务到户、文化普及到人、文化扶贫到"根"的"四到"目标。以文化为纽带，积极推进文旅融合高质量发展，实现与乡村振兴有效衔接，不断推进乡村文化现代化。

3.补齐教育短板，阻断贫困代际传递

在脱贫攻坚战中，我国总结了教育脱贫方面的许多可行经验。教育是阻断贫困代际传递的根本途径，教育在巩固拓展脱贫攻坚成果中也要持续发力，以不断激发脱贫人口的内生动力，实现乡村内涵式发展。其一，持续关注基础教育，确保教育资助全覆盖。保证适龄儿童按时接受九年义务教育，不断提升学前教育入学率、义务教育巩固率和高等教育普及率。还应高度关注留守儿童的教育问题，有特殊儿童的家庭非常容易致贫返贫，应给予这些儿童群体基本的教育资助。继续实施控辍保学政策，加大对潜在辍学者的有效干预，增强学生的学习动力和学习兴趣，帮助学生从"要我上学"转变为"我要上学"。其二，优化师资力量。持续加大对欠发达地区的教育投入力度，建设一支优秀教师队伍，鼓励优秀教师到欠发达地区支教，给予教师相应的岗位补助，确保让更多教师能够下得来、留得住、教得好。其三，保持教育帮扶政策总体稳定。推动可行有效的教育政策朝着普惠性、长期性方向转变，适当调整国家奖学金、国家助学金等教育扶贫政策的评判标准和资助范围，继续实行控辍保学、农村留守儿童等特殊群体教育帮扶等长远性政策，促进教育帮扶政策的可持续发展。其四，因人制宜，进一步发展职业教育。根据欠发达地区的农业需求和低收入群体的技能培训意愿，以市场和就业需求为导向，结合当地养殖户和种植户的技术需求，组织农民所需要的各类职业技能培训，确保欠发达地区农户至少掌握一项劳动技能，提高脱贫户种植养殖水平和就业能力。高度重视职业培训的效果，延长培训时间，以培育知识技术型农民为根本目标，为巩固拓展脱贫攻坚成果和全面推进乡村振兴战略的实施提供高素质人才。

三、平稳转型：构建稳定持续发展的长效机制

随着我国贫困地区贫困程度不断下降，扶贫工作的投入力度、工作强度、关注程度等不可避免地下降。为避免因这种下降而造成工作断档、疏忽、懈怠等情况的出现，有必要建立固定的长效机制，以确保脱贫成效的可持续发展。如何防范脱贫人口返贫是建立长效机制面临的问题。应在党委领导下，健全"政府引导、市场运作、社会参与"的机制，落实产业、生态和基本公共服务机制，并建立防止返贫长效机制，以加强对"两类群体"的动态预警监测和保险兜底。同时，针对农村低收入人口建立常态化帮扶机制。

（一）构建更深层次的主体共融机制

巩固拓展脱贫攻坚成果，需要多方主体进行协同治理，引入社会组织和非营利性机构等社会主体，转变原本的"政府—市场"二分结构，构建"政府引导、市场运作、社会参与"的主体共融机制，消除单一主体引发的弱势，以巩固拓展脱贫攻坚成果。

1.政府引导机制

政府主导是我国在脱贫攻坚领域取得全面胜利的根本保障，起到了决定性作用。脱贫摘帽之后，政府的工作方向发生了变化，应从脱贫攻坚时期的政府主导向巩固拓展脱贫攻坚成果阶段的政府引导转变。2020年以后，中国进入后脱贫时代，这并不代表贫困问题终结及政府反贫困职责的脱嵌，贫困户返贫及相对贫困问题在相当长一段时间内仍然存在。这就要求政府重构自我主体性来应对贫困治理工作的长期性，打通贫困治理的"最后一公里"。

政府在巩固拓展脱贫攻坚成果方面同样责无旁贷，要发挥引导和统筹作用。建立和完善政府引导机制，以推动高质量发展为主题，明确各级政府在现阶段的角色定位，实现数字经济和政府治理紧密结合，努力向建设人民满意的数字

化服务型政府转变。厘清巩固拓展脱贫攻坚成果、治理相对贫困问题的职责、目标和任务，推动工作体系平稳转型，是政府的首要任务和工作关键所在。在巩固拓展脱贫攻坚成果阶段，政府需要落实主体责任，建立责任清单，提升巩固拓展脱贫攻坚成果的工作能力，从政府包办向政府引导、多方参与的方向转型，减少强制性援助项目，引导脱贫人口通过自我发展实现稳定增收。政府应该优化市场主体准入环境，坚持放管结合，以市场主体需求为目标，进一步优化营商环境，围绕营商环境质量提升展开工作，推动营商环境市场化法治化，巩固深化营商环境专项整治成果。政府还需加大信息公开共享力度，满足脱贫人口合理的利益诉求，常态化抓好巩固拓展工作。同时，政府需落实完善公共服务、就业创业以及易地扶贫搬迁后续帮扶等相关优惠政策，确保政策设计科学性、有效性和长远性，进一步巩固、提升脱贫质量。单一的政府主体难以有效推进巩固拓展脱贫攻坚成果各项工作，要坚持政府推动与市场运作有机结合，但同时也要明确界定与市场之间的边界。市场对区域经济发展起着至关重要的作用，要发挥好市场在资源配置中的决定性作用，推进要素市场化配置改革，激发市场主体活力，以进一步提升脱贫攻坚成效。政府还应该鼓励引导社会各方面力量参与到巩固拓展脱贫攻坚成果工作中，创建多元化主体治理工作格局。

政府必须限定权力边界，推动政府朝着法治化方向转变，以实现高质量、可持续脱贫。各级政府要强化财政投入，加大社会保障、社会福利、社会救助等政策资金投入，并适当地向特困对象等群体倾斜。要高度重视资金的精准使用，不撒胡椒面，把财政资金用在刀刃上，提升财政投入的长效性，确保在推进巩固拓展脱贫攻坚成果向乡村振兴过渡阶段资金有保障。

2.社会参与机制

社会力量在脱贫攻坚战中发挥了不可替代的作用，在巩固拓展脱贫攻坚成果新阶段也同样离不开社会参与。因此，要构建多元化的社会参与协作的长效机制，从减少返贫的角度出发，积极引导多种社会力量更多参与巩固拓展脱贫攻坚成果，以弥补政府与市场在巩固拓展脱贫攻坚成果中的不足和缺失，为同乡村振兴有效衔接营造良好的社会氛围。

聚集全社会力量，助力乡村振兴。持续加大宣传力度，构建激励机制，鼓励动员企事业单位、社会团体、专业社工、爱心人士、志愿者等社会各界力量参与到巩固脱贫攻坚成果工作中，在农村教育、卫生、环境保护等方面继续深耕，积极履行社会责任，减轻政府部门的压力，做好同乡村振兴的衔接工作。继续发挥社会组织广泛参与到巩固脱贫攻坚成果工作中的重要载体作用和优势力量，加大社会组织的参与力度，不断探索可持续发展的长效机制。发挥科研院所提供科学技术、教育培训和人才的作用，为农村的发展注入知识和技能，帮助脱贫人口更好地巩固提升脱贫质量。重点发挥中央定点帮扶单位的行业优势，组织开展"万企兴万村"等活动，大力动员广大国有企业、民营企业等参与到乡村振兴活动当中，鼓励企业在产业、就业、生态、电商等方面持续发力，进一步巩固脱贫攻坚所取得的成效，推进巩固拓展脱贫攻坚成果同乡村振兴有效衔接，从而实现乡村振兴。充分利用互联网技术，构建社会力量参与平台，通过搭建平台统筹社会力量，提供社会优质资源，广泛动员社会公益性组织和爱心人士参与到巩固拓展脱贫攻坚成果的工作中来，满足脱贫人口的实际需求，对接巩固拓展脱贫攻坚成果同乡村振兴有效衔接的需求。

同时，还可以通过公益活动，以资金、实物、服务等形式对留守儿童、孤寡老人、残障人士等特殊群体进行慈善捐赠。持续构建社会各界与政府、群众的有效沟通渠道，注重各方协同发力。完善社会救助制度，拓宽社会力量参与社会救助的渠道，建立分类分层的社会保障体系，针对不同情况的低收入群体给予相对应的社会救助，增强低收入群体的幸福感、获得感和满足感，以推进脱贫成效的巩固。

（二）构筑更宽领域的内容共通机制

巩固脱贫攻坚成果与乡村振兴在内容上有共通之处，构建产业发展、生态补偿和基本公共服务内容共通机制，实现二者有效衔接，以更好地实现产业兴旺、生态宜居和生活富裕，从而推动乡村振兴战略的实施（见图5-2）。

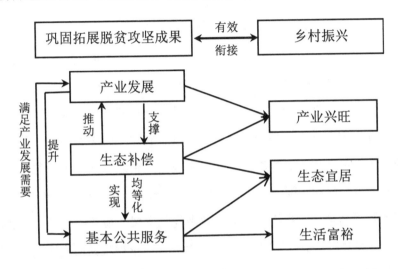

图5-2　巩固拓展脱贫攻坚成果与乡村振兴内容共通机制

1.产业发展机制

产业扶贫是打赢脱贫攻坚战的关键，发展生产脱贫一批作为脱贫攻坚"五个一批"中贡献最大的一部分，使绝大部分脱贫人口靠产业摆脱贫困，实现收入增加。由此可见，产业发展是巩固脱贫攻坚成果的支柱和长远之计，是建立解决相对贫困的长效机制的基础和必要条件，也是乡村振兴的第一要务。因此，要抓好产业，抓好长效机制，构建并完善产业长效发展机制，尊重产业发展规律和市场规律，注重产业后续长效发展，以保持脱贫人口持续增收，促进产业朝着现代化和持续稳定方向发展。

其一，创新利益联结机制。党的十九大报告提出：实现小农户和现代农业发展有机衔接。要扶持小农户，提升小农户发展现代农业的能力，加快推进农业农村现代化，夯实实施乡村振兴战略的基础。农业产业发展中普遍存在着经营主体带动能力弱的现象，依托新型农业经营主体，建立农业龙头企业、农民合作社、家庭农场、经营性农业服务组织等新型农业经营主体与小农户之间"合作共赢、利益共享、风险共担"的利益联结机制，是产业发展的核心。因地制宜培育紧密型利益联结机制，需要将创新完善涉农产业集群、涉农平台型经济、农业产业化联合体、农业共营制等复合型涉农组织的利益联结机制作为新增长点，打通农户与第二、三产业的各种连接通道，深入推进一二三产业融合发展，以推动农户持续稳定增收。创新发展订单农业或合同农业，推进农业产业化发展。同时，统筹兼顾新型农业经营主体和小农户的优势。强化新型农业经营主体在产业发展中的主导地位，帮助农户解决农业生产中所面临的问题，以提升农户的生产经营组织化程度。要充分发挥龙头企业带动作用，龙头企业应主动创新产业组织模式，围绕当地特色产业所需核心技术，进一步提升研发水平，打造特色知名品牌，大力推进农业产业现代化发展。要想促进产业发展，企业不能唱"独角戏"，在借助市场力量的同时，还应重塑农民的主体地位，提高农户的参与程度，为农户提升自身发展能力提供机会和平台。在产业发展中，农户处于弱势地位，因此，需要不断完善农产品市场交易信息平台，以确保农户获取信息的平等性。农户还应积极利用自身资源禀赋优势，主动参加技能培训，拓宽增收渠道，以持续巩固脱贫攻坚成果，振兴乡村产业。

其二，构建产销对接机制，健全产销一体化的利益共同体。建立农超、农批、农企、农社对接等可持续发展的产销对接关系，构建产销对接的长效机制，有助于实现农户与现代农业的对接。着力发展电商新业态，培养农产品电商龙头企业，推进欠发达地区市场营销信息化、机制化、长期化。借助电子商务搭建产销对接平台，深入探索新零售形态，拓展电商消费帮扶，通过网络直播带货、政府采购、东西部协助等方式拓宽产品销售渠道，提升农产品的影响力和知名度，打通农产品销售"最后一公里"，激发社会各界力量踊跃参与到消费帮扶活动中来。在这个过程中，需要充分发挥市场调节作用，通过市场机制做好产销对接，推动欠发达地区将特色产业推向市场，努力朝着产业品牌化方向发展。

其三，强化科技创新支撑引领，加快农业产业发展。加大脱贫地区的科技研发力度，加强产业发展核心关键技术攻关，以科技助推脱贫成果的巩固，为乡村振兴提供智力支撑。努力构建现代农业产业技术体系，统筹科技创新资源，为全产业链高效配置优质资源，坚持农业科技自立自强，实现农业技术服务常态化。加强政府、企业和重点高校在农业科技领域的研讨，以优化科技成果转化机制，加快农业科技成果转化到实际产业生产中去，助力产业兴旺。同时，因地制宜推进科技项目，组织建立科技示范基地，为产业发展提供科技示范，帮助欠发达地区打造可持续发展的特色产业。

表 5-1　产业机制在脱贫攻坚时期与过渡期的不同

时间	脱贫攻坚时期	巩固拓展脱贫攻坚成果同乡村振兴有效衔接过渡期
对象	建档立卡贫困户	全国乡村居民
范围	贫困地区	农村地区
内容	快速发展，带领贫困人口迅速脱贫	可持续发展，确保脱贫人口不返贫不致贫
最终目标	确保贫困户的基本生活	农户、农业和农村三者良性循环，以促进产业发展，推进农业农村现代化

综上分析，产业机制在脱贫攻坚时期与过渡期所面对的对象、范围、内容和最终目标存在差异性，又具有一致性。与脱贫攻坚时期相比，产业机制在巩固脱贫攻坚成果同乡村振兴有效衔接过渡期所面向的受益群体和范围更广，在保持乡村居民脱贫的基础上确保脱贫人口稳定脱贫，并通过产业发展来实现乡村居民对美好生活的向往和追求，以更好地实现乡村振兴（见表5-1）。

2.生态补偿机制

从脱贫攻坚的实践来看，我国已经形成了多元化的生态扶贫实现路径，在缓解贫困上取得了显著成效。在我国，大部分低收入人口生活在生态环境脆弱区、生态功能保护区，与欠发达地区在地理空间上高度耦合。因此，进入巩固拓展脱贫攻坚成果新阶段，要坚持"绿水青山就是金山银山"的发展理念，建立和完善生态补偿长效机制，着力解决欠发达地区生态环境突出问题。党的十九届五中全会提出，要推动绿色发展，建立生态产品价值实现机制。因此，在可行地区积极探索生态产品价值实现机制，创造出优质生态产品，进一步拓展和提升脱贫攻坚成果，实现生态环境保护和经济发展协调共赢，也是我国现阶段生态文明建设的现实需求。

其一，要完善财政转移支付制度，持续加大对重点生态功能区、农产品主产区、欠发达地区的财政转移支付力度，引导生态资金项目向欠发达地区倾斜，在国家及省级财政转移支付项目中增加生态补偿项目，为生态补偿提供持续性的资金保障，加强生态补偿的持续性。在原有退耕还林、天然林保护、耕地保护等生态补偿基础上，逐步拓展生态补偿的范围，适当提高生态补偿标准。建立和完善生态补偿基金制度，按照"谁开发谁保护、谁受益谁补偿"的原则，全面加强对欠发达地区的生态修复与保护，为实施乡村振兴战略奠定生态基础。在此基础上，积极推动流域上下游之间建立横向生态保护补偿机制，引导生态保护地区和受益区通过自愿协商实现横向生态补偿，加大生态修复保护力度，推动生态环境高质量发展。同时，继续实行生态补偿政策，对完全或部分丧失劳动能力者给予适当补偿，增加其财政性收入。持续深化运用碳排放权、排污权、水权、用能权等配置方式，以健全市场化、多元化的生态补偿机制。

其二，要丰富生态补偿方式。在生态补偿机制中，财政转移支付起到了重要作用，但是不能从根本上解决生态可持续脱贫的问题。因此，需要进一步丰富生态补偿方式，实现区域经济发展和生态保护共赢，促进区域可持续脱贫。持续完善生态产业、生态公益性岗位等多元化生态补偿机制，重视欠发达地区绿色发展"造血"能力，激发乡村发展内生动力，实现可持续脱贫。鼓励脱贫地区合理开发利用当地自然资源优势，利用先进科学技术，拓展生态产品产业链，依托生态市场交易平台，鼓励生态产品线上云交易。积极发展生态工业，培育新型低碳、零碳、负碳产业，适度发展环境敏感型产业。大力推进生态和旅游、文化、体育以及康养等深度融合，挖掘古镇、古村落、工业文明遗址等生态旅游价值，将资源优势转化为经济优势、产业优势。深入挖掘生态产品价值，打造绿色食品、森林生态标志产品等品牌，实现生态产品价值增值，并鼓励建立生态产品追溯监管机制，推进区块链等新技术应用，通过二维码标识，确保生态产品质量可追溯。同时，鼓励有劳动能力的建档立卡户参与到生态护林员等公益性岗位和生态修复与保护等工程建设当中，以巩固和提升脱贫人口的生态意识，实现生态增绿和农户增收共赢，朝着建设生态宜居的美丽乡村方向发展。

其三，完善生态补偿可持续融资机制，鼓励金融机构根据当地绿色发展的需求，推进绿色金融改革创新。通过鼓励有条件的金融机构发行企业绿色债券等方式，探索绿色保险参与生态补偿的路径，并拓展社会参与生态补偿资金渠道，以此拓宽生态补偿资金来源。

3.基本公共服务机制

当前，我国医疗、教育、住房等基本公共服务供给不平衡不充分的问题仍然较突出，在很大程度上容易造成已脱贫人口返贫等风险。因此，需要根据国家基本公共服务标准，以标准化推动基本公共服务长效机制的建立，提升基本公共服务的均等化和可及性，确保脱贫人口享有基本公共服务，从而巩固脱贫攻坚成果，满足人民群众对美好生活的向往。

其一，深入推进区域协调发展，统筹城乡公共服务供给。区域差异大、发展不平衡是我国的基本国情。2021年中央一号文件指出："建立城乡公共资源均衡配置机制，强化农村基本公共服务供给县乡村统筹，逐步实现标准统一、制度并轨。"注重资源配置优先向乡村倾斜，促进城乡要素之间的双向流动，在最大程度上解决城乡和区域发展不平衡等问题。着力推进县乡村构建基本公共服务一体化发展体系，实现城乡基本公共服务一体化规划、建设和管护。大力推动基本公共服务向乡村延伸，从而提高乡村基本公共服务的科学性和专业化水平。推动实现城乡基本医疗、义务教育等基本公共服务资源合理配置，通过建设医疗联合体、区域教研联合体等方式，推进城乡医疗、教育等公共服务均衡发展，从而提升农村基本公共服务质量和水平。推动社会养老保险实现城乡统筹发展，对养老保险待遇进行相应调整，实现城乡居民养老保险统一，确保城乡养老服务一体化。还可以通过拓宽区域间合作的领域与形式，推动东西部合作向教育、文化、卫生等领域不断延伸，确保农村居民人均占有基本公共服务资源，实现城乡之间基本公共服务协调发展和资源配置共享，激发脱贫地区发展活力，加快推进经济社会发展和乡村振兴战略的实施。

其二，建立农村低收入群体住房安全保障长效机制。严格危房认定程序，对于抗震能力不足的住房要加紧拆除，建立抗震能力强的安全住房。并且，通过对农村危房进行修缮加固、改造重建等方式全面保障低收入群体住房安全。继续稳步推进棚户区改造工作，提升居民的住房条件和生活质量。针对低收入群体给予公租房保障，确保低收入群体住有所居，满足其对住房的基本需求，巩固提升住房保障成果。

其三，需要构建基本公共服务财政供给保障机制。扩大财政覆盖范围，确保基本公共服务能够获得充足的资金来源，以实现基本公共服务高质量供给和财政保障均等化，以财政投入支持巩固脱贫攻坚成果、乡村振兴工作。持续增加对医疗服务、义务教育、农村养老、住房安全等基本公共服务的财政投入，减少重大疾病、无学可上、老无所养、自然灾害、农村危房等因素对低收入群体可持续发展的影响，切实提升基本公共服务水平，持续保障和改善民生。

（三）构建更高水平的体制互促机制

实现巩固拓展脱贫攻坚成果同乡村振兴有效衔接，需要构建更高水平的体制互促机制。巩固拓展脱贫攻坚成果，推动乡村振兴战略的实施，关键在于建立党委领导的长效机制，通过党委领导推动考核评估、防返贫和农村低收入人口常态化帮扶的稳定实施。同时，构建考核评估机制对党委进行权力监督，并针对乡村居民建立防返贫和常态化帮扶机制，以确保脱贫人口不返贫、边缘人口不致贫，实现逐步富裕（见图5-3）。

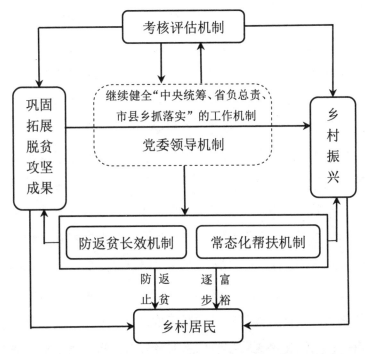

图5-3 巩固拓展脱贫攻坚成果同乡村振兴体制互促机制

1.党委领导机制

习近平总书记指出："脱贫攻坚，加强领导是根本。"打赢脱贫攻坚战，巩固拓展脱贫攻坚成果，保证脱贫人口不返贫，是党中央向全国人民作出的郑重承诺。在党的领导下，历经8年的艰苦奋斗，贫困群众如期脱贫，历史性地解决了绝对贫困问题，彰显了中国共产党领导和我国社会主义制度的政治优势。党委领导是打赢脱贫攻坚战的关键，在巩固拓展脱贫攻坚成果阶段要继续自觉坚持党的全面领导，构建解决相对贫困的党的领导制度体系，以保证脱贫成效的稳定性，确保脱贫攻坚成果能够经得起历史和人民的检验。继续健全"中央统筹、省负总责、市县乡抓落实"的工作机制，充分发挥各级党委总揽全局、协调各方的领导核心作用，省市县乡村五级书记一起抓，为巩固拓展脱贫攻坚成果以及推进乡村振兴的进程提供坚强有力的政治保证和组织保证。

继续严格落实党委主体责任，继续夯实"一把手负总责"的责任制，构建各级党委书记"责任链条"，建立长效机制，始终把巩固拓展脱贫攻坚成果作为头等大事。继续强化农村基层党组织建设，充分发挥基层党组织强基固本的作用，激励基层党员发挥"领头羊"作用，扎实推进乡村振兴。农村基层党组织与脱贫人口接触最多，也是最了解脱贫人口情况的群体，是巩固拓展脱贫攻坚成果的坚强核心。针对返贫风险大的欠发达地区，继续加强人才队伍建设，加强脱贫地区村"两委"建设，持续选优配强领导班子，拓宽选人用人渠道，优先从高校毕业生、复员退伍军人等优秀人才中选拔培养党员干部，培养农村致富带头人。继续执行领导干部"包乡走村入户"制度，做到领导班子深入基层、遍访贫困户。对欠发达地区坚持沿用驻村第一书记和驻村工作队的常态化驻村工作机制，实现培训全覆盖，全面提升履职履责能力。积极推动驻村帮扶工作制度从国家到地方的体系化完善，实现驻村帮扶工作在制度上的融入，帮助脱贫群众巩固脱贫成果，带领脱贫人口稳定脱贫，走向共同富裕。在巩固拓展脱贫攻坚成果同乡村振兴有效衔接期和乡村振兴阶段，仍要持续发挥党委领导的体制机制作用，领导推动过渡阶段的政策举措和体制机制平稳向乡村振兴阶段过渡，确保实现同乡村振兴有效衔接。

2.防返贫长效机制

2019 年 4 月，习近平总书记在重庆考察，主持召开解决"两不愁三保障"突出问题座谈会并发表重要讲话，强调："要把防止返贫摆在重要位置，适时组织对脱贫人口开展'回头看'。"目前，我国部分地区仍存在返贫致贫风险，为防止建档立卡已经脱贫但仍存在返贫风险的人口和未建档立卡的边缘致贫人口"两类群体"成为贫困户，必须建立防返贫长效机制，这是巩固拓展脱贫攻坚成果，助力乡村振兴的必然要求。

第一，建立返贫动态预警监测机制。通过建立"线上＋线下"动态监测系统，精准掌握"两类群体"的基本信息，设立防贫预警线，对其实施常态化监测，以防止脱贫人口返贫。线上主要注重深度运用人工智能、云计算以及大数据等互联网技术对"两类群体"进行跟踪分析，开发建立覆盖"两类群体"的动态数据监测管理平台和基础信息库，动态掌握群体的基本信息情况。通过部门预警监测，围绕农户的可支配收入、"两不愁三保障"主要目标等方面设立可持续防止返贫监测指标体系，并根据脱贫群体的历史数据、目前状况以及未来变化趋势进行信息综合对比预判，筛选出具有返贫风险的家庭，确保能够及时发现易返贫、致贫人口。线下则建立以帮扶单位、村级干部等为主的动态监测队伍，根据返贫风险程度分类关注潜在风险对象。深入了解其生活收支、"两不愁三保障"及饮水安全改善情况，对脱贫人口实施全方位定期跟踪回访，开展常态化排查。根据农户返贫风险情况，分析返贫原因，采取针对性帮扶措施。同时，建立自下而上的预警机制，鼓励农户通过信息平台、扶贫服务热线电话等渠道进行自主上报，村级干部及时入户核查，以避免因病因灾返贫。

第二，将保险机制引入巩固拓展脱贫攻坚成果工作中来。保险分担风险的作用和防止返贫风险具有天然的联系优势，可最大限度地发挥保险的经济补偿、风险防控作用和体制机制优势，以建立防返贫长效机制。确定保险帮扶的保障对象，针对因自然灾害、突发疫情、意外事故、重大疾病、高额学费等因素造成脱贫不稳定的情况，将单一的防返贫保障发展为防贫致富双赢的综合保障，努力实现防贫保险服务全覆盖。引导保险机构根据脱贫人口健全创新保险产品体系，加快探索针对农村低收入人口的保险产品，比如：保险机构可以设立农业保险、防返贫保险、住房安全保险等险种；保险机构还可以充分利用大数据时代的技术优势，借助大数据识别返贫风险类型来研发防贫保险产品，以降低贫困脆弱性。在巩固拓展脱贫攻坚成果阶段，医疗保障是脱贫人口最迫切的需求。部分脱贫人口具有较高的脆弱性，抵御突发疾病等风险能力较弱，尤其是家庭主要劳动力发生严重疾病时难以负担在大病保障基础上的高额费用，在一定程度上会增加脱贫人口的返贫概率。因而，构建医疗保障制度体系，在实施"基本医保＋大病保险＋医疗救助"三重保障制度的基础上，推动建立商业医疗补充保险制度，降低因病致贫发生率，发挥保险在防返贫中不可替代的关键作用。我国是个农业大国，农业发展始终是关键。但是，农业在发展过程中面临着各种风险，而现阶段我国农业抗风险能力偏弱，因此，应提升农业保险服务能力，根据农户自身的意愿和需求，为其提供不同程度的保障。同时，逐渐扩大稻谷、小麦、玉米三大粮食作物完全成本保险和种植收入保险实施范围，大幅度提升农户的保障水平，加快现代农业的发展，保障国家粮食安全。因地制宜创新特色产业保险，促使产业项目在保险下能够正常运行，为农业种养户提供风险保障，以防范产业风险。

3.农村低收入人口常态化帮扶机制

现阶段我国城乡还存在较大的差距，且我国西部地区和农村地区低收入人口仍然较多。因此，加快低收入人口发展是实现我国共同富裕的重要举措。我国需要建立农村低收入人口常态化帮扶机制，促进常态化长效机制的形成，接续推进农村地区发展，以实现人民生活品质持续提升。首先，主要针对农村低保对象、农村特困人员、农村易返贫致贫人口以及因病因灾因意外事故等刚性支出较大或收入大幅度缩减导致基本生活出现严重困难人口等四类农村低收入群体，开展动态监测，做到尽早干预，对于符合条件的脆弱户做到及时纳入监测范围。在教育、医疗、产业、就业、社会保障等方面采取具体措施进行分层分类帮扶，帮助脱贫人口解决问题。同时，建立信息共享机制，实现省市县乡村五级及各级行业部门能够在最大程度上进行信息共享，完善一线主动发现机制，并做到与乡村振兴信息平台相衔接，实现对低收入人口做到定期核查和动态管理。其次，完善分层分类社会救助帮扶体系，健全我国农村低保对象认定机制，重点关注重病患者、老年人、未成年人、重度残疾人以及残疾儿童等特殊群体的救助制度和关爱服务，完善居民养老保险代缴部分或全部保费制度，加强对事实无人抚养的儿童的保障力度，进一步扩大残疾群体康复服务的覆盖率，确保特殊群体的基本生活能够得到保障。鼓励有劳动能力的低保对象尽可能地参与就业，而对于无劳动能力者应纳入特困人员范畴，分层分类对其进行专项救助和临时救助，兜住该类群体的生活底线。最后，充分发挥医疗救助兜底保障功能，统筹医疗救助资金，进一步巩固拓展基本医疗保险、大病保险、医疗救助三重保障制度成果，梯次减轻低收入人口的医疗费用负担。针对不同对象，建立完善城乡全面统一的医疗资助政策，对于特困人员、孤儿、重度残疾人以及返贫致贫风险较大人口采取支付倾斜政策，实现早发现、早干预、早帮扶。

4.考核评估机制

在脱贫攻坚时期，最严格的考核评估机制解决了数字脱贫、虚假脱贫和贫困群体内生动力不足等方面的问题，在一定程度上保证了减贫成效真实可靠，使脱贫攻坚成果能够经得起历史和人民的检验。因此，在进入五年过渡期新阶段乃至乡村振兴时期，仍然可以沿用并持续完善科学严格的考核评估机制，充分发挥考核的指挥棒作用，用制度把关各项工作，切实调动稳定脱贫工作的积极性，做到巩固脱贫攻坚成果的考核机制与乡村振兴有效衔接。

其一，完善考核体制建设和考核主体。鼓励支持多方参与到巩固脱贫攻坚成果考核评估工作当中，督促引导脱贫地区提高考核实效。不断优化拓展考核内容，把落实后续帮扶工作、巩固脱贫攻坚成果和防止返贫情况纳入领导干部和党组织建设的实绩考核范围，是建立考核评估机制的重要内容。强化考核结果运用，将考核结果作为干部选拔任用、评先奖优的重要参考条件之一，倒逼脱贫县始终抓好巩固工作，遏制摘帽后懈怠懒散等现象。继续围绕"两不愁三保障"标准，设计科学合理的考核指标体系，提升巩固脱贫攻坚成果工作在考核中的权重。习近平总书记指出："发挥考核的指挥棒作用，对考核结果好的，要给予表扬和奖励；对问题突出的要约谈，指出问题，督促整改；对不作为的要问责；对问题严重的、违法违纪的一定要严肃处理。"因此，针对巩固脱贫攻坚成果阶段考核评估所发现的问题，要及时落实问题整改任务。若对问题存在异议，可以提交相关材料进行复核。其二，优化考核方式，注重考核工作成效。在全国范围内，需要针对不同地区、不同的返贫现象制定差异化的考核方式，实行分类分层考核评估，在考核内容上要做到各有侧重，以确保能够精准考核。考核要重点关注脱贫人口的可持续发展能力和具体情况，重点评估巩固质量和拓展成效，适时考察基层群众对工作的满意程度。在脱贫攻坚时期，引入了第三方评估，显著提高了脱贫工作的质量，同样可以邀请第三方机构进行巩固脱贫攻坚成果工作的考核评估，也可以引入到乡村振兴战略的实施当中。其三，强化对领导干部的管理、权力监督和考核。保证考核评估工作的公正性，切实推进党风廉政建设和反腐败斗争，持续巩固脱贫攻坚成效。确保持续进行全方位、全过程的考核评估工作，要做到考核评估始终贯穿于五年过渡期各环节。

四、巩固拓展脱贫攻坚成果，促进二者衔接

在如期打赢脱贫攻坚战之后，我国迎来了新的发展阶段，巩固拓展脱贫攻坚成果，全面推进乡村振兴，是全党需要高度关注的一个焦点问题。习近平总书记在中央农村工作会议上强调，脱贫攻坚取得胜利后，要全面推进乡村振兴。要坚决守住脱贫攻坚成果，做好巩固拓展脱贫攻坚成果同乡村振兴有效衔接。我们要紧紧把握住巩固拓展脱贫攻坚成果时期的重大机遇，接续助推脱贫攻坚向更高层次发展，为乡村振兴夯实基础。贫困是乡村发展的一大阻碍，不解决贫困群众的绝对贫困问题，乡村振兴就不可能实现。脱贫攻坚消除了绝对贫困，解决了乡村发展中的短板。在五年过渡期内，要持续巩固拓展脱贫攻坚成果，坚决落实对边缘户的常态化动态监测，瞄准返贫致贫风险点，确保不出现规模性返贫现象。因病、因灾、因意外是最难以控制的返贫致贫因素，要重点把握和积极探索其解决路径，以确保脱贫人口不返贫不致贫，为乡村振兴奠定坚实

基础。

　　巩固拓展脱贫攻坚成果是乡村振兴的重要内容和首要任务，它是乡村振兴的重要组成部分，为乡村振兴的实施提供宝贵经验。巩固好脱贫攻坚取得的成果，才能确保乡村振兴的顺利实施。乡村振兴是巩固拓展脱贫攻坚成果的重要支柱，为其提供强有力的保障。没有乡村的全面振兴，脱贫人口将会面临返贫的风险，脱贫攻坚的成果也就付诸东流。因此，要夯实巩固拓展脱贫攻坚成果的政策举措、构建可持续发展的长效机制，并把巩固拓展脱贫攻坚成果的有益经验教训运用到全面推进乡村振兴当中去，继续服务于乡村振兴战略的实施，以最大程度提升乡村振兴战略实施的质量和高度，逐步解决乡村发展不平衡不充分等问题，加快农业农村现代化，以带动乡村经济发展。

第六章

巩固拓展脱贫攻坚成果与乡村振兴衔接的难点和挑战

　　脱贫攻坚和乡村振兴都是为实现"两个一百年"奋斗目标而采取的伟大战略,二者相辅相成、相互促进。脱贫攻坚为乡村振兴的全面发展奠定坚实的基础,乡村振兴为脱贫攻坚提供了巩固拓展的方向。目前,我国正处于巩固拓展脱贫攻坚成果同乡村振兴有效衔接的关键时期和历史交汇期,二者的有效衔接将面临诸多的难点和挑战。乡村振兴战略是破解城乡发展不平衡不充分问题的治本之策,是今后一段时期党和国家对农业农村工作的总抓手,是对脱贫攻坚成果进行有效巩固的重要战略。巩固拓展脱贫攻坚成果同乡村振兴有效衔接过程中,涉及制约乡村全面发展的短板突出政策延续性不够、城乡及区域发展不平衡等难题。同时,二者面临着城乡要素市场壁垒、乡村特色产业发展水平低、乡村生态保护和经济发展之间矛盾突出、乡村振兴的内生动力不足等挑战。巩固拓展脱贫攻坚成果同乡村振兴的有效衔接需要着眼于问题意识、大局意识,认真研究克服巩固拓展脱贫攻坚成果同乡村振兴有效衔接中存在的现实难点,化挑战为机遇,实现二者的有效衔接。

一、巩固拓展脱贫攻坚成果与乡村振兴衔接的难点

　　中国减贫取得了消除绝对贫困的阶段性成功,但这并不意味着中国贫困治理工程的结束,而是进入了以解决相对贫困为特征的新时期。在明确今后贫困

治理的战略重点方面，也面临着制约乡村全面发展的短板需进一步补齐、政策延续性需进一步稳固、城乡及区域发展不平衡需进一步破解等现实困境。

（一）制约乡村全面发展的短板需进一步补齐

与绝对贫困相比，2020 年后的相对贫困治理周期更长，难度也更大，面临可持续发展问题、农村基础设施建设问题、提升公共服务问题、部分特殊家庭在新标准下可能再次陷入困境等难点。要认真分析解决贫困治理中的难点问题，这是今后反贫困工作的必然要求。

1.农村可持续发展根基不稳

确保农村地区尤其是农村贫困地区脱贫后实现可持续发展，不仅是巩固贫困治理成果的内在要求，也是实施乡村振兴战略的题中应有之义。但贫困地区及广大贫困群众脱贫后要实现可持续发展，仍面临一些难点。一是农村扶贫产业的可持续发展问题。扶贫产业接续发展的难点在于市场的发展与社会帮扶间的矛盾，使扶贫产业在投资管理和项目选择等方面较难实现接续发展。目前，农村的大多产业都是在政府的帮扶下实现的，其产业发展在满足贫困劳动力就业需求的同时，能否适应市场需求的变化，能否为市场提供符合要求的农产品，成为可持续发展的一个未知数。二是欠发达地区农民的可持续增收问题。收入是衡量贫富的重要指标，农民持续增收才能为自身及家庭的各项开支奠定坚实的物质基础，才有能力为自身及家庭的长远发展作出必要的投资。之所以会陷入相对贫困，与相对贫困人口的持续增收能力有关。而持续增收问题在产业和就业扶贫方面表现尤为明显，产业发展可以带动农民的就业，通过就业，欠发达地区的农民能够实现自身的脱贫并推动产业发展。但劳动者素质较低、职业技能较弱会影响其就业，进而影响其持续增收。

2.农村基础设施建设短板突出

一是农业水利和交通基础设施缺乏长效管护机制，效益不高。2009—2019年，我国有效灌溉面积、节水灌溉面积逐年扩大，公路、铁路里程持续增长。有效灌溉面积占节水灌溉面积的比例从 2009 年的 43.5%，上升至 2019 年的约54%。高速公路占公路总里程的比例和国家铁路电气化里程占铁路总里程的比例分别从 2009 年的 1.7%、42.1% 上涨至 2019 年的 2.9%、69.9%。农业基础设施的维护管理对其效能发挥具有极其重要的作用。但我国农村地区农田水利设施和交通设施"重建设、轻管理"，甚至"有人建、无人管"。一方面存在地方官员为突出政绩，资金支持多倾向"看得见"的农村基础设施建设，而"看不见"的后续管护不被重视；另一方面没有明确管护主体部门，缺乏专业的养护维修队伍对农村基础设施进行维修，逐渐造成水利设施老化、损坏现象严重，使用寿命缩短，大量已损毁的路段维修不及时，导致路段塌陷，影响到了道路正常使用。

二是农机化普及率较低。农业机械化是农业现代化发展的总动力，我国农业机械化不断由粗放式向集约型发展。近几年，我国农业机械总动力略有下降，但主要农作物耕种收割综合机械化率不断提升，从 2009 年的 49.1% 上升至2019 年的 70%。以 2019 年我国农业各项机械化率为例，小麦、玉米、水稻这三类主要农作物的耕种收割综合机械化率为 69%；畜禽养殖业机械化率为 35%；设施农业机械化率仅 31%—33%。由此可见，虽然我国农业机械化水平不断提高，但农业机械化发展总体呈现不均衡的特点。

三是农村信息网络基础设施建设薄弱，配套设施不齐全。截至 2020 年底，我国数字化建设在乡村取得显著成效，4G 覆盖率在 98% 以上，互联网普及率显著提升。农村信息网络基础设施建设既是乡村振兴战略必不可少的要素，又是农村文化建设渠道，也是农村居民生活的新活力。而电商平台不仅可以将农产品供给国内大市场消费，增加农民收入、提高农业效益，同时也可以满足农民的多元化消费。《网络促进农村消费研究》指出农村物流基础设施建设尚不完善，表现为乡镇公路建设亟待加强，快递配送最后一公里难题仍存在；农村市场秩序不够规范，假冒伪劣产品和虚假宣传等频现；针对广大农村地区的维权办法尚未设置，无法有效挽回农村消费者因网络消费而带来的经济损失。

四是农村文化基础设施建设滞后，利用率低。文化是一个民族的根，是国家、民族保持千年延续之根本。推进农村文化建设、形成乡风文明，是乡村振兴战略的重要内容。但目前农村文化基础设施建设存在资金投入不足和重建设轻管理、文化设施使用率过低等现象。由于农村文化设施建设带来的经济效益不显著，往往被一些基层政府排除在农村基础设施规划之外，对其管理工作也不够重视。此外，由于宣传工作的不到位，导致一些文化设施使用率偏低，甚至闲置，如乡镇综合活动站、读书室、文化广场等。

五是农村垃圾处理设施匮乏，环境治理理念缺失。农村环境是农村可持续发展的基础，是乡村振兴的应有之义，良好的村居环境是乡村振兴的重要表现。党的十八大以来，农村的环境治理在基层政府的努力下取得了显著成效，但由于部分基层政府在实际治理过程中责任落实不到位，农村居民环保意识普遍较低，相应的垃圾处理设施建设不配套，使得农村环境污染乃至垃圾处理问题一直没有得到有效的解决。

3.农村公共服务质量不高

在推动城乡一体化发展进程中，一个重要的节点便是加快城乡间的公共服务融合发展，并且推动城市的公共服务向农村外溢。这一路径是落实国家发展战略的生动实践，也符合我国乡村振兴和新型城镇化目标导向的现实需要。但目前农村存在公共服务水平总体偏低和社会保障覆盖面较窄、保障水平较低的现实困境，影响着脱贫成果的巩固。

一是农村公共服务水平总体偏低。首先是农村教育质量不高，低收入家庭无法支付优质教育资源的高额费用。很多农村地区特别是中西部一些市县的乡村学校、教学点因招收学生较少，当前按照生均标准核定的经费存在较大不足，难以保障乡村学校和教学点的正常运营。乡镇寄宿制学校的生活教师严重缺乏，特别是生活指导教师、教辅人员数量不达标。而且乡村学校教师年龄普遍偏大、技能偏低。乡村师资配备结构不合理，音体美和信息化教师配备不足，导致课程开设不齐，甚至很多社会捐赠的教学设备无法得到充分利用。多地对乡村教师的补助力度不够，职称评聘、住房保障等政策尚未落实，乡村教师待遇偏低，引不来、留不住问题尤为突出。扶贫支教老师频繁流动导致教学内容接续性差，严重影响农村教育质量。很多农村家庭为了让孩子获取优质教育资源不得不选择邻近城市的学校，不仅增加了家长陪读产生的住宿、交通等费用，而且减少了大量外出务工劳动力，极大增加了家庭经济负担。选择留在农村学校就学的往往是低收入家庭的学生，而义务教育质量不高将导致部分学生学习基础薄弱、偏科情况严重，甚至影响其后续升学。

其次是农村医疗卫生服务不健全。相比于城市，农村医疗卫生服务仍是国家医疗卫生事业发展的短板，无论是重大疾病预防和基本公共卫生服务，还是医疗健康服务与管理，都存在不少弱项。国家为满足农民日益增长的医疗卫生服务需要面临诸多难点，亟需解决深层次结构性问题。当下农村医疗卫生服务中的结构性问题主要如下：农村医疗卫生服务存在城乡、地域失衡的问题；农村医疗卫生服务效率低、医疗卫生资源及其服务错位、越位问题；国家对农村医疗卫生不同领域工作的重视程度不够，各级政府将工作重点放在新农合的医疗上，农村公共卫生问题突出。

二是社会保障覆盖面较窄、保障水平较低。首先是欠发达地区的基础养老金补助标准较低，养老保险尚未完成全覆盖。低收入群体养老保障水平较低，个人参保偏向于选择低档次缴存，因此相应地得到政府的补助也较少。对于完全依靠国家给予缴费补贴的特殊群体，如建档立卡贫困人口、低保对象、特困人群等农村困难群体，以及重度残疾人等缴费困难群体，因无力承担参保费用而退保的风险较高。

其次是农村居民、低收入群体的医疗保险政策报销比例和实际报销比例偏低。多数地方城乡居民基本医疗保险是县级统筹，缴费人员以农民为主，基金池规模有限，从源头上决定了农村居民医疗保障水平偏低。政策报销比例低，很多地区对城乡基本医疗保险采取两档缴费，并实施差别化的报销待遇。大病保险报销门槛高，低收入群体的获得性较低；农村低收入群体参保的持续性有待进一步观察。国家脱贫攻坚政策对于建档立卡贫困人口参保缴费给予定额资助，并给予起付线降低 50%、支付比例提高 5 个百分点、取消封顶线等政策倾斜，较好地缓解了"因病致贫"问题。后续如果政策不可持续，则低收入群体将面临参保缴费困难的局面，并可能导致实际医疗保障水平下降。

最后是"互联网＋政务服务"等新模式在欠发达地区的推广成效较低。当前，各地都在推进"互联网＋政务服务"，通过网上办、掌上办实现公共服务的数字化，让人民群众享受到更加便捷的服务。如建设数字化社会保险公共服务平台和电子社保卡，居民在支付宝、微信等合作平台签发电子社保卡后，持手机即可实现就医、购药功能。但对文化水平低、学习能力弱的人群的关注度不足，对于很多不会上网、不会用 APP 等新服务方式的人群，"互联网＋政务服务"等新模式的推广成效较低，降低了这种公共服务新模式对以上特殊人群的普及性。

4.部分特殊家庭在新标准下可能面临再次陷入贫困的风险

通过党和政府的持续帮扶，所有贫困户已达到现行标准下脱贫的要求。但部分家有重病、重残、供养比例太高、供学负担太重或是低收入家庭的脱贫户，在贫困线标准提高后可能会再次陷入贫困。这是因为部分脱贫户家庭经济脆弱，抵御风险能力不足。在义务教育控辍保学方面，部分地方会尽力将义务教育阶段辍学的孩子劝返，但脱贫摘帽后，不排除部分厌学或是曾经外出打过工的适龄儿童可能再次面临辍学的风险。这既有辍学家庭自身的原因，也与控辍保学措施治标不治本的方法手段有关。当然，与"三保障"相比，脱贫成色不高，人均纯收入核算方面的问题更为常见一些。因为农民有财不外露的习惯，为了确保贫困户能脱贫，基层干部在测算时有"就高不就低"的情况。于是，在现实中，会出现一小部分人均纯收入略低于贫困户识别标准的贫困户被基层干部测算为达标而被勉强脱贫，他们仍有返贫风险。

（二）政策延续性需进一步稳固

1.财税政策尚不完善

财税政策反映政府的活动范围和方向，是推进国家治理体系和治理能力现代化的重要支撑，是宏观调控的重要手段。当前和今后一个时期，财政处于紧平衡状态，收支矛盾较为突出，一定程度上会影响巩固拓展脱贫攻坚成果。为此，"十四五"时期，如何优化财税政策是党和国家的重点和难点。

一是资金需求的矛盾。国家对摆脱贫困的县，从脱贫之日起设立五年过渡期，过渡期内帮扶政策总体不变。国家为此将投入大量资金，地方政府也会给予配套支持，但除了刚脱贫的贫困县和贫困人口外，还存在大量的边缘户、临时突发状况的其他群体，以现有的支持力度应对"十四五"时期资金的需求，仍然难以满足实现巩固拓展脱贫攻坚成果同乡村振兴有效衔接的需要。

二是集中与分散的矛盾。实现拓展脱贫攻坚成果，要求精准识别，定向发力，只有这样才能形成整体效应。但脱贫攻坚在实际操作过程中出现了资金的分散化，资金主要向原先的贫困地区和贫困户倾斜，特别是倾向于建档立卡户。一方面，相关部门跳不出脱贫攻坚时期对贫困地区和贫困户的倾斜，在扶贫实际中有意无意地将扶贫资金按地区、行业部门、单位平均分配或者是平均使用，造成了扶贫资金的浪费；另一方面，有关单位在脱贫攻坚中对项目、投资展开争夺，无形中造成了扶贫资金的分散化。因此，扶贫资金难以集中使用，难以提高投资效益，不利于实现拓展脱贫攻坚成果。

三是短期与长期的矛盾。拓展脱贫攻坚成果，从根本上讲，是为了补齐"三农"短板，因地制宜发展特色产业，促进城乡融合发展，实现农业农村现代化。在实际调查中，发现在财政资金投向上存在着顾此失彼的现象，出现了一些偏差。首先是目标上的偏差：一些地方发展产业的资金被用于其他的投资，未能把握农村特色产业发展。其次是时限上的偏差：国家着眼于长远利益，但少数乡镇在参与的过程中对周期短、见效快的项目热情高、干劲大，而对周期长、见效慢的项目积极性和主动性不高，造成重复投资、同质化竞争现象突出，影响了巩固拓展脱贫攻坚成果和乡村振兴有效衔接。最后是政策衔接上有空档：出台的农村饮水工程建设运营税收优惠政策和为农户担保与再担保业务税收优惠政策已到期，这些优惠政策是否继续延期执行，目前仍不明确。此外，不少农业产业化项目缺乏长远性。

2.阶段性扶贫成果巩固机制不健全

2020 年，我国现行标准下的贫困县全部摘帽，贫困人口全部脱贫，我国反贫困事业进入五年过渡期和常态化发展阶段，乡村振兴也进入全面推进的发展阶段。新时期的乡村振兴立全局、管长远、抓根本，在产业发展与体制机制、基层治理与公共服务、生活质量与生态环境等方面都提出了新的要求。因此，必须清晰认识拓展脱贫攻坚成果出现的问题。

一是产业扶贫支撑乏力，脱贫成果不够稳固。在实施脱时贫攻坚战略的过程中，部分地区急于完成贫困退出指标，在制定脱贫攻坚相关政策时，往往缺乏系统思维和长远规划，无法有效且持续地执行已制定的发展目标、战略和措施，致使产业衔接出现问题。首先，脱贫攻坚以 2020 年底消除绝对贫困为目标，各地区在选择扶贫产业时，倾向于选择短期扶贫效果显著的产业，这种带有特定指向性的扶贫产业选择方式，容易导致忽视当地更具比较优势的产业发展。其次，产业短期扶贫效果显著不一定能保障其长效发展。新产业的形成与发展本身需要大量的要素和资金投入，培育周期较长，而贫困地区产业发展往往缺乏历史经验，产业结构单一，面临较大的市场风险。这类产业在前期投入较多而后续保障不足的情况下，往往不具备独立面对长期市场竞争的能力。最后，脱贫攻坚更多关注产业的经济功能及其带动农户增收的能力，而忽略其生态、生活以及文化等其他多方面的功能。如何使短期的脱贫成果得到长足的发展，使脱贫攻坚的成果有效服务于乡村振兴战略的发展，是当下迫切需要解决的问题。如何让单一的产业发展成为多样化的产业体系以及如何拓宽农业的多功能性，成为拓展脱贫攻坚成果的难点。

二是返贫风险与脱贫成果脆弱性并存。虽然绝对贫困已全面消除，但相对贫困问题依然存在。必须正视现有脱贫成果的脆弱性，将构建持续减贫的长效机制作为巩固拓展脱贫攻坚成果的重点。首先，在脱贫攻坚战中，部分贫困地区存在数字脱贫、任务脱贫的现象，主要由社会救助、兜底保障来实现政策性脱贫。这种状况下的脱贫往往是低水平的脱贫，其收入在现行贫困标准上下浮动，稳定性较差。其次，实现脱贫目标的贫困人口和贫困地区，受自身客观条件、自然环境、市场波动等因素的影响，仍存在较大的返贫或因不可抗力因素致贫的风险。

（三）城乡及区域发展不平衡需进一步破解

当前在我国发展实际中，较为突出地存在发展不平衡问题，同时社会主要矛盾的转变也促使人们转变思路，通过破除城乡二元壁垒、推动区域协调发展来解决该问题。城乡及区域经济发展失衡的原因主要是区域间的资源禀赋迥异、经济增长极所引起的要素集聚以及国家长久以来的行政分权所带来的地域间发展权利的不平衡。主要体现在以下两个方面：

1.城乡发展不平衡

党的十九大报告强调，我国社会经济发展的不平衡性主要体现在城乡经济发展不平衡方面。它是制约乡村全面发展、影响城乡融合的主要因素，缩小城乡经济发展差距是实现社会主义现代化的必然途径。这就要求必须创新乡村地区经济发展机制，激发乡村地区的经济发展活力，打破城乡之间存在的二元结构，实现城乡一体化发展目标，将城市先进的经济发展经验作为农村地区经济发展的有益借鉴，并结合农村地区实际发展情况，对农村经济发展模式进行全面的创新，为乡村振兴战略铺好道路，从而能够全面实现美丽乡村建设、社会主义新农村建设、中国经济整体均衡发展的中国特色社会主义现代化发展目标。但目前城乡发展存在以下问题：

一是城乡居民收入差距较大。城乡居民收入差距较大是我国城乡发展不平衡最主要的表现，从表6-1中可以看出，到2013—2020年，城乡居民的人均可支配收入在不断增加，城镇居民人均可支配收入由2013年的26467元增加至2020年的43834元；农村居民的人均可支配收入由2013年的9426.6元增加至2020年的17131元；城乡间的人均可支配收入比值由2013年的2.81缩小至2020年的2.56，但差距仍然较大。从2013年至2017年，城乡间居民的人均可支配收入差距每年以1%的幅度缩小，从2018年至2020年，城乡间居民的人均可支配收入差距缩小的幅度逐渐上升。

表6-1　2013—2020年城乡居民人均可支配收入及城乡比值

年份	城镇居民人均可支配收入（元）	农村居民人均可支配收入（元）	城乡居民人均可支配收入比值
2013	26467.0	9426.6	2.81
2014	28843.9	10488.9	2.75
2015	31194.8	11421.7	2.73
2016	33616.2	12363.4	2.72
2017	36396.2	13432.4	2.71
2018	39250.8	14617.0	2.69
2019	42358.8	16020.7	2.64
2020	43834.0	17131.0	2.56

数据来源：《中国统计年鉴》(2014—2021)，《国民经济与社会发展统计公报》(2021)

城乡间收入差距较大的原因有以下四点：第一是历史演进。改革开放推进了优惠政策、优质资源和优秀人才向沿海地区和东南部地区流动和迁徙，拉大了城乡间收入差距。第二是地理差异。农村多处于偏远山区，难以实现现代化技术的应用。农村交通不发达，农民出行不便，和外界交流少，缺乏与周边地区的贸易往来，使得农村地区经济发展单一。乡村以种植业为主，地理环境在很大程度上影响种植业的生产和发展，且种植业生产周期长，导致农民收入不稳定。第三是政策布局问题。随着城镇化与工业化进程加快，各种优惠政策和服务更加倾向于城市，一定程度上加剧了城乡发展差距。相对于城市而言，国家对农村投入较少，农村发展支撑条件不足，缺乏资金的投入，致使农村发展缓慢。第四是人口素质。乡村选拔人才机制不完善，难以引进人才，基层领导年龄结构偏大，整体素质偏低，同时乡村发展缺少一批懂得发展经济、管理水平高、敢于创新的年轻干部。

二是城乡基础设施建设差距大。一方面是城乡交通基础设施，主要表现在城乡各级公路基础设施和城乡公共交通的覆盖率等方面的差距。我国乡村交通系统相对城市交通系统非常落后，特别是公共交通覆盖率。我国乡村交通系统落后的原因包括：农村地处偏远的山区或不发达地区，道路建设成本高，人口密度低，资金筹集难度大。此外，城乡交通基础设施建设的差距还体现在道路修建方面，城市道路基本全部属于硬化道路，而农村实现硬化道路的长度和面积是有限的，不到城市硬化道路的四分之一。由此可知，我国城乡交通基础设施建设差距加大，影响了城乡融合发展。

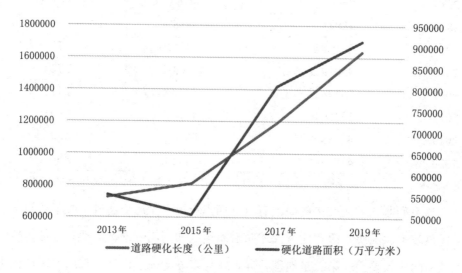

图 6-1　2013—2019 年乡村道路硬化设施变化情况

数据来源：《中国城乡建设统计年鉴》（2014—2020）

　　另一方面是城乡供水、供电、供气等的差距。从图 6-2 中可以看出，城乡间的供水和燃气普及率差距较大，城市的供水和燃气普及率均在 94% 以上，而乡村的供水普及率在 60% 和 80% 之间，燃气的普及率更低，在 19.5% 至 46.6%，有的不及 20%，乡村的供水、供电、供气均落后于城市。目前，没有通水、通电主管道的村庄在我国依旧存在。随着农民对水电需求的增长，现有供应规模已经无法满足村民的现实需求，农村供电、供水、供气条件有待改善。

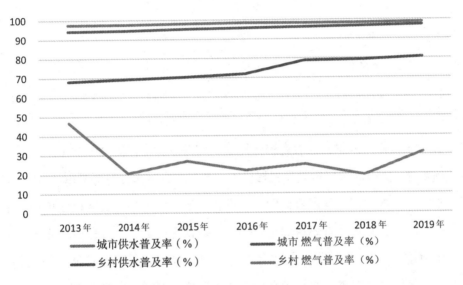

图6-2　2013—2019年城乡供水、燃气普及率

数据来源：《中国城乡建设统计年鉴》（2014—2020）

　　三是城乡公共服务发展不均。主要体现为以下几点：优质教育资源倾向于城市，农村优质资源稀缺，城乡教育资源的差异造成城乡孩子接受的基础教育存在差距；城市提高了进城务工人员子女入学的门槛，他们很难享受到城市优质的教育资源，城乡差距进一步扩大，阻碍了新型城镇化的进程。从表 6-2 中可以看出，2014—2019 年，进城务工人员随迁子女的数量在不断地增加，但各个年份的增长速度存在较大差距，小学阶段迁移人数比初中阶段多。

表6-2　2014—2019年进城务工人员随迁子女在校生人数变化情况表

年份	义务教育阶段在校生中进城务工人员随迁子女（万人）	小学就读（万人）	初中就读（万人）	较上一年增加人数（万人）	增长率（%）
2014	1294.73	955.59	339.14	17.56	1.36
2015	1367.10	1013.56	353.54	72.37	5.59
2016	1394.77	1036.71	358.06	27.67	2.02
2017	1406.63	1042.18	364.45	11.86	0.85
2018	1424.04	1048.39	375.65	17.41	1.24
2019	1426.96	1042.03	384.93	2.92	0.21

数据来源：《全国教育事业发展统计公报》（2015—2020）及相关计算

相对于城市，乡村义务教育资源短缺。义务教育是保障全体学生基本素质养成的教育，为夯实乡村振兴发展提供人才基础。乡村义务教育要由"有学上，能上学"的"数量型"发展目标向"上好学"的"质量型"发展目标转移。在脱贫攻坚阶段，教育的首要目标是实现义务教育有保障，从教育活动的数量方面集中力量，确保贫困人口不因贫困失学。伴随脱贫攻坚取得成功，乡村建设的重心也转向乡村振兴，在实现义务教育有保障的同时，也要求教育适应现代化发展，培养有乡村情怀，能为乡村振兴做出贡献的高素质人才。但由于脱贫攻坚的成效尚不稳定，教育自身发展的基础也较为薄弱，二者在工作衔接上存在一定难度。

城乡在办学条件方面存在较大的差距。如表6-3，乡村义务教育阶段在学校占地面积、教室间数和建立校园网学校数量等方面均低于城镇，尤其是学校图书数量和计算机数量。在巩固拓展脱贫攻坚成果同乡村振兴有效衔接阶段，如何实现城乡教育一体化发展成为今后一段时期的难点。

表 6-3　2019 年城乡初中、小学办学条件统计数据表

		学校占地面积（平方米）	教室间数（间）	建立校园网学校数（所）	计算机数量（台）	图书数量（册）
小学	城镇	1304429673	1630608	30401	7568327	1455374989
	乡村	362748912	360835	10046	1397857	281899354
初中	城镇	1242389704	2430203	54539	9962079	1795311719
	乡村	1128680964	1640763	55491	421232	697163442

数据来源：《全国教育事业发展统计公报》（2020）及相关计算

从表 6-4 中可以看出 2015—2019 年城乡小学师生的对比变化情况。上述情况的出现可以从三个方面来分析：首先是历史的演进。一直以来，农村经济发展基础薄弱，教育投入不足，近年来，农村教育发展成效显著，但教育资源长期向城市的倾斜限制了农村教育事业的发展。其次是地理环境不同，城市能够为教师提供较好的职业前景，福利待遇比农村优越，大多数教师更愿意去城市工作，同时，农村家庭条件较好的学生大部分转入城市就学。城市聚集了更多优秀的教师，政府对城市学校建设的投资力度更大。最后是个体发展差异，城市资源丰富，有利于实现个体的发展目标和追求更高的理想。

表 6-4　2015—2019 年城乡小学师生比

年份	城镇	乡村
2015	1∶2.86	1∶2.19
2016	1∶2.98	1∶2.23
2017	1∶3.02	1∶2.28
2018	1∶3.05	1∶2.23
2019	1∶3.06	1∶2.29

数据来源：根据《全国教育事业发展统计公报》（2014—2020）相关数据计算

城乡医疗卫生资源配置不均衡。城乡居民人均医疗保健支出及每千人医疗机构床位数配置不均衡，如表 6-5，城镇的人均医疗保健支出从 2013 年的

1136.1 元增加到 2019 年的 2282.7 元，增加 1146.6元；城镇的每千人医疗机构床位数从 2013 年的 7.36 张增加到 2019 年的 8.78 张，增加 1.42 张。而乡村的人均医疗保健支出与每千人医疗机构床位数的增量分别为 752.6 元、1.46 张。

表 6-5　2013—2019 年城乡居民人均医疗保健支出及每千人医疗机构床位数

年份	城镇		乡村	
	人均医疗保健支出（元）	每千人医疗机构床位数（张）	人均医疗保健支出（元）	每千人医疗机构床位数（张）
2013	1136.1	7.36	668.2	3.35
2014	1305.6	7.84	753.9	3.54
2015	1443.4	8.27	846.0	3.71
2016	1620.8	8.41	929.2	3.91
2017	1777.4	8.75	1058.7	4.19
2018	2045.7	8.70	1240.2	4.56
2019	2282.7	8.78	1420.8	4.81

数据来源：《中国统计年鉴》(2014—2020)

　　城乡发展差距较大的原因主要有以下两点：一是城乡发展水平差距大。由于中国长期形成的二元化经济结构及历史演变，城乡发展差距缩小进度缓慢。党的十八大以来，我国城镇化建设进程加快，促进了城市经济的发展。虽然我国农村的经济也在不断发展，但城市发展更快，使有限的公共资源大量流向城市；收入水平较低的农民享受不到平等的待遇，进一步拉大了城乡发展的差距。二是国家对农村资金和资源投入力度不足。资金是解决发展的基础，虽然国家对乡村的支持力度近年来在不断加大，但和城市比仍不够。加上农村本身经济基础薄弱，地方政府是物资投入的主体，县及乡的财政直接承担投入责任，而县及乡的财政是各级财政中最为薄弱的环节，导致农村发展缓慢，且投入效果无法得到保障，投入落实难度大，农村居民无法享受到平等的公共服务。

2.区域发展不平衡

党的十九大报告正式提出实施区域协调发展战略，并将其纳入决胜全面建成小康社会的七大战略之一。但我国区域发展中的短板弱项制约着巩固拓展脱贫攻坚成果同乡村振兴有效衔接，它们是"十四五"时期党和国家关注的重点，主要体现在以下几个方面：

一是东部、中部、西部、东北地区间经济发展差距大。脱贫攻坚以来，我国经济发展迅速且质量向好，但也隐藏了诸多问题，诸如区域间发展不平衡不充分的现象依然严峻，东部地区经济发展水平明显高于中部和西部地区，中部地区经济发展水平略高于西部地区。原因是东部和东北地区的自然条件和社会条件比中部和西部地区好，发展的空间也大，得到国家扶持较早，经济对外开放，发展进程更快，而中部和西部地区受限于自身的地理位置，发展速度缓慢，造成经济发展水平明显低于东部和东北地区。在巩固拓展脱贫攻坚成果同乡村振兴有效衔接阶段，如何使得东部和东北地区经济在继续保持高质量发展的同时拉动中部和西部地区经济的发展，进而缩小区域间经济发展的差距，是新时期需要重点解决的问题。

二是东部、中部、西部、东北地区居民人均可支配收入差距较大。如表6-6，2013— 2019年东部地区居民人均可支配收入均高于其他三个地区，占全国土地面积70%的西部地区居民人均可支配收入不到东部地区的三分之二。在中国经济发展迅速的大背景下，我国地区间的经济发展差距较大。就整体而言，2013年以来我国居民人均可支配收入不断上升；就地区而言，东部和东北地区人均可支配收入要明显高于平均水平，中部和西部地区居民人均可支配收入均低于平均水平。十九大以来，乡村振兴战略的实施一定程度上缓解了区域发展差距，但缩小幅度不明显。

表6-6　2013—2019年东部、中部、西部、东北地区居民人均可支配收入

单位：元

	2013年	2014年	2015年	2016年	2017年	2018年	2019年
东部地区（元）	23658.4	25954.0	28223.3	30654.7	33414.0	36298.2	39438.9
中部地区（元）	15263.9	16867.8	18422.0	20006.2	21833.6	23798.3	26025.3
西部地区（元）	13919.0	15376.1	16868.1	18406.8	20130.3	21935.8	23986.1
东北地区（元）	17893.1	19604.4	21008.4	22351.5	23900.5	25543.2	27370.6

数据来源：《中国统计年鉴》(2014—2020)

三是东部、中部、西部、东北地区城乡居民可支配收入差距明显。一方面，由表6-7和6-8可以看出，2013年以来我国城乡居民人均可支配收入呈上升状态，但城镇居民的人均可支配收入明显高于农村居民。另一方面，从城乡居民人均可支配收入比值可以看出，虽然城乡居民可支配收入差距呈缩小趋势，特别是中部和西部地区缩小趋势较东部和东北地区明显，但是，从整体来看，各地区城乡居民的收入差距依然严峻。东部、中部、西部、东北地区间城乡收入差距明显。农村地区受制于自身的地理区位条件，缺乏资源，导致经济发展速度缓慢。相对于农村而言，城镇集聚了大量的人力和物力资源，并且交通便利，经济发展快，城镇人口收入明显高于农村人口收入，从而导致城乡收入差距明显。

表6-7　2013—2019年东部、中部、西部、东北地区城镇居民人均可支配收入

单位：元

	2013年	2014年	2015年	2016年	2017年	2018年	2019年
东部地区	31152.4	33905.4	36691.3	39651.0	42989.8	46432.6	50145.4
中部地区	26664.7	24733.3	26809.6	28879.3	31293.8	33803.2	36607.5
西部地区	22362.8	24390.6	26473.1	28609.7	30986.9	33388.6	36040.6
东北地区	23507.2	25578.9	27399.6	29045.1	30959.5	32993.7	35130.3

数据来源：《中国统计年鉴》(2014—2020)

表 6-8 2013—2019 年东部、中部、西部、东北地区农村居民人均可支配收入

单位：元

	2013 年	2014 年	2015 年	2016 年	2017 年	2018 年	2019 年
东部地区	11856.8	13144.6	14297.4	15498.3	16822.1	18285.1	19988.6
中部地区	8983.2	10011.1	10919.0	11794.3	12805.8	13954.1	15290.5
西部地区	7436.6	8295.0	9393.4	9918.4	10828.6	11831.4	13035.3
东北地区	9761.5	10802.1	11490.1	12274.6	13115.8	14080.4	15356.7

数据来源：《中国统计年鉴》(2014—2020)

党的十八大以来，我国区域发展的协调性显著增强，各地区的比较优势得到较好发挥，公共基础设施和基本公共服务的覆盖面及服务水平显著提升，为国民经济持续健康发展和国家长治久安提供了重要支撑。同时也要看到，我国区域发展不平衡依然突出，区域协调发展机制虽已基本建立，但支撑区域协调发展的政策体系尚不健全成熟。由于不同区域自然禀赋、约束条件、发展定位和功能不同，区域发展总是存在空间差异。区域发展空间差异的形成与扩大是区域内外多种因素相互作用的结果，其中起决定作用的是建立在规模效应、范围效应、集聚效应基础上的空间极化过程。空间极化一旦产生，在没有外力干预的情况下，不断趋于强化，进而影响区域发展的内部结构、效率和质量。在市场经济条件下，由于存在市场失灵现象，空间极化往往导致资源要素在一些地区不断集聚，在另一些地区则不断流失，导致区域间发展差距持续扩大。为使区域发展过程与区域发展战略导向相符，"十四五"时期，政府需要有针对性地对空间极化过程施加干预和影响，制定实施区域政策，即通过调整市场准入、影响生产要素分布、优化二次分配等途径，调节不同区域、范围内的空间极化过程，最终影响区域发展，使之向政府期望的方向演进。

二、巩固拓展脱贫攻坚成果与乡村振兴衔接的挑战

脱贫攻坚战的顺利收官为全面推进乡村振兴战略提供坚实基础，全面推进乡村振兴战略对防止返贫、巩固拓展脱贫攻坚成果具有重要作用，二者相互联系、相互影响，共同助力"两个一百年"奋斗目标的实现。但是，新时代面临百年未有之大变局的国际国内复杂形势，脱贫攻坚与乡村振兴的衔接存在较大的挑战，主要表现在两大战略要素市场存在壁垒、乡村特色产业发展水平有待提高、生态保护与经济发展之间的矛盾有待化解、乡村现代化治理有待加强、乡村振兴的内生动力有待强化、新型职业农民培育质量有待提高等方面。

（一）城乡要素市场壁垒有待突破

自中国特色社会主义市场经济转型以来，我国经济市场化程度不断提高，但更多指的是产品市场化，而要素市场化改革远远落后于产品市场化的改革步伐。在城乡之间，土地、劳动力和资本三种生产要素的交换没有遵循市场配置的规律，尤其是农村的要素资源没有得到充分利用，从而限制了我国乡村经济的发展。要素市场的制度壁垒如果不尽快加以改革，将对乡村振兴推进城乡地区实现共同富裕形成阻碍。土地流转使碎片化的土地集中起来，发挥土地的增值效应，同时也可以减少人力、物力及财力的浪费，但我国土地流转也面临一些问题，影响乡村振兴战略的实施。

1.土地流转制度有待强化

一是土地流转行为不规范。目前，我国土地经营权流转的相关制度还没有完全建立，且土地经营权流转没有完备的手续，这导致了土地经营权流转市场的不稳定。一方面，在土地经营权流转中，流转对象范围狭窄，大多数土地经营权流转是在熟人之间进行的土地流转行为，这种特殊的关系使得他们之间缺乏合同权利与义务的约束。如图 6-3 和图 6-4，2019 年全国农户家庭承包耕地

流转形式以出租为主，流向以农户为主。另一方面，多数农村居民受教育程度低，文化水平不高，这使得他们的法律意识较弱。不规范的土地经营权流转行为，会产生诸多的纠纷，这既不利于土地经营权流转工作的有序推进，也不利于乡村振兴战略的有效实施。

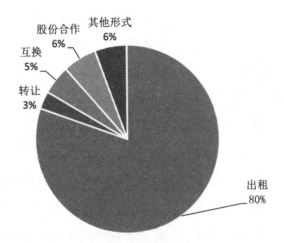

图6-3　2019年全国农户家庭承包耕地流转形式构成

数据来源：农业农村部

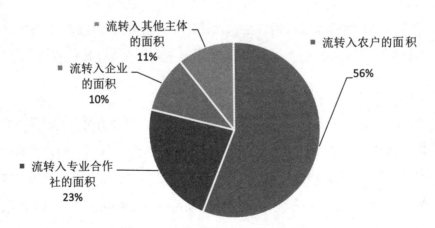

图6-4　2019年全国农户家庭承包耕地流转去向构成

数据来源：农业农村部

二是土地经营权流转中政府管理不到位。目前，我国农村土地经营权流转处于公众自发流转阶段，土地经营权流转大多存在于同村或邻村农民之间，缺少规模经营主体，不符合规模化和集约化经营的时代要求。一方面，政府参与度较低，对土地经营权流转市场中介或者第三方平台的监督管理缺位，进而造成政府协调农民和经营主体之间关系的有效性随之降低，一旦双方出现纠纷，政府无法采取可行措施对纠纷进行处理。另一方面，在实践处理中，一些政府部门利用其本身职权，强制农民进行土地流转。尽管国家已经颁发一系列的法律法规规范农村土地流转的行为，但仍不能避免强制流转行为的产生。

三是土地经营权流转纠纷解决困难。土地是农民权益的重要保障，土地经营权流转不但能够促进农村经济发展，而且能给农民创造更多的财富。但土地流转过程中面临各种各样的权利纠纷问题，在我国农村土地经营权流转加快的同时，也会出现一系列的土地纠纷问题。产生纠纷的原因涉及面越来越广，有对土地经营权流转工作管理主体界定不清产生的纠纷，也有土地经营权流转行为不规范产生的纠纷，还有因政府的干预行为不得当产生的纠纷。在土地经营权流转过程中，政府会通过行政方式干预农户土地经营权流转，甚至有时会采取统一招标形式进行土地经营权流转。通过这些方式流转土地经营权会不同程度地侵害农民的自主选择权以及自由交易的权利，这不仅不利于土地经营权流转机制的形成，而且容易引发土地经营权流转纠纷。

2.劳动力要素转移力度有待加大

在土地、劳动力和资本三种要素的市场化改革中，劳动力要素的改革进程明显更快。截至 2020 年底，我国常住人口城镇化率达到 63.89%，但户籍人口城镇化率却只有 45.4%，全国还有近 1.7 亿农民工及其随迁子女未能真正实现在城市落户。由此可见，农村劳动力的自由流动还存在着诸多限制。在就业上，从图 6-5 可以看出，2013 年至 2020 年，全国乡村就业人数在逐年下降；在子女教育问题上，义务教育阶段的随迁儿童，47.5% 的农民工家长反映他们在城市上学面临一些问题。农民工在城市生活面临教育花费高、医疗保障欠缺等问题。这些制度问题在不同程度上对乡村人口流向城市造成了影响。然而,按照发达国家的城镇化水平,我国还有3亿多人需要从农村迁移到城市。如果这部分劳动力仍然留在农村务农,农业很可能继续以小农经营为主,农业边际产出和收益难以提高,现代化、规模化的农业经营难以实现,不利于乡村振兴的顺利推进。

单位:万人

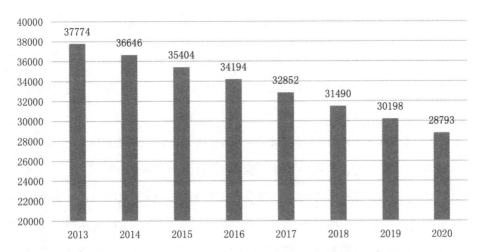

图6-5　2013—2020年全国乡村就业人数变化情况

数据来源:农业农村部

3.资本要素下乡的参与范围有待扩大

乡村虽土地资源丰富,但资本缺失。相对城镇而言,乡村往往存在着资本不足,特别是人力资本,资本下乡可以推动城乡结合二者优势,发挥市场作用,促进协同发展。但我国城市资本进入乡村受到严格管控,资本下乡从事非农化经营受到严格限制,大多数资本下乡只能从事农业经营,使得资本下乡面临农业种植收益低、风险高的问题。如表6-9农民工年龄构成所示,其年龄主要在21～50岁。《中国农村贫困监测报告·2020》显示,文盲农民工占全部农民工的1%,小学文化程度农民工占全部农民工的14.7%,初中文化程度农民工占全部农民工的55.4%,高中文化程度农民工占全部农民工的16.7%,大专及以上农民工占全部农民工的 12.2%。人力资本对经济发展具有非常重要的作用，乡村人力资本的流失对农业技术的传播、培训造成不利影响，不利于乡村振兴的发展。

表 6-9 2016—2020 年农民工年龄构成

年龄	2016 年	2017 年	2018 年	2019 年	2020 年
16 至 20 岁	3.3%	2.6%	2.4%	2.0%	1.6%
21 至 30 岁	28.6%	27.3%	25.2%	23.1%	21.1%
31 至 40 岁	22.0%	22.5%	24.5%	25.5%	26.7%
41 至 50 岁	27.0%	26.3%	25.5%	24.8%	24.2%
50 岁以上	19.1%	21.3%	22.4%	24.6%	26.4%

数据来源：《2020 年农民工监测调查报告》、《中国统计年鉴》（2020）

资本下乡和土地、劳动力要素同样需要顶层设计制度来协调，当某个地区的地理环境不适合种粮食作物时，粮食产业的收益较低，风险较高，而种植一些附加值高的非粮食作物的市场风险低且收益高。因此，不同地区的农业经营可以考虑多种模式，而不能采用一刀切的政策。综上所述，近几年讨论较多的"资本下乡"存在较大争议，政府在推动要素市场改革的背景下，需要完善顶层设计相关制度，出台保障措施，在确保国家粮食安全的前提下，合理引导资本开发农村土地资源，激活农村的要素市场。

（二）乡村特色产业发展水平有待提高

我国贫困治理实践证明脱贫的基础是发展产业，产业兴旺是乡村振兴的基石，然而巩固拓展脱贫攻坚成果同乡村振兴无缝衔接过程中，最突出的短板之一就是已脱贫地区的产业发展。

1.乡村特色产业发展质量不佳

近年来，特别是乡村振兴战略提出以来，我国乡村先后涌现了休闲农业、乡村旅游业、电商等数量众多的乡村特色产业，打造和建成一批"一村一业""一村一品"等颇具乡土特色的乡村特色产业群，推动了乡村特色产业的快速发展。但从整体来说，乡村特色产业发展质量不佳，普遍存在以下问题：一是产业规模小、发展能力弱以及示范引领作用不强。不同区域片面追求发展乡村特色产业，产业同质化程度较高，未能真正体现乡村特色产业的精准设计与引导；同时，现有乡村特色产业包括旅游、文化、电商、农业、林业等，多种产业体系并存，数量众多，但大多数以产业消耗为主，中高端产品和服务不足，品牌溢价有限。二是产业链条较短、关联度不强、融合度不高。目前，我国乡村特色产业产品大多局限于其自身领域所提供的初级产品和初级服务，产业产品前端和后端的开发与挖掘深度严重不够，尚未形成完整的产业链发展体系；更为重要的是，作为推动乡村特色产业发展的一二三产业融合发展体系尚未真正形成，产业发展融合生态圈构建还处于起步阶段。三是产业创新不足。乡村特色产业的发展仍沿袭传统产业发展"大而全、小而全"的特点，没能真正体现乡村特色产业所要求的特色鲜明、乡村独有、地域特色、农民主体、乡村价值、相对优势、现代需要等特点；科技创新能力弱，导致乡村特色产业发展活力不足，从而出现"特色不特""特色僵化""特色短暂"的乡村特色产业发展窘境。

2.产业发展动力不足

在产业内生发展要素方面存在产业定位不精准、专业人员缺乏、成本过高、资金投入机制不顺、经营方式粗放、产销渠道不畅等问题，缺乏各种要素的有效组合与联动；促进产业发展内生机制缺失，产业内生造血功能较弱，产业发展新动能尚未形成；对产业发展的投资、消费、出口等需求侧和劳动力、土地、资本、制度、创新等供给侧两方面来说，都存在资源、信息、市场等方面的不对称和缺失。特别是推动乡村特色产业发展的各参与主体利益联结共赢共享发展机制没有真正形成，乡村特色产业各参与主体参与感、获得感亟须提高和增强。

3.产业发展引导机制不健全

在产业发展过程中，产业发展引导机制不健全会导致生产过剩、乡村特色产业技术创新不足、产品的科技含量和生产能力较低、特色产品生产不具规模等问题。产业发展引导机制不健全，一是产业发展定位引导不足。许多乡村发展特色产业存在"跟风"现象，主要表现为贴着政策走、围着项目跑、跟着资金转，没有真正体现乡村特色和乡村比较优势，没有进行整体和长远谋划，产业同质化、政策化现象较为普遍。引导发展因时、因地、因需、因势的乡村特色产业是乡村产业兴旺面临的无法回避的重大课题。二是没有形成产业发展的长远机制。相比城市相对成熟和完善的产业体系来说，乡村特色产业缺乏产业全周期和全流程的不同行业、参与主体之间的协调发展机制，特色产业长远发展体系尚未形成。

4.产业发展的外部支撑要素缺乏

一是乡村基础设施滞后制约乡村特色产业发展。近十年来，乡村基础设施如乡村道路、电网、通信、供水等方面发生了根本性的改变，但在推动乡村特色产业发展的仓储物流、产品进—出销售渠道、环境承载保护、新型数字经济发展需求等基础条件方面仍然严重滞后于城市，乡村与城市的数字化差距仍然极大，推动乡村数字化和智能化深度建设迫在眉睫。二是产业发展创新要素缺乏。近年来，城镇化进程的加快促进城市的发展和城市资源的集聚，城市公共服务水平显著提升，人民生活质量的提高使乡村的资源要素无法满足当代人的需求，导致大量乡村人才流向城市，返乡人才要素不足。由于乡村人口的大量流失，乡村特色产业发展极其缺乏新型专业技术人员，产业发展缺乏智力支撑。同时，乡村特色产业大多是依托对乡村特色资源的开发利用而形成的，科技含量较低，难以实现真正的科技支撑。此外，乡村特色产业模仿的多，真正具有市场价值创意的比较少，缺乏依据市场需要的持续的创意技术作为支撑。三是产业运营与发展政策环境有待优化。《关于促进乡村产业振兴的指导意见》等政策文件在宏观层面对乡村产业的发展进行了具体设计，但对如何发展乡村特色产业，特别在政策、机制、保障措施等方面尚未出台针对性的规范文件，对如何推动乡村特色产业发展进行精准施策缺乏政策依据。

（三）生态保护与经济发展之间的矛盾有待化解

"坚持生态保护，实现绿色发展"是打赢脱贫攻坚战的基本原则，要求扶贫开发不能以牺牲生态为代价。"坚持人与自然和谐共生"是实施乡村振兴战略的基本原则，提出以绿色发展引领乡村振兴，实现生态宜居。生态资源是乡村特有的优势资源和先天发展条件。在脱贫攻坚过程中，各地意识到把"绿水青山"转变为"金山银山"的有效性，在乡村环境治理方面取得了明显成效，但农村生态环境问题依旧是制约乡村生态振兴的主要因素。贫困村和偏远地区普遍存在生态环境脆弱的问题，如部分农民的生态道德素养尚有待提升、农村生态治理各主体协同度不够、农村生态治理的制度体系不完善和农村生态治理宣传教育创新度不强等，生态保护与经济发展存在良性互动和相互冲突两种状态，需要认真分析和思考，补短板，拉长板，以确保农村生态治理的顺利推进。

1.水资源破坏严重

在乡村生产生活中，必然会产生大量的污水及废水，若未经任何处理直接进行排放，会对当地水资源造成破坏。当前，乡村水污染问题比较严峻。一是由于城乡一体化的实施和城市人口压力的增加，部分加工企业向乡镇转移。虽然为当地农民提供就业岗位，也促进经济的快速发展，但加工企业在生产过程中，会产生大量的废水，而乡镇的排水设施建设尚不完善，加之企业的生态环保意识不强，将其废水直接排放，对当地的水资源造成破坏。二是随着乡村经济的迅速发展和人民生活质量的提升，农村居民的生活用水和生活垃圾不断增加，生活用水直接渗透到地下，污染了当地饮用水。三是乡村经济的发展包括了种植、养殖、加工等企业，对水资源的需求大，若水资源得不到合理利用，将会导致其大量浪费和污染，进而影响乡村人居环境和经济发展。

2.过度使用农药和工业化肥

合理使用农药和化肥会促进农作物生长发育、增产增值，但过度使用化肥和农药，其中的化学物质会导致土壤板结，土地肥力下降和农作物减产。从表6-10可以看出，我国农用化肥的施用量过高，利用率过低。由于化肥没有被植物充分吸收，剩余的化学物质会导致土壤板结，化肥中的氮、磷等元素会随着雨水渗透到土壤甚至地下水中，污染附近的河流。同时，我国农药的利用率普遍较低，在农作物种植过程中，农药的用量没有得到有效的控制。为了提高药效，过量使用农药喷洒农作物，农药虽然防治了病虫害，但是农药有副作用，对农作物、土壤、水资源和空气造成污染。地膜残留物问题更加严重，农民为了促进农作物的生长发育和增加产量，对大量经济作物使用地膜进行保温保湿，但地膜使用后不易处理，自然分解速度很慢，大量地膜滞留到农田中，形成对土壤的污染。

表6-10 2013—2019 年全国农用化肥施用量（折纯量）一览表

单位：万吨

化肥类型	2013 年	2014 年	2015 年	2016 年	2017 年	2018 年	2019 年
农用化肥施用量	5911.9	5995.9	6022.6	5984.4	5859.4	5653.4	5409.6
农用氮肥施用量	2394.2	2392.9	2361.6	2310.5	2221.8	2065.4	1930.2
农用磷肥施用量	830.6	845.3	843.1	830.0	797.6	728.9	681.6
农用钾肥施用量	627.4	641.9	642.3	636.9	619.7	590.3	561.1
农用复合肥施用量	2057.5	2115.8	2175.7	2207.1	2220.3	2268.6	2230.7

数据来源：《中国统计年鉴》（2017—2020）

3.农民生态道德素养有待提升

农民受教育水平普遍较低，加之政策宣传不到位等原因，其生态环保意识总体不高，导致农民的生态道德素养水平不能与经济的快速发展相协调。例如在生活垃圾的处理方面，虽然已经设置了专用的垃圾回收设施，但是由于环保意识的缺失，基础设施的设置形同虚设；在耕作过程中，为追求短期经济利益，农户过量地施用化肥、农药、农膜，严重影响了土地的质量。少数乡村为响应国家号召而大力推进城乡一体化建设，在城市边缘地区建立了不少乡镇企业。这些企业为了追求经济利益而忽略了企业应该承担的社会责任，存在工业废水违法排放、废弃物随意处理等现象，导致乡村生态环境受到极大破坏。

4.参与生态治理的主体间工作有脱节现象

乡镇政府、乡镇企业和农民个体是农村生态治理的主要力量。从纵向维度看，三者没有形成成熟完备的自上而下的指导体系、自下而上的反馈体系和全面科学的评价体系，主体责任的不明晰必然会导致生态治理工作各主体间互相推诿和出工不出活的现象发生。主体间协调与合作的过程更多体现的是单向性的传达而不是积极的双向互动，呈现碎片化现象或者出现主体间协调性不强的状态，以至于没有形成协同理论所主张的协同效应。从横向维度看，由于乡镇政府、乡镇企业和农民个体对农村生态治理工作"多元协同治理"理念的认识不深、意识不强，在治理信息的对接、治理进程的衔接和治理效果的反馈等环节出现了问题，导致各主体间的工作脱节、成效不佳等现象的发生。

5.生态治理的意识淡薄

乡村生态治理工作需要科学严格的制度保障其顺利推进，相关的体制机制还有待完善。一方面，少数基层干部在推进农村生态治理工作中存在惯性思维，片面追求经济增长而忽略了客观实际的发展。另一方面，乡村生态治理也需要相关法律的强制性保障，良法方能善治。对于在生态治理过程中出现的破坏农村生产生活环境、过度开发生态资源等情况，法律规制还需进一步完善。人们对乡村生态治理工作中自身、社会和国家的作用认识不够，导致政策推进过程艰难缓慢，对各级政府文件精神的贯彻被层层弱化。

（四）乡村振兴的内生动力有待增强

习近平总书记强调，要充分尊重广大农民意愿，调动广大农民积极性、主动性、创造性，把广大农民对美好生活的向往转化为推动乡村振兴的动力，把维护广大农民根本利益、促进广大农民共同富裕作为出发点和落脚点。立志是脱贫攻坚的动力之源，脱贫攻坚中注重扶贫先扶智、坚持扶贫同扶志扶智相结合。但是，面对脱贫攻坚的刚性约束，脱贫倾向于更有力的政府推动、更高的资源投入强度、更刚性的考核监督，使得脱贫人员习惯于依赖政府帮扶，缺乏追求自身发展的能动性，脱贫成果具有很强的外生性和脆弱性。如何激发农民的内生动力是乡村振兴急需补齐的短板，是今后面临的重要课题。

1.脱贫人口自我发展能力弱

乡村振兴是乡村深化改革的重要一环，是缩小城乡差距的关键一步，需要农业全面升级、乡村全面进步，但目前农村人才缺乏，直接影响农村的改革和发展。乡村振兴中出现"政府动而乡村不动"的现象，直接影响到乡村振兴的持续健康发展。造成脱贫人口贫困的原因，从根本上来讲是脱贫人口自身能力的不足。能力贫困不仅削弱脱贫人口内生性脱贫动力，而且制约脱贫人口发展的可持续性。一方面，部分脱贫人口主动致富能力较差，缺乏内生之志。有些脱贫人口在扶贫过程中参与度较低，且是被动参与脱贫，将自身的脱贫寄希望于政府和社会的帮扶及救济，脱贫的内生动力不足。另一方面，自身发展能力不足严重影响着整体的脱贫进程。随着城镇化和城乡教育一体化的发展，乡村地区"上学难"问题已基本解决，但2020年底刚脱贫的部分地区，还存在教育资源配置不均衡、教育脱贫资金缺口较大以及脱贫人口受教育程度普遍较低等诸多问题。

2.部分扶贫干部能力不足

在完成脱贫攻坚任务的过程中，各级扶贫干部发挥着重要作用。不过，从调查中可以看出，一些扶贫干部对贫困人口脱贫的认识不到位，将脱贫理解为贫困人口物质的提升，忽略了贫困人口自身脱贫致富意识和能力的提升。其主要原因有两个方面：一方面，部分扶贫干部自身认知能力欠缺。为完成脱贫攻坚任务，部分扶贫干部采取短平快的方式，甚至出现包揽式扶贫，忽视了扶贫对象积极性和主动性的发挥，一定程度上造成了"干部干，群众看"的现象。这极大制约了贫困人口内生动力的提升，从而导致贫困人口自主脱贫致富能力匮乏，存在较大的返贫风险，不利于可持续脱贫的实现。另一方面，部分扶贫干部工作能力不足，扶贫方法单一。在对口帮扶过程中，部分帮扶干部调动各方资源的能力有限且自身能力不足，出现驻村帮扶无能为力的情况。这种工作能力的不足，直接影响扶贫工作的成效及贫困人口脱贫内生动力的培育。

3.外在帮扶与内在需求错位

脱贫攻坚战的完美收官主要依靠的是外在的帮扶，尤其是贫困村，都有扶贫工作队和扶贫"第一书记"，且偏重短期的、见效快的行业，如产业扶贫、电商扶贫。而党的十九大以来，我国社会的主要矛盾已经转变为"人民日益增长的美好生活需要和不平衡不充分的发展之间的矛盾"，不仅是物质层面的需求，更重要的是精神上的需求，因此，对乡村振兴提出了更高的要求。内生动力存在主观性、复杂性、潜在性，实际扶贫工作中贫困人口的内生动力不易发掘和激发。实际帮扶过程中，外在可供选择的帮扶与贫困群众最迫切的需求错位是贫困群众内在脱贫动力不足的原因之一。例如广西南宁江南区在推进贫困户危旧房改造工作过程中，就发现有部分贫困户参与危房改造项目的积极性不高，行动力不强。深入分析发现，因学致贫的贫困户，家中正有几个孩子念大学，各方面开支都很大，孩子都在外地上学，家中常年只剩两个老人住着一间泥瓦房，就想着将就着住旧房子也能勉强过日子，把有限的钱用来给孩子读书，等孩子一毕业就可以脱贫了。一方面，孩子读书的开销消耗了建设新房屋的资金，除了政府对贫困户的危房改造补助之外，贫困户仍需自筹一大笔建房资金，对他们而言自筹资金存在一定的困难；另一方面，贫困户最大的愿望是供孩子完成学业，建房子不是他们最迫切的愿望，他们更希望政府对自己子女的教育给予更多的帮助和支持。现实情况是：外在帮扶与贫困户实际需求不相符，贫困户的脱贫能力不足。

4.社会保障体系有待完善

长期以来，基于城镇化、工业化等城市优先发展战略的持续实施，我国城乡社会保障事业形成了二元分治格局，致使乡村社会保障建设，尤其是乡村社会保障制度建设相对不足。目前，我国虽然已经建立了以城乡居民基本养老保险制度、城乡居民基本医疗保险制度、农村最低生活保障制度、农村五保制度为主要构成的乡村社会保障制度体系，但是从制度属性上来看，它们均属于社会救助制度或社会福利制度范畴，与真正意义上的以劳动者为对象的现代社会保险制度存在很大的差别。尤其是在政府、用人单位、劳动者三方责任共担原则下，用人单位一方责任的实质性缺位使得乡村现代社会保险制度尚未形成。新型职业农民超越了"身份"限制，不仅指所处社会阶层这一角色范畴，还代表了一种职业及其分工形式。今后应建立起农民养老保险制度、医疗保险制度、工伤保险制度、失业保险制度和生育保险制度等现代社会保险制度，以保障新型职业农民的职业发展。

第七章

巩固拓展脱贫攻坚成果与乡村振兴衔接的重点政策领域

脱贫攻坚与乡村振兴作为我国广大乡村地区改革发展的两大重要战略部署，在战略转移过程中，需对前一战略做好巩固并将其拓展到更为广阔的空间中，也就是说应做好巩固拓展脱贫攻坚成果，进而推动与乡村振兴有效衔接。乡村振兴战略是全面建设社会主义现代化强国的重大历史任务，是新时代"三农"工作的总抓手。党和国家在全面推进乡村振兴战略时，高瞻远瞩地将巩固拓展脱贫攻坚成果作为"十四五"时期一项重要的工作目标。巩固拓展脱贫攻坚成果与乡村振兴衔接，特别是二者在重点政策领域的衔接，是实现第二个百年奋斗目标的必然环节。两大战略在政策领域的设计上本就具有协调性与兼容性，因而在二者衔接中，应着重把握二者在重点政策领域的衔接节点。本章从巩固拓展脱贫攻坚成果与乡村振兴衔接的政策差异角度入手，着眼于两大战略的宏伟目标方向，以巩固拓展脱贫攻坚成果与乡村振兴战略五大目标导向衔接为立足点，从微观和宏观两个角度分析二者在体制规划、战略布局以及发展动力衔接方面的内容。宏观领域方面为脱贫攻坚衔接乡村振兴提供骨架支撑，涉及目标方向的转变、组织领导机制的对接、政策内容的衔接、发展主体的拓展等多项内容，确保二者精准对接、高效运行，高质量推进乡村振兴战略。微观领域则聚焦乡村发展，涵盖人才培养，教育、医疗、养老等公共服务资源配置下沉，以及优秀文化、特色产业、环境治理等内容，为两大战略在重点政策领域的衔接提供脉络填充,完善两大战略精准衔接,为进一步缓解相对贫困,推进农业农村现代化奠定坚实基础,最终实现农业强、农村美、农民富的宏伟目标。

一、巩固拓展：过渡期内的两阶段制度安排

党中央决定,为巩固拓展脱贫成果,对摆脱贫困的地区从脱贫之日起设立5年过渡期。由于各脱贫县在不同的时间节点陆续摘帽,故5年过渡期结束的时间节点不同,但是在第十四个五年规划时期内,将陆续结束过渡期,全面步入乡村振兴的高质量发展期。现阶段乡村工作的重心已经转移到乡村振兴领域,但是脱贫地区底子薄、力量弱,要想使得脱贫攻坚成果有效衔接乡村振兴,达到事半功倍的效果,就必须在"十四五"规划期和5年过渡期的时间交叉点上,持续趁热打铁地巩固拓展脱贫攻坚成果,建立健全两阶段交叉巩固推进的制度安排,补足脱贫地区发展的短板。

（一）政策布局筑牢巩固底线

巩固现阶段已有的脱贫成果、防止规模性返贫和新增贫困是"十四五"时期农村扶贫事业发展的底线工作和基础性任务,是脱贫地区实施乡村振兴战略补足发展短板的前提准备。守住底线,就是要巩固"两不愁三保障"的脱贫成果,重点是要长期保持扶持政策的稳定性和延续性,支持脱贫地区产业可持续发展、资金引入、人力资源供给等关键领域的帮扶,以及易地扶贫搬迁安置点的后续帮扶。

1.完善产业可持续发展政策
脱贫攻坚中,地方产业扶贫普遍形成一个被动的发展模式,即以行政力量"捆绑"式帮扶贫困户脱贫,保障贫困户参与利益分配链条,逐渐形成了一

批周期短、见效快、效益高的产业。但是这批产业表现出同质化、短平快的特点，远不足以实现乡村振兴战略的目标。扶贫产业要实现可持续发展的目标，必须提高扶贫产业高质量发展的能力。具体而言，一是完善并延伸全产业链的支持政策，增加并提高农产品附加值。对做农产品方向的企业来讲，应加快脱贫地区农产品和食品仓储保鲜、冷链物流设施建设，支持农产品流通企业，电商、批发市场与区域特色产业精准对接。积极发展扶贫农产品精深加工，推进"互联网＋农业"，做强乡村电商平台，提高线上交易农产品质量，完善农产品产销一体化的产业链体系。二是健全社会化的服务体系。以农产品的生产、销售为重点，建立专业农产品合作社、服务基站等社会服务体系，为广大乡村居民提供全产业链服务，依托第三方社会服务提升扶贫产业规模和质量。三是强化乡村产业联动。乡村产业兴旺是乡村振兴的经济基础。乡村产业个体不足以支撑乡村整体发展，抱团式、组合式联动发展产生的边际效应往往大于一家独大。产业振兴的重点政策领域之一就是采取宽松式的金融政策、以奖代补的财政政策来支持龙头企业、村集体经济组织、合作社、家庭农场、乡村居民等发展主体建立紧密联系，增强抵抗市场风险的能力。

2.有序引入社会资本

当前我国经济高质量转型面临着内需不足、有效投资减少以及出口受限的多重压力，而广阔的乡村成为拉动经济增长的新天地。我国乡村已经摆脱绝对贫困，走在了全面振兴的道路上，但乡村发展基础薄弱，很多中部和西部边远地区的乡村集体经济发展动力不足，仍依靠国家财政支撑发展，甚至处于负债状态，城乡发展差距突出。推进乡村振兴战略如果仅靠"普惠式"国家财政投入或专项转移支付，势必会影响乡村振兴的成效。农业农村部、国家乡村振兴局联合发布《社会资本投资农业农村指引（2021年）》（下称《指引》），其中明确了鼓励社会资本投资农业农村的13个重点产业和领域，包括现代种养业、乡村富民产业等。《指引》明确指出，要对标全面推进乡村振兴、加快农业农村现代化目标任务，立足当前农业农村新形势新要求，聚焦农业供给侧结构性改革和乡村建设的重点领域、关键环节，促进农业农村经济转型升级。可见，引进社会资本参与乡村振兴成为当下乡村发展不可缺失的外部推力。但是，社会资本的引入应体现有序性，不能盲目过度引入，防止出现社会资本在乡村市场中过度的乱象。

一是社会资本的有序引入需以乡村三大产业发展的需求为基础。与脱贫攻坚中"短平快"的产业结构相比，乡村产业最直接的任务是服务于乡村发展，最长远的目标导向是实现产业兴旺，进而巩固脱贫成果的经济基础。这就要求进入乡村的社会资本不仅要用在乡村，更要留在乡村。社会资本引入乡村振兴需明确其定位，应分批次、分规模、分阶段逐步引入与乡村振兴战略实施阶段相对应的项目，不能"撒胡椒面"，应分领域、有重点地引入社会资本。

二是社会资本的有序引入应以利民为原则。利民原则不仅是指带动乡村居民就业、富足口袋，而且是指既对乡村整体规划发展有利，又对改善居民生活环境有利。脱贫攻坚与乡村振兴在这方面的衔接应更加注重居民的适宜性。首先，社会资本为追求乡村振兴的政策利益，会存在盲目跟风现象，缺乏精准定位，不仅会破坏乡村投资环境，甚至会严重损害乡村居民的利益。其次，社会资本的逐利性可能会致使乡村居民的耕地和宅基地以及住房等基本生活财产受到威胁。故应持续完善"三权分置"的耕地制度、承包经营制度、流转租赁等方面的乡村土地管理制度，保障居民最后的防线。最后，资本的逐利性可能带来大规模的水土资源开发。特别是种植那些耗水量大、对土壤肥力有较高要求的农作物，会对当地农业生态环境造成巨大压力。如果不控制农药、化肥、水资源等的使用量，极易产生农业面源污染，降低水土质量，破坏生态平衡，最终将是以牺牲环境以及农民和村社的切身利益去换取所谓的农地规模化经营和农业产业化发展。

三是有序引入社会资本应持续完善乡村的运营环境。社会资本下乡参与乡村振兴的实践过程中必须化解潜藏着的市场风险、信用风险和法律风险，保障后乡镇企业时代乡村和居民的权益。脱贫攻坚实施过程中，对此类风险的规避存在不足。乡村振兴的政策应建立在相对成熟稳定的乡村产业发展的经济基础之上，用立法的手段管理约束市场不端行为，化解市场风险；充分发挥政府的引导推动作用，治理资本下乡乱象，优化乡村法治营商环境，助推社会资本成功投资乡村产业。

3.强化人才队伍建设

乡村振兴不仅是乡村经济的振兴，也是乡村人才的振兴。补足乡村人才短板，解决乡村振兴发展动力不足的问题，需要考虑到乡村振兴的人才需求与脱贫攻坚形成的人才供给不完全匹配这一情况。在脱贫攻坚时效短、见效快的目标任务下，涌现出一批听从上级指挥、埋头苦干的攻坚战士。而乡村人才振兴需要一批理论知识水平较高、发展目光长远、长久驻扎在基层的工作人员。一是巩固职业教育脱贫成果，实施引智留人的政策。在培养农业人才的时候，加大对现有人员的培训力度，使现有劳动力能够稳固就业能力，与现代化的农业结构、新业态发展的需要相适应。加大就业推介力度和技能培训力度，持续保证具有一定劳动能力的人口均能实现务工就业。此外，以"引进+选调"的方式完善乡村建设工作队伍，尤其是引进和选调走出农村的大学生、干部等发展能力和带动能力较强的人才。二是要引智，完善当地人才建设队伍体系。正如习近平总书记所说，"贫困群众既是脱贫攻坚的对象，更是脱贫致富的主体"。推进乡村振兴战略需进一步培训脱贫攻坚过程中对扶志和扶智工作起到一定成效的乡村居民，结合地域特色培育一批带动能力强、辐射范围广的新型职业农民。健全激发乡村居民主体内生动力的政策体系，转"被动扶"到"主动兴"，变"输血"式扶持为"造血"式主动发展，充分调动乡村居民参与乡村振兴建设的主动性，才能实现共享乡村振兴战略的发展成果。

4.落实易地扶贫搬迁后续扶持工作

易地扶贫搬迁通过将大量贫困人口搬迁安置到生产生活条件相对较好的地

区，解决了"一方水土养不活一方人"的问题。虽然目前易地扶贫搬迁已取得巨大成效，但是，易地扶贫搬迁后贫困人口的生计方式重塑、社会融合、身份认同等问题是长期性的，在脱贫攻坚期间难以毕其功于一役。只有通过强化后续扶持，促进易地扶贫搬迁贫困人口切实融入安置地经济社会发展的自循环，增强其内生发展能力，才能真正走出"贫困陷阱"。后续的扶持政策应多措并举，综合精准施策。把政府施策与市场配置有机结合，充分发挥市场机制在资源配置中的决定性作用，让易地扶贫搬迁安置点居民既能"安居"又能"乐业"，防止形成新贫困人群。加强易地扶贫搬迁安置点区域劳务合作、促进易地扶贫搬迁安置点居民提升素质与技能，进而提高内生发展能力。鼓励社会资本进入安置区发展产业、创造就业机会。发展产业是巩固易地扶贫搬迁安置的原生动力，带动安置点居民就业是稳定易地扶贫搬迁成效的关键。对易地扶贫搬迁安置点居民的就业需要、产业发展和后续配套设施建设提升完善等方面加大扶持力度，完善后续扶持政策体系,持续巩固易地扶贫搬迁脱贫成果,确保搬迁群众稳得住,有就业，逐步能致富。

（二）因地制宜拓展脱贫成果

拓展脱贫成果为缓解相对贫困、有效衔接乡村振兴战略铺路架桥、投石问路。脱贫攻坚成果要在守住返贫底线的基础上拓展和延伸，作为两个阶段的桥梁来连接两大战略。乡村发展各有差异，拓展脱贫成果应以乡村振兴战略要求为方向标，以防止返贫为基础，拓展其主体发展动力，完善其辅助发展设施，扩大其辐射带动范围。持续强化拓展可持续发展的经济基础、民生保障的短板以及监测系统保障等，根据实际情况有步骤、有重点、有计划地开展各项工作，让脱贫攻坚成果发挥更大效用。

1.优化产业发展结构

拓展脱贫攻坚成果应依靠地区产业带动，产业和就业不仅是稳定脱贫的关键，也是拓展延伸脱贫成果的有效手段。强化经济基础就要立足本地实际情况，加大力度推动村级集体经济产业发展。结合实施乡村振兴战略，乡村产业的发展应以农业供给侧结构性改革为主线，深入推进乡村产业结构调整，培育壮大新型集体经济组织，因地制宜发展特色效益农业、生态加工业和乡村旅游业。综合采用资金收益、土地流转、资金入股、房屋联营、务工就业、产品代销、生产托管、租赁经营等多种途径，完善产业发展体系与脱贫农户利益联结机制，让留在村里的农户家家有产业、户户有收入。

拓展延伸脱贫攻坚与乡村振兴相衔接时，既要立足于乡村本土，又要着眼于未来发展。一是因地制宜，加强对乡村地区特色资源挖掘，培育有发展潜力的乡村特色产业。乡村是一片发展广阔的土地，特色资源布局广泛，除土地、水源、矿产等自然资源以外，还有丰富的人文资源，包括乡村历史文化、民族特色风情、农耕文化以及历史英雄等多元化的特色资源。拓展脱贫成果应以发展"一村一品、一镇一业、一县一特色"的产业布局和产业体系建设为指导。在东部发达地区协作帮扶下，支持脱贫地区创建一批乡村三产融合发展先导区、国家乡村产业融合示范区和具有区域特色的乡村"双创"示范区。二是加强乡土品牌建设。利用乡村独特的自然优势，推进农业标准化生产，壮大扶贫特色产业规模，健全产品质量安全追溯体系，加强农产品地理标志管理和农业品牌保护，培育一批有广泛影响力的地区公共品牌，推动乡村产业走品牌化之路，开拓新市场、创造新发展机遇，吸引更多的社会资本支撑乡村振兴。三是完善乡村产业基础建设，推进三产融合发展。目前要想实现乡村产业兴旺，最薄弱的环节是乡村金融业的发展；最有效的措施是原有产业转型升级；最大的缺口是尚未成熟的第三方社会服务体系；最强劲的发展动力是地方政府、乡村居民以及多方社会主体的联合参与。乡村三产融合，一方面是要倒逼部分扶贫产业转型升级延伸脱贫成果以衔接产业兴旺目标，如扶贫车间、光伏产业、电商产业、文旅产业等；另一方面是要完善乡村功能区规划，完善产业园区基础设施建设，吸引产业集聚，建立完善产业内部之间相互作用的机制。

2.延伸动态监测系统功能

我国脱贫攻坚的发展已经进入了新的阶段。2020年3月，国务院扶贫开发领导小组在《关于建立防止返贫监测和帮扶机制的指导意见》中指出，要充分发挥各种资源的作用，确保脱贫工作能够得到延伸，建立健全返贫预警机制，为脱贫人口提供技术、资金等多种资源。在以防止发生返贫和新增贫困为底线的前提下，拓展脱贫成果，建立依靠大数据背景下的动态监测系统，并持续更新完善该系统，拓展其监测领域和功能，发挥监测系统的全能性，为有效衔接乡村振兴提供新发展思路。这方面贵州省处在前列，贵州省使用"扶贫云"系统，打通教育、人社、住建、民政、水利、国土、农业、林业等多个部门的相关数据，实现数据互通共享。利用"扶贫云"系统，记录贫困户实时数据，全面核准贫困家庭情况，精准识别帮扶对象，实现了对脱贫农户的动态监测管理。除了根据监测指标异常值评估地区返贫风险状况外，还在平台设立专门的评论交流区，鼓励脱贫群众民主参与，减少脱贫户过度依赖政府的想法及因"钝"返贫的可能性。对评价进行智能筛选，分类总结群众重点提出的问题及地区经验。鼓励多元主体融入脱贫信息共建机制，在平台中加入企业促进当地产业发展的经验，使其及时向地方政府和老百姓反馈经营状况。不仅真正实现对脱贫农户的巩固和拓展管理，而且为助力乡村振兴提供了新方法、开拓了新路子。

3.提升基本公共服务质量

当前，乡村绝对贫困已全部消除，但城乡发展差距依旧突出，其主要原因之一就是乡村基本公共服务供给不足。拓展脱贫成果是在保证现有成果的基础上，对脱贫攻坚的质量进行全方位的提升，好的方面优化提升，不足之处加以完善，从而促进农村地区各项事业的再落实、再提升和再完善。拓展脱贫成果应与补足乡村短板同时推进，相互补充不足之处，扩大二者的优势，共同助力乡村振兴的高质量推进。补短板就要拓展延伸兜底保障类政策以确保"两不愁三保障"；提升医疗、教育保障水平，促进基本养老保险、基本医疗保险、大病保险全覆盖；加大对脱贫地区、欠发达地区，特别是西部和深度贫困地区的基础设施建设、公共服务供给的支持力度。

首先，乡村教育应实现普惠和优质。教育扶贫项目存在资源偏离、资源分配失衡、教育主体单一以及政策悬浮、教育意识淡薄等方面的问题。乡村振兴推进教育发展，应朝着农村适学儿童高质量教育的方向制定教育政策，包括在教育补贴、优秀师资、先进教学设备等方面，减少因教育资源分配不均所导致的发展能力贫困以及代际贫困的问题。另外，要加强财政投入、政策支持，构建多元主体的乡村教育发展机制，为乡村发展提供人才支撑，实现乡村发展可持续。

其次，乡村振兴的医疗保障类政策要接续完善农村居民医疗保险、大病保险以及医疗救助范围，引导医疗卫生工作重心下移、资源下沉，加强乡村医疗卫生人才和医疗卫生服务设施建设，积极发展远程医疗，提升医疗服务，满足乡村居民看病就医需求，加强农村社会保障体系建设。加快推进城乡医疗、养老、低保等各类社会保险标准统一、制度并轨，充分发挥社保对保障人民生活的兜底作用。

再次，住房安全是乡村居民生存和发展的基础和保障。无论是脱贫攻坚还是实施乡村振兴，皆需保障居民住房安全。脱贫攻坚是通过易地扶贫搬迁、房屋修缮补贴、房屋加固等措施来保障贫困居民的住房安全。乡村振兴战略中农村居民住房安全的政策制定，要在保障后续服务与城镇化之间做好过渡与衔接。城镇化建设中不仅要延伸脱贫成果中对住房安全有保障的政策，而且城镇化的政策要指向全体农村居民，绝非仅针对贫困村或贫困户。

最后，持续改善乡村基础设施条件。习近平总书记在中央农村工作会议上强调，要实施乡村建设行动，继续把公共基础设施建设的重点放在农村，在推进城乡基本公共服务均等化上持续发力，注重加强普惠性、兜底性、基础性民生建设。对脱贫攻坚中建设的水、电、路、通信、广播、电视等基础设施提档升级，逐渐形成与乡村振兴要求相匹配，与城镇互联互通的基础设施体系。支持脱贫地区因地制宜推进农村厕所革命、生活垃圾和污水治理、村容村貌提升，实施"快递进村"工程。支持脱贫地区电网建设和乡村电气化提升工程实施，满足农村居民生产生活基本需求。

4.营造乡风文明发展环境

建设优良的乡村人居环境不仅是乡风文明、治理有效、生态宜居的集中体现，也是脱贫攻坚与乡村振兴衔接的重点工作领域。习近平总书记强调："要因地制宜搞好农村人居环境综合整治，创造干净整洁的农村生活环境。"优良的人居环境包括生活环境和人文环境，生活环境集中体现于村容村貌的整洁度，人文环境集中体现于乡村居民的精神风貌。

乡村优良的生活环境建设需依据乡村自然地理条件、经济发展水平、风俗习惯以及居民意愿，坚持实用化原则。首先，因地制宜地加快推进乡村生活垃圾治理，完善农村生活垃圾收集、转运、处置体系，重点加强乡镇垃圾中转站、村庄垃圾收集设施建设，建立符合农村实际的生活垃圾分类收运处置体系。其次，应因地制宜推进农村厕所革命。要充分考虑厕所与住宅的配套性，与农民生活习俗的适应性，切忌生搬硬套一个模式，确保改造后的厕所方便、实用。最后，有序推进农村生活污水治理。依据乡村居民居住特点，探索建立分散或集中、散户或联户的污水处理系统，建设低成本、易维修、高效率的污水处理设施，有效提升村庄生活污水处理水平。

乡风文明建设既是乡村人文环境的重要载体，又是乡村振兴的重要推动力量和软件基础，也是农民自身提高素质、增强幸福感的需要。脱贫攻坚中乡村风俗习惯的优化主要侧重于帮助贫困落后地区的居民树立发展信心，改变落后思想观念，主动摒弃陈规陋习，正确处理"富脑袋"与"富口袋"的关系。在提高乡村居民思想道德水准和科学文化等各方面素质的情况下，凝聚人心、振奋精神、生发激情，为乡村振兴战略的实施注入强大的精神动力。一是强化对优良家风、淳朴民风、文明乡风的建设。用优良的家风影响民风，促进乡风文明。

政策制定导向朝着提倡、奖励、激励的方向出发，强化"家是最小国，国是千万家"的家国观念，倡导家和万事兴的家庭理念，消除男尊女卑的封建思想观念。建设淳朴民风就要构建乡村居民诚信体系，倡导勤俭节约高尚美德，完善健全德治和法治体系。如加大对偷盗、放火烧柴草堆等治安案件的处罚力度，纠正农村彩礼价值观念，提倡简约式红白喜事，提倡科学理性祭祖。乡风文明振兴的重点政策导向要破除根深蒂固的陈规陋习，制止不良风气滋生蔓延，扼杀封建愚昧思想的抬头倾向。坚决抵制容易引发家庭矛盾，影响社会安定，影响文明乡风形成的坏习气，如赌博、好吃懒做等歪风邪气。二是从重视乡村文化硬件设施建设转向重视组织活动。充分利用脱贫攻坚期间兴建的乡村文化设施和活动场所，包括乡镇文化站、村文化室、农村电影放映厅、阅览室、农家书屋、文化大院等，强化村委会凝聚力和号召力，发展一支以农村居民为主体的乡村文化建设队伍，投入精力去组织日常活动和负责日常维护。以丰富农村居民的精神世界，提高他们的思想认识为目的，更重要的是转精神力量为内在的发展动力，为实现乡村振兴战略贡献力量。三是强化农民主体作用，扩展乡风文明建设的发展空间。关于乡村文化和乡风文明的建设在政策上要充分尊重乡村本位和农民主体地位，围绕农民需要提供文化服务，组织农民开展文化活动，提升农民素质和乡风文明程度。政府在开展具有民风民俗和文化引导作用的基础性工作时，要注意调动农民的积极性，把以往农村居民局外人的身份转变为参与者，提高实际操作性与居民认可度。发挥农村居民的主体责任，调动其积极性与参与性，拓宽乡风文明建设的空间。

二、体制机制：发展站位与组织保障相衔接

脱贫攻坚与乡村振兴由"两张皮"转向"一张蓝图"的规划体系，首先要解决的就是二者体制机制的整合与贯通，包括目标方向、组织机构以及考核评价的转变和融合。当前正处于巩固拓展脱贫攻坚成果与乡村振兴的交汇

期，探讨二者组织机构、发展站位以及考评体系的衔接，不仅能使政策执行保持连续性和稳定性，有效防止脱贫人口重返贫困，更重要的是能为两大战略目标的实现提供保障。

（一）规划乡村发展格局

骐骥一跃，不能十步；驽马十驾，功在不舍。目标就是方向，顶层设计关乎农村居民福祉以及农村长远发展和规划。脱贫攻坚与乡村振兴是我国解决不同阶段的"三农"问题所提出的发展战略，在时间与空间上有传承与发扬的关系。在巩固脱贫攻坚成果与乡村振兴的衔接期内，必须把目标导向的衔接作为首要确定的任务。总体来讲，脱贫攻坚的最终目标就是在 2020 年底根除区域性绝对贫困，具体表现为实现农村贫困人口"两不愁三保障"、贫困地区农民人均可支配收入增长幅度高于全国平均水平以及基本公共服务主要领域指标接近全国平均水平。在农业农村优先发展的前提下，按照"产业兴旺、生态宜居、乡风文明、治理有效、生活富裕"的总要求，乡村振兴的战略目标导向划分两个阶段：一是到 2035 年，乡村振兴取得决定性进展，农业农村现代化基本实现，相对贫困进一步缓解，共同富裕迈出坚实步伐。二是到 2050 年，乡村全面振兴，农业强、农村美、农民富全面实现。在后扶贫时代，巩固拓展脱贫成果是优先任务，实施乡村振兴战略是"三农"发展的长远谋划。在全面转向乡村振兴战略之际，应做好优先任务与顶层设计在目标规划方面的大融合，脱贫攻坚与乡村振兴在"三农"建设衔接的重点政策领域应归纳为乡村整体规划布局、基本公共服务以及人居环境三大领域。

习近平总书记强调，要推动乡村振兴健康有序进行，规划先行、精准施策、分类推进。在推进脱贫攻坚战的过程中，村庄的整体规划建设、服务功能、资源利用等方面初显成效。但是从整体来说，还存有一定的短板，如社会保障体系不健全、文娱设施单一等，因而在巩固脱贫攻坚成果与乡村振兴衔接期内，必须在巩固现有成果的基础上优先规划、精准定位，着眼于城乡融合、村庄整体布局发展，分类别、有特色、有梯度地推进乡村振兴。明确乡村功能定位，把地理区位、资源禀赋、产业结构、村庄布局、生态保护、文化传承等乡村实际情况考虑到乡村功能区定位中来，统筹规划乡村土地流转、居民生产生活、产业聚集、生态环境等内容。充分尊重乡村居民意愿，结合乡村特色，不搞"一刀切"，分类精准指导，打造独特的田园风光，形成各具特色的村容村貌。

（二）健全基层治理体系

人力资源的优化与组织领导机构的协调为巩固拓展脱贫攻坚成果和实施乡村振兴战略二者融合发展提供智力支撑。一方面，实施乡村振兴战略规划需要有担重任、敢创新、打硬仗的"领头雁"作为组织领导担当；另一方面，扶贫的"原班人马"既能为巩固拓展脱贫攻坚成果建言献策，又为推进乡村振兴战略提供熟悉本土发展详情的人力资源保障。

1.组织架构平稳过渡

实现乡村振兴与脱贫攻坚"同频共振"，必须率先考虑组织领导结构的衔接。脱贫攻坚战顺利收官并形成了完善的领导体制和工作机制，构成了"中央统筹规划、省委直接负责、市县贯彻落实、乡镇真抓实干、驻村工作队辅助帮扶、其他扶贫组织协作和督查巡查组织监督"的扶贫格局。乡村振兴战略的实施，须以脱贫攻坚中形成的领导机制和工作机制为蓝本，并且进一步完善乡村振兴的领导机制和工作体制，优化领导小组成员结构和明确各机构、各部门职能，将巩固拓展脱贫成果的任务划入乡村振兴中统一规划，协调推进。一是筹备领导组成员以成立管理层。乡村振兴将面临着比脱贫攻坚更加错综复杂的乡村发展和治理情况，必须形成中央统筹布局，省委精准把握、总体负责的机制。党中央统一领导，需升华脱贫攻坚成果的高度，站在农业农村现代化、城乡一体化格局以及国内国际双循环的高度，绘制乡村振兴的宏伟蓝图，科学部署，把准发展的大方向。省委总负责，需根据各省实际需要调整省级领导小组成员，分区域发展、分类别指导，因地制宜地引导脱贫攻坚过渡并衔接乡村振兴。二是培育参与主体，强化执行层。实施乡村振兴战略的主体与脱贫攻坚的主体具有一致性，二者都是市县明确规划细则，乡镇村贯彻实施，社会各界组织辅助协作参与。乡村振兴应持续延伸强化执行层的执行能力，明确职责分工、强化职能，加强基层党组织建设，全面提升乡镇基层党组织的凝聚力和战斗力，重视社会组织在乡村振兴中的作用。三是抽调多部门人力组建监督层。脱贫攻坚战获胜的原因之一就是建立了严格的考核、督查以及问责体系。乡村振兴应趁热打铁，抽调组成更加专业的评估队伍，以脱贫攻坚巡查体系为基础，采取自评、互评、第三方评估等多种评估措施，构建更加严丝合缝的评估体系。

2.规范村"两委"工作流程

乡村振兴战略是长远规划，是脱贫攻坚的顶层设计，应与新时代发展的需求相契合，这就要求组织领导必须是善于学习新思想、敢于突破传统、积极采取行动的政治理想坚定的优秀人才。长期以来，乡村党委和村民委员会对乡村建设贡献巨大，尤其是脱贫攻坚以来，村"两委"既是攻坚战场上的"领头雁"，又起到上传下达的桥梁作用。乡村振兴战略是乡村今后很长一段时间内工作的基本遵循方向，基层组织是实施该战略的神经末梢，而村"两委"是关键。

习近平总书记强调："进一步加强农村基层党组织建设，完善各项村级民主管理制度，特别是选好、用好、管好村'两委'带头人。"乡村振兴战略对基层"两委"组织建设提出了更高的要求。一是村"两委"换届选举公正化。村"两委"换届选举，乡村居民直接参与，换届是否做到风清气正，关乎这一届领导班子工作期间能否带领乡村快速、高效健康发展，直接关系到乡村居民对党和国家的信赖程度，以及乡村振兴战略能否长效可持续贯彻落实。要制定切实可行的换届选举工作方案和具体操作流程，坚持公正公平不动摇、履行程序不走样、遵循步骤不减少、执行法规不变通，使换届工作的每个环节、每项工作都有法可依、有章可循。村"两委"换届选举从一开始就要亮明底线,划出"红线",加强对选举工作的宣传和教育,从严从实以铁的纪律确保村"两委"换届风清气正,强化责任,一乡村一对策,精准下药,确保换届顺利推进,不断夯实筑牢党的执政基础。二是平衡村"两委"干部结构。结构失衡首先表现在年龄结构方面,以至于村级后备干部"青黄不接",队伍僵化、固化、老化。乡村振兴需要善于吸纳新鲜血液,不能局限于"土专家",要让不同年龄阶段的综合素质优良、致富带富能力突出的优秀人员进入"两委"队伍,形成"老-中-青"以及老人带新人,新人有担当、有作为的干部队伍结构,为长期稳定建设美丽乡村开创有利条件。其次是文化层次的不平衡。乡村振兴同脱贫攻坚一样需要"智囊团"。打造"一懂两爱"的乡村振兴人才队伍,既需要挖掘地方资源,培育带富能人,又要与高校、科研单位等专业队伍合作,还要积极做好引智回乡工作。将脱贫攻坚中的基层干部和领导的培训等政策制度延伸到推动脱贫攻坚与乡村振兴有效衔接的工作当中,为实施乡村振兴战略留住人才,打造专业的"三农"工作队伍。再次是发展的思想观念认知和工作状态的不平衡。乡村振兴要求乡村发展的规划和布局要有一定高度和前瞻性,这就要求村"两委"需具备较高的理论水平和敏锐的洞察力,能精准把握乡村政策和发展机遇,及时转变发展理念和经营管理理念。最后是成员分布和战斗力不平衡。村"两委"是位于一线的"排头兵",班子建设需要长远规划,根除隐患,坚决杜绝"小圈子、小帮派"的形成。切实加强对"两委"干部队伍建设的领导,努力提高其执政水平,使其拧成一股绳,提高战斗力。三是推动村"两委"职责更加明确、规范化。乡村振兴战略是农业农村优先发展的长远规划,乡村干部不仅是脱贫攻坚中的"领头雁",而且在推进乡村振兴中亦如此,更需村"两委"带领广大乡村居民苦干、实干,为实现农业强、农村美、农民富的目标接续奋斗。必须明确村党支部和村委会的职责,建立村党支部、村委会、乡村居民三者间的合作机制,各司其职的同时紧密合作,防止工作"扯皮"、相互"踢皮球"的行为。在对外签订合同、承包土地、宅基地审批等重大事项须使用印章时，以及村级重大问题决策、干部任免、重大项目投资、大额资金使用等涉及乡村居民切身利益的时候，应由村党支部领导，村委会集中讨论形成提案，乡村居民代表集体会议商讨做出最后的决议。另外，要完善对村"两委"的考核、奖惩、激励等机制，严格贯彻落实乡村振兴战略的举措，真正显现其成效。

（三）优化考评体系

科学严谨的考评机制对巩固脱贫成果，有效衔接乡村振兴至关重要。构建绩效考核评价机制，可及时发现并解决乡村振兴进程中出现的问题，纠正偏差。建立并完善以乡村振兴战略为主要内容的分阶段考核机制，可将脱贫攻坚中所形成的较为成熟的评价机制作为乡村振兴战略评价考核的参照，分类分地区构建符合乡村振兴战略目标内容、与巩固拓展脱贫攻坚成果有效衔接的独特评价体系，并将其纳入基层干部和领导的考核体系中。考核机制的衔接要考虑以下方面：一是考核方式延伸衔接。乡村振兴应总结梳理脱贫攻坚中成熟的理论成果和实践经验，制定适用于协同推进防止返贫的考核标准，补充优化考核评价内容，借鉴脱贫攻坚所形成的包括自评、区域间互评和第三方评估的成熟评价方式，巩固脱贫成果，助力乡村振兴。二是考核内容升级衔接。脱贫攻坚评估以贫困户收入为衡量根本标准，确保贫困户生活水平的提高；而乡村振兴战略以实现农业强、农村美、农民富的目标为出发点，涉及农村经济发展、农民生活环境以及农村改革治理等多方面内容，当然要对脱贫攻坚的考核内容进行优化和补充以达到二者在内容方面的衔接。三是考核主体扩展衔接。把具有普惠性的乡村振兴与具有特惠性的脱贫攻坚有效衔接，考核对象从脱贫攻坚的贫困户、贫困村以及边缘户延伸到乡村全体群众，考核主体拓展到支持乡村振兴的全体新型经营主体，包含引进的企业、人力资源等多方主体。乡村振兴涉及全方位、多层次、宽领域的振兴，在优化沿用现有的评价方式以外，需深入实践调研，创新完善考核评价机制，探索出一整套既能推进乡村振兴战略实施，又能兼顾巩固拓展脱贫攻坚成果的考核机制体系。

三、点面延伸：精准与宏观政策有效对接

脱贫攻坚与乡村振兴同属于时空禀赋的资源配置，既存在时间维度的先后性，又体现出空间维度的交叉性与重叠性，处于"两个一百年"奋斗目标的交汇期，均立足于"三农"长远发展，着眼于实现国家富强、民族复兴、人民幸福的中国梦。由于脱贫攻坚与乡村振兴的基础目标不同，形成了两大战略衔接的三对主要矛盾：一是受益群体的针对性与整体性之间的矛盾，二是发展主体的个体性与多元性之间的矛盾，三是政策布局的特惠性与普惠性之间的矛盾。解决好这三对矛盾，完成矛盾双方的转变是脱贫攻坚与乡村振兴无缝衔接的重中之重。

（一）延伸针对性政策以衔接整体性政策

脱贫攻坚的政策与乡村振兴战略的政策是"点与线、线与面、面与体"的关系。脱贫攻坚是针对贫困标准线以下的群体，政策针对性较为明显。乡村振兴的五大要求既是对脱贫攻坚"两不愁三保障"的衔接，又是对脱贫成果的延伸和提高，更是惠及整体乡村发展的全局谋划。因此在重点政策领域衔接上，要考虑以下方面：

1.调整针对性扶贫政策

针对性的扶贫政策不适用于推进乡村振兴战略，必须对其进行调整。在巩固脱贫攻坚成果工作的推进中，一是对特殊群体的超常规及临时性的照顾政策进行调整，并在科学评估的基础上相继推出。如某地方机构出台针对建档立卡贫困人口的特殊医疗保障政策以及医保基金等，对贫困户患者就医进行特殊照顾。此类政策会产生短期的作用效果，但受益农户容易滋生依赖心理，提出一些无理要求。同时该类政策会导致非贫困户心态上的不平衡，引发社

会矛盾。二是调整福利性政策，减轻地方财政压力。如一些地区为了追求村容村貌的整洁性，地方财政出资粉刷墙面、整改门窗、统一门面等，这不仅增加了财政压力，而且容易落入"福利陷阱"。乡村振兴是推进"三农"要素整体稳步前进，因此要对针对性扶贫政策进行调整，考虑普惠性原则，朝着长远规划的目标迈进。

2.强化薄弱环节政策

脱贫攻坚战是乡村振兴战略实施的前奏，为乡村振兴战略的实施奠定了坚实的基础。在二者目标任务交叉对接的前提下，应加强脱贫攻坚中乡村基础设施、教育资源以及医疗等薄弱领域的建设。如2019年乡村硬化道路不到城市的四分之一，乡村燃气的普及率在19.5%至46.6%。城镇中小学专任音乐和美术教师人数分别是乡村中小学的5.4倍和3.3倍。城镇初中任职教师当中，研究生以上学历人数高达3.19万人，是乡村的5.72倍。2019年的乡村居民人均医疗保健支出与每千人医疗机构床位数的增量和增速远低于城镇。统筹规划脱贫攻坚和乡村振兴的项目衔接，推进公共服务提档升级，为乡村振兴战略实施步入快车道夯实基础。一是持续完善加强基础设施建设类政策。实施乡村振兴要加强贫困地区的水利、交通、电网、通信网络、宽带等基础设施建设，在实现贫困地区基础设施公共服务能力达到全国平均水平的基础上，提高标准，进一步与乡村振兴相衔接。二是持续完善利民惠民政策，补足公共服务的短板。强化义务教育、基础医疗、养老等方面的政策建设，加强农村基层"两委"组织建设，推动发展能力较强的乡村居民转为市民身份。三是持续完善易地扶贫搬迁的后续工作。易地扶贫搬迁安置点存在发展资源欠缺、发展历史短的情况。提高易地扶贫搬迁安置点的可持续发展能力，需要加大安置点基础设施建设、三大产业发展、基本公共服务建设等方面的政策扶持。此外，易地扶贫搬迁安置点是新的乡村开发区，应持续关注其功能区的划分以及与外部区域的联动发展，要有计划、有步骤地稳步推进与乡村振兴战略相衔接。易地扶贫搬迁安置点政策规划的制定应朝着乡村振兴先行典型示范区的目标发展。

3.延伸二者契合政策

脱贫攻坚与乡村振兴两大战略均立足于解决"三农"问题，服务于乡村居民对美好生活的向往，二者在政策目的方面具有一定的契合性。一是延伸产业扶贫衔接产业兴旺。需改造升级扶贫中见效"短平快"的同质化产业，立足于当地资源禀赋，建设收益长期稳定、具有比较优势的特色化产业，达到产业可持续发展的要求。如将电商扶贫、车间扶贫以及公益岗位扶贫等政策转到产业高质量发展、三产融合发展以及小农户与现代农业有效衔接的方向上来。二是延伸乡村环境整治政策，与生态宜居的目标相衔接。推动脱贫攻坚中生态扶贫、人居环境整治、厕所革命、生活垃圾和污水处理等政策与生态宜居所要求的推行乡村生态建设、绿色发展，加强对突出环境问题的综合治理，以及建立多元化的生态补偿机制相衔接。三是延伸稳保就业类政策。一方面是延伸提高已脱贫农户就业能力的政策，延续技能培训实用性、精准性政策，提高就业服务水平，进一步完善就业保障机制。另一方面是延伸促进就业的政策。促进脱贫地区人口稳定就业，是拓展脱贫成果的最有效措施。脱贫地区应延续扶贫车间促进就业、跨区域劳务输出带动就业、公益岗位新增就业的政策，实现稳定增收，切实提升贫困群众的自我发展能力。

4.增设二者衔接政策

乡村振兴战略的目标之一是缓解相对贫困，2020年之后，扶贫工作面临新形势，需要及时补充新政策来弥补乡村振兴中出现的相对贫困问题。一是增加防止返贫的政策。推进脱贫攻坚与乡村振兴有效衔接，保持扶贫政策的接续稳定，构建防止返贫长效机制，是两大战略衔接的基本要求。后扶贫时代，扶贫最重要的工作就是巩固拓展现有脱贫成果，防止返贫现象出现。这类政策主要是加强对边缘户、发展能力不足的农户、存在返贫高风险的农户等群体的动态监测、预警机制以及精准施策等方面。防止返贫还需要注意引入保险建立长效机制。二是增加社会扶贫政策。乡村振兴战略的实施需要社会各界力量的参与，要发挥市场对资源配置的决定性作用，建立社会力量扶贫的激励机制，探索政府引导、农户参与、社会资本投入运作、企业经营的新模式。三是新增减贫政策。目前我国还未形成健全的城市贫困问题的解决方案和体系，在城乡融合发展和城镇化建设的前提下，研究设计城市减贫方案，将社会保障部门主导的城市救济、劳动支持政策与扶贫开发部门主导的农村扶贫举措相整合，解决以农民工流动人口和老年人、残障人士、困难职工和失业人口为主要构成的城镇弱势群体贫困问题。

（二）转变个体发展以推进整体振兴

与解决贫困地区的贫困人口生存和发展问题的脱贫攻坚相比，乡村振兴战略走的是乡村经济、文化、生态、制度治理等多方面整体性提升的多元化乡村发展道路。脱贫攻坚以政府主导和政策吸引为前提，二者在受益群体、发展方向、发展动力以及目标导向等方面不完全相同，存在包含与被包含、个体与整体的关系。

1.政府与市场主体参与

乡村振兴作为复杂的系统工程，是一个整体性的治理过程。与脱贫攻坚时政府强力参与不同，它是在政府宏观政策方向引领下，让市场与社会治理等参与要素各显优势、有效衔接的优势治理过程。实现乡村振兴战略的宏伟目标需要政府政策的引导，更需要社会力量的共同参与。一是由政府财政支持扶贫过渡到多元化资本参与乡村振兴。2012 年至 2019 年中央财政支持扶贫资金累计达到 5473 亿元，尽管公共财政投入力度如此之大，但是与实现乡村振兴战略目标任务的要求相比依然存在很大缺口。推进乡村振兴与脱贫攻坚有效衔接，兼顾二者投入的持续性和均衡性，就需要在提高财政资金使用效率的同时，引入更多的社会资本支持二者持续推进，把发挥财政资金支持保底作用与社会资本逐利带动的作用相结合，两条资金链条共同推进乡村振兴战略实施。二是政府兜底保障类政策过渡到市场化主体参与乡村振兴。市场在资源配置中起决定性作用，有利于高效整合脱贫攻坚成果、分配乡村振兴所需的资源。引入企业、合作社、事业单位、高校等多元主体参与乡村振兴，改进脱贫攻坚中形成的政府对医疗、教育、养老等社会兜底类保障政策，完善金融行业进入农村的政策体系，活跃乡村的金融市场。强化商业保险对推进乡村振兴和巩固脱贫攻坚成果有效衔接的作用，尤其是充分发挥商业性的农业保险对保障农业生产、带动农村经济、提高农民收入的作用。

2.扩大受益范围

中国特色社会主义乡村振兴道路须由乡村居民共建共治共享，推动共同富裕，不断增强乡村居民的获得感、幸福感、安全感，促进人的全面发展和社会全面进步。脱贫攻坚政策受益群体指向分明，针对贫困地区的贫困户、边缘户等发展能力较弱的特殊群体。而乡村振兴战略指向广大的全体乡村和全体乡村居民。实现乡村振兴战略的普惠性与脱贫攻坚的特惠性有机衔接，功在当代，利在千秋。一是受益群体从贫困户扩展到乡村居民。优化脱贫攻坚中针对贫困户的特殊照顾政策，过渡指向全体乡村居民。如在脱贫攻坚与乡村振兴中都实施的医疗、教育、社保等政策。二是受益区域从贫困村扩展到广大乡村。在脱贫攻坚的举措中，东西部对口支援扶贫、产业扶贫、电商扶贫、公益岗位扶贫、易地扶贫搬迁、生产车间扶贫、优质教育资源扶贫等政策，是举全国之力、集中优势资源实现九千多万农村贫困人口摆脱绝对贫困，体现受益群体针对性强、目的明确的特点。应扩展这类政策的受益地域到广大乡村地区，实现乡村振兴战略的普惠性。三是完善民主意愿表达机制。乡村居民不仅是乡村振兴战略的受益者，也是乡村振兴的参与者，居于主体性地位。脱贫攻坚中已经建立的居民意愿表达机制应延续扩展到乡村振兴中，赋予乡村居民更多乡村治理的话语权、监督权和知情权等，充分调动乡村居民参与乡村振兴的积极性、主动性和创造性，从"增能"和"赋权"两个维度，保障乡村居民参与振兴的主体性地位，增进其参与乡村振兴的主体能力，加强制度设计，落实政策安排。全面认识乡村居民对美好生活的需要，尊重他们的选择、创造和发展权利，尤其对乡村居民上不上楼，乡村土地如何利用规划，生活区、农业和工业生产区等功能区如何规划等与乡村居民切身利益有关的决定，应充分了解民意、调查民情，科学决议，化解利益矛盾。乡村居民通过组织化渠道表达自己的利益诉求，更多地分享发展红利。

（三）优化特惠性政策以衔接普惠性政策

对 12.8 万个已脱贫摘帽的村来讲，乡村内部发展的差异性仍然长期存在；对 9899 万已脱贫的乡村居民来讲，其发展的内生动力依旧不足。因此，实现巩固脱贫成果与乡村振兴战略有效衔接，必须打好特惠性政策与普惠性政策的组合拳，对特殊群体的兜底保障政策和推动乡村整体发展政策在双轨并行的同时，还要凸显所长、紧密联系。

1.政策应体现利益平衡性

我国最大的发展不平衡，是城乡发展不平衡，最大的发展不充分，是农村发展不充分，这两点将成为实施乡村振兴战略的"绊脚石"。尤其对刚刚脱贫的乡村和乡村居民来讲，虽已经脱贫，但发展基础薄弱、能力欠缺、动力不足的现象依然存在。乡村振兴战略的政策制定既要面向全体乡村和广大乡村居民，又要统筹城乡平衡发展。尽可能地转变特惠政策为普惠政策，均衡脱贫户、脱贫地区与乡村振兴受益主体之间的利益。一是转变扶贫政策为乡村振兴政策的民生领域。将特惠性的扶贫政策转变为对乡村低收入群体的常态化扶持政策，强化对乡村低收入群体的保障政策。二是缩小贫困户和非贫困户之间基本公共服务的差异。尤其是提高教育、医疗、基础设施的投入，将公共服务领域对贫困户的特殊扶持政策，拓展为乡村居民能够同等享受的普惠性政策，提升乡村基本公共服务均等化水平。三是实施乡村振兴战略以发展乡村为重点的同时，统筹城乡一体化。一方面乡村振兴需借助城市力量。乡村振兴战略中农业转移人口市民化、土地产权制度改革与资本化利用、规模化经营与新型经营主体、三产融合发展、人才支持与驻村工作队等，都离不开城市的支持，需要城市为乡村提供资金、技术与人才等方面的支持；另一方面解决好城市问题也要借助乡村的力量，劳动力供给、生态环境、食品安全、休闲旅游、健康养老、乡愁寄托等，都离不开乡村的作用，需要农村资源的支持。在城乡相互作用、各取所需的同时，乡村振兴战略的政策受益群体兼顾乡村与城市。

2.政策应体现社会公平性

乡村振兴衔接脱贫攻坚的政策导向如何既坚持原则又合理兼顾不同群体利益诉求，解决非贫困户和临界贫困户对贫困户高度集中的政策帮扶和物资投入的不满情绪，坚持乡村振兴普惠性政策不走样，推进贫困地区实现整体性乡村振兴的发展目标，已经成为政府必须考虑的重要问题。因此，二者的衔接需体现社会公平性，坚持立党为公、执政为民的执政理念，把广大人民的根本利益放在首位。在推进乡村振兴过程中，既要满足广大农村居民日益增长的美好生活的需要，又要保障发展成果人民群众共享，充分体现社会主义的公平正义价值追求。

乡村振兴与脱贫攻坚的衔接需彰显社会公平就要考虑以下问题：一是正确认识和处理效率与公平的关系。脱贫攻坚在短时间内侧重减贫的效率，忽略了政策的普惠性和社会的公平性，而乡村振兴战略在重视效率的同时，又能兼顾公平，弥补社会公平方面的"负债"，克服片面追求效率的倾向，对乡村居民收入分配、利益调节、社会保障、权利保障，政府施政、执法司法等多方面切实采取有力的政策措施,努力营造公平的社会环境,化解突出社会矛盾。二是避免因"精英俘获"所引起的社会不公。脱贫攻坚是针对农村贫困群体自上而下施策推进，受益人群有限，扶贫资源和资金容易被当地"精英"所截取和俘获，从而影响贫困农户的直接利益。乡村振兴战略的推进应吸取这一教训，完善政策在基层的贯彻落实体系。在乡村振兴战略推进中，项目制定可采用建立村级分权制度、乡村居民参与式发展以及引进社会公益组织的监督与执行的办法尽量避免"精英俘获"，确保发展成果惠及广泛民众，体现政策的社会公平性。三是以健全的制度保障乡村公平正义。脱贫的乡村居民以及边缘户仍然面临发展动力欠缺、发展能力偏弱的状况，乡村振兴战略实施需加强保障公平的制度体系建设，建立一个以权利公平、机会公平、规则公平、分配公平为主要内容的社会公平制度保障体系来衔接脱贫攻坚，尤其是在教育、医疗、养老方面，尽最大努力缩小资源分配在城乡、东西部以及城市之间的差距。同时要抓好制度的落实，充分保障乡村居民政治、经济、文化、社会等方面的权利和利益，使广大乡村居民能够共建共享乡村振兴成果。

3.政策应体现区域差异性

脱贫攻坚与乡村振兴战略的衔接，在政策上不仅要体现利益平衡性、社会公平性，而且要有区域间的差异性。这三者并不冲突，而是相互联系、相互补充的关系。差异性政策要立足于当地发展资源和战略定位，探索适合各地实际的振兴路径，防止"一刀切"，尤其要注重统筹规划、因地制宜、分类推进，在追求粮食安全、产业效益、生态环境保护、农村环境整治、新型市场主体培育、资源要素合理配置、乡村治理创新、农村经济体制设计等方面进行理性选择。对于条件较好的乡村要率先振兴，对于条件一般的乡村要积极创造条件振兴，对于条件较差的乡村要采取帮扶等措施打牢振兴基础。要认真总结改革开放以来特别是党的十八大以来"三农"领域出现的历史性变化，全面分析新时代我国社会主要矛盾转化在农业领域、农村地区和农民群体中的具体体现，深入贯彻习近平总书记有关"三农"工作的重要思想，以国家主体功能区建设规划为依据，对乡村进行分类，明确未来发展目标定位，实行宜粮则粮、宜经则经、宜草则草、宜牧则牧、宜林则林、宜渔则渔、宜退则退、宜居则居。要优化农业功能分区，立足特色资源优势、环境承载能力和经济条件等推进农业主体功能区建设，确定重点发展区、优化发展区、适度发展区、保护发展区。不管哪一类地区，都要以支持和帮助广大农民创业和增收为基本取向。

第八章

以人为本与资源整合：脱贫攻坚经验对乡村振兴的启示

　　"三农"问题一直以来得到党和国家的高度关注，该问题的解决关系到国民素质、经济发展、社会稳定。脱贫攻坚与乡村振兴是党和国家为解决不同发展阶段的"三农"问题所提出的两大战略，其互涵且差异的关系阐述了二者间的联系。脱贫攻坚战的成功经验为乡村振兴战略的实施起到很好的借鉴意义，并能够在乡村振兴阶段持续发挥作用。在总结脱贫攻坚经验时不难发现，国家通过集中整合各类资源向贫困地区投入，不断缩小不同群体发展差距，为实现共同富裕而努力，体现了坚持以人民为中心的发展思想。在巩固拓展脱贫攻坚成果与乡村振兴衔接期内，积极汲取已有脱贫经验，对提升脱贫质量、振兴乡村具有重要意义。

一、以人为本思想的价值指引

　　在实现中华民族伟大复兴的征程中，党和国家一直坚持"以人民为中心"的根本立场。在历史的长河中，中国共产党坚持了"以人民为中心"的价值追求，特别是精准扶贫战略的实施与脱贫攻坚战的收官，解决了困扰我国千年之久的绝对贫困问题，有效破解制约农村发展的难题。脱贫攻坚彰显了中国共产党的初心和使命——为中国人民谋幸福，为中华民族谋复兴。

（一）脱贫攻坚践行党的崇高价值理念

全心全意为人民服务是中国共产党的根本宗旨，其价值内涵一直贯穿在中国共产党的思想遵循中。中国共产党从成立之日起，就坚持把为中国人民谋幸福、为中华民族谋复兴作为初心使命，团结带领中国人民为创造自己的美好生活进行了长期艰辛奋斗。习近平总书记在十九大报告中强调："人民是历史的创造者，是决定党和国家前途命运的根本力量。"贫困群体作为农村中的弱势群体，是党和国家在经济发展中必须救助和扶持的对象之一。在打赢脱贫攻坚战的征程中，把脱贫攻坚作为全面建成小康社会的底线任务，其扶贫主要对象是建档立卡贫困户，通过发展产业、就业培训、兜底保障等形式不断激发其内生动力，加之完善教育、医疗、基础设施等方面政策提升群众的幸福感、获得感，真正为人民谋福利。各级政府千方百计增进民生福祉，将以人民为中心的发展思想变成实际行动，有针对性地解决脱贫攻坚中出现的种种难题。在这场举国扶贫的征战中，国家将大量资源倾斜至贫困地区，积极支持贫困地区尤其是深度贫困地区的发展，并下派干部帮扶，为贫困地区的发展出谋划策。种种帮扶举措都体现了中国共产党"以人民为中心"的价值追求。如江西赣州市是革命老区、全国较大的集中连片特困地区之一，党和国家在脱贫攻坚战中并没有忘记它曾经做出的贡献，国家 39 个部委对口支援。赣州市也充分利用此优势，搭建好项目对接平台，把扶贫攻坚需求与部委职能优势紧密对接，把争取资金、项目与争取部委布局重大改革试点有机结合，激发贫困县乡的创新活力和内生动力。

贫困治理镶嵌于国家治理体系中。脱贫攻坚战从治理对象来看，是一场关乎贫困地区发展和贫困人口减贫的战役，更是国家治理能力现代化在减贫治理场域中的具体体现。群众满意度是衡量脱贫攻坚成效的重要尺度，我们党集中力量解决困扰贫困群众民生需求的难题。党和人民披荆斩棘，发扬钉钉子精神，在脱贫攻坚战中攻克了一个又一个难题，并取得了重大历史性成就。在巩固脱贫成果与乡村振兴战略的有效衔接期内，设立五年过渡期，通过建立防贫监测预警与帮扶机制、驻村工作队、易地扶贫搬迁后续帮扶长效机制等系列巩固措施拓展脱贫攻坚成果，保持政策的稳定性。党依然坚持以人民为中心，让更多人民群众享受改革的红利。

（二）脱贫攻坚彰显共同富裕的人民性

习近平总书记指出："以人民为中心的发展思想，不是一个抽象的、玄奥的概念，不能只停留在口头上、止步于思想环节，而要体现在经济社会发展各个环节。"全球化进程的加快，从侧面反映出人类社会生产力的提高，也催生出贫富差距拉大和两极分化的现象。在国家治理现代化过程中，积极践行以人民为中心、实现共同富裕的发展理念，不断解决经济社会发展中出现的城乡发展失衡、区域发展失衡以及社会贫富差距等系列经济难题。在实现乡村高质量发展进程中，党和国家高度重视解决"三农"难题，先后提出脱贫攻坚和乡村振兴战略，充分发挥乡村功能作用，使乡村在新发展阶段焕发出新的蓬勃生机，为建设社会主义现代化强国奠定基础。

共同富裕是社会主义的本质规定和奋斗目标，具有差异性、全面性以及时代性等特征。中国是一个人口大国、农业大国，在社会主义现代化发展进程中必须重视农村的发展，对农民贫困问题进行有效综合治理。从脱贫攻坚战收官的必要性来看，它是我国全面建成小康社会必经的环节之一，也是实现第二个百年奋斗目标以及逐步实现共同富裕的基石。脱贫攻坚最终所要实现的目标是消除绝对贫困，并且要求小康路上一个都不能少。脱贫攻坚的重点是农村，共同富裕的关键是贫困群众。在脱贫攻坚战中，各级地方政府通过设置红黑榜、榜样带动等形式激发贫困群体的内生动力，根据农户的需求及劳动力程度，从产业发展、就业、自主创业等方面帮助贫困群体依靠自己的双手找到摆脱贫困的出路，提升其可持续发展能力。同时采用"先富带动后富"治贫理念，搭建东西部协作、对口帮扶等平台帮助贫困群体脱贫致富。不论从何种形式入手，都是从人民需求出发，围绕贫困群众切身利益所开展的扶贫工作。脱贫攻坚战的胜利，有效推动扶贫开发事业的纵深发展、缩小区域间的发展差距、实现人民对美好生活的向往，同时也彰显出共同富裕的人民性。十九届五中全会再次强调"以人民为中心"的理念，在全面转向乡村振兴战略实施的节点上，依然致力于增进人民福祉、实现共同富裕目标。

（三）脱贫攻坚促进社会公平

公平正义是人类社会发展的重要价值追求之一，减贫是国家在经济实现高质量发展的同时兼顾社会公平，是效率和社会公平的有机结合。扶贫是保障弱势群体基本权益的途径之一，是国家通过帮扶来保障社会公平底线的方式之一，是新时代中国特色社会主义的核心价值目标。精准扶贫和脱贫攻坚在时间和空间两个维度上促进社会公平，在时间维度上主要是实现"输血式"到"造血式"扶贫的转变，重点是提升贫困群体可持续发展能力，缩小市场化分配区间；在空间维度上，主要是扶贫资源流向贫困地区，特别是深度贫困地区，解决区域性整体贫困，促进区域经济发展的公平。脱贫攻坚的奋进史，探索出一条彰显社会主义制度优势的贫困治理之路，积极利用资本和市场力量实现源头"造血"进而实现治贫脱贫目标。

习近平总书记指出："公平正义是中国特色社会主义的内在要求。"公平正义其实被囊括在国家现代化治理的方方面面中，将公平正义的价值理念外显于制度安排，同时又将社会主义制度优势进一步转变为治理效能，是新时代中国特色社会主义在基层实践中具有的基本特征。改革开放极大地调动了广大人民群众的生产积极性，在接连提升生产效率的同时有效增加居民收入。尤其是以家庭联产承包责任制为起点的农村经济体制改革，有效促进农业和农村发展，但是由于发展基础不同，差距逐步拉大，经济增长的涓滴效应变弱，收入差距较大等状况愈加剧烈。随之在新时代，我国社会主要矛盾转化为人民日益增长的美好生活需要和不平衡不充分的发展之间的矛盾。因此，精准扶贫和脱贫攻坚是党和国家为推动城乡区域协调发展、缩小收入差距、促进社会公平而采取的必要措施。在脱贫攻坚阶段，将其目标具体化为"两不愁三保障"和社会公共服务均等化，通过"五个一批"等措施提升底层群体的收入和福利，旨在改变我国社会不平等的基本结构，缩短收入差距的梯形长度。这对解决新时代我国社会主要矛盾、充分体现社会公平正义、助推社会主义和谐社会建设显得尤其重要。

二、精神与实干：脱贫攻坚经验总结

中国脱贫攻坚取得举世瞩目的成就与其在政策、制度、资金和人员等各方面实施的扶贫措施密切相关。精准扶贫是中国解决农村地区贫困问题的重要手段，在打赢脱贫攻坚战中取得了显著成效，也产生了系列可推广、可复制、可借鉴的脱贫经验。

（一）"精准"思想引领，分类施策助脱贫

精准扶贫思想是指导脱贫攻坚战、全面建成小康社会取得胜利的重要方略，为解决绝对贫困提供理论遵循，对中国特色社会主义事业发展和全球减贫有着重要的时代价值。习近平总书记在地方工作视察中，与贫困群众交谈实际减贫工作，提出系列关于精准扶贫、精准脱贫的重要论述，曾明确指出："扶贫开发推进到今天这样的程度，贵在精准，重在精准，成败之举在于精准。"点明了决定扶贫成绩和扶贫成败的关键在于精准。精准扶贫思想将减贫工作与全面建成小康社会、实现"两个一百年"奋斗目标相结合，其根本出发点是实现人民对美好生活的向往，让改革发展成果更具普惠性和全民性，最终实现共同富裕。在脱贫攻坚过程中,精准扶贫解决了扶贫工作中的"大水漫灌""虚假扶贫""政

绩扶贫"以及扶贫效果不佳等现象，是实地扶贫成功的重要的思想方法。精准扶贫思想首先要解决的是"扶持谁""谁来扶""怎么扶"的命题。扶贫对象的精准识别，推动了扶贫项目的精准落地，政府由此才能根据实际需求，对扶贫资金做出合理布局，确保了后续帮扶措施的成效。

习近平总书记说过："要坚持因人因地施策，因贫困原因施策，因贫困类型施策，区别不同情况，做到对症下药、精准滴灌、靶向治疗，不搞大水漫灌、走马观花、大而化之。"事物是不断发展变化的，随着脱贫攻坚工作的深入，深层次的矛盾也日益凸显，如深度贫困地区扶贫基数大、生态脆弱地区的发展等问题。面对脱贫攻坚中出现的问题，必须因地制宜地采取减贫措施，与地区发展实际结合，实现发展与保护并重。贫困对象致贫的原因多种多样，而精准扶贫的首要任务是解决"两不愁三保障"的突出问题，必须从贫困群众的致贫原因入手，具体问题具体分析、精准施策。如产业扶贫是精准扶贫的首要措施，各级地方政府在脱贫攻坚战中，积极探索地区特色产业，避免产业同质化发展。以马铃薯产业为例，由于马铃薯的生长环境与我国贫困地区高度耦合，贫困地区积极推动马铃薯全产业链发展，将贫困户整合纳入新型经营主体主导的马铃薯产业链发展环节中，促进各相关产业要素的集成，最终实现马铃薯产业价值增值和多元参与主体利益最大化的效果。

（二）拓宽农民增收渠道，提升可持续发展能力

农业是人类赖以生存和发展的基础，亦是农民增收的主要渠道。随着全球化以及市场化的深入发展，由于信息不对称、受教育程度整体偏低等因素的影响，农民在产业链发展环节中仅扮演生产者，不能借助其他资源提升产品附加值，在产业链中端甚至是末端分得一杯羹，从而在市场竞争中处于劣势地位。小生产者在越来越激烈的市场竞争中如何占据有利地位，如何与大市场有序对接等问题日益显现，同时小农户在农业现代化进程中何去何从，如何将劣势转为优

势等系列难题引起社会各界关注。

在精准扶贫和脱贫攻坚阶段，产业扶贫是贫困治理的精髓之一，亦是贫困群众脱贫致富的重要方式。产业扶贫是在政府部门的引导下，因地制宜在当地资源禀赋的基础上，有效整合资源，以市场为导向，构建多元主体参与的带贫益贫机制，稳步增加农民收入，带动当地经济增长，实现贫困村、贫困群众、经营主体的共赢。随着反贫困治理的深入发展，地方政府越来越重视培育新型农业经营主体等农村发展内生力量，全面强化主体带贫服务，探索建立适宜的利益联结机制，将小农户特别是贫困农户融入现代产业发展链条。各级地方政府在产业扶贫中，大力培育新型经营主体，引导龙头企业、合作社、能人大户与小农户建立公平合理的利益联结机制，在产业环节中减少中间商的利益博弈，增加贫困群体在新时代的发展机会，并提高其民主参与权利，有效拓宽农民增收渠道。如河北省威县深入基层调研并做出前瞻性规划，依靠有利的区位优势、资源优势、政策优势，注重农业与非农业的同步发展，积极构建"三带三园六板块"空间布局，形成包容互动的产业益贫机制，依托龙头企业、农业园区带动产业融合发展，探索合作经营机制，创新实施"五大资产收益模式"。在扶贫产业发展中，不能管前不管后，解决农产品销售问题才是农民增收的关键。各级地方政府探索利用线上线下两条渠道销售农产品，线下主要是搭建消费者与农户之间的产销平台，减少中间商的层层"压榨"；同时也推动农产品上行，积极利用新型媒体，鼓励贫困群体进行电商销售。由于新冠肺炎疫情等加试题的考验，各级地方政府探索以直播形式带货，有效解决农特产品无销路、农民增收难等问题，精准对接农特产品与市场，为农民融入大市场搭起致富桥。在扶贫治理中，因地制宜地与新业态结合，让部分贫困农户实现"农民—农商"的转变，从而让市场竞争中处于劣势地位的农户变成全产业链的利益主体，找到新的增长点。

由于在农业生产中，耕地数量与农业生产所需的劳动力人数有限，且农业生产效率越来越高，农村的"隐性失业"问题逐渐浮出水面，由此出现农村劳动力剩余的局面；加之农业现代化水平提高，农村土地流转规模扩大，释放了大量农村劳动力。同时由于农业生产存在季节性，农户兼业化现象也比较常见。面对以上难题，基层政府在贫困治理中，摸清贫困劳动力基本情况、就业意愿和就业服务需求，通过就业技能培训、转移就业、扶贫车间、公益性岗位等措施针对性地提供就业机会，解决青壮劳动力、女性劳动力、留守劳动力、弱劳动力等不同贫困群体的就业问题，实现贫困群众差别化就业，培育贫困群众的内生动力，激发贫困群众脱贫致富的内在活力，提高贫困群众的自我发展能力。农村扶贫车间的设立，使部分贫困群众实现就近就地就业，既兼顾了农业生产，又能够在家门口实现弹性就业，提升了贫困群众可持续发展能力。

（三）完善基础设施，优化公共服务

由于传统城乡二元结构影响，城乡教育、医疗、文化、社保等公共服务和基础设施水平仍然存在明显的差距。在脱贫攻坚实施过程中，基础设施与公共服务建设为扶贫工作顺利开展提供基础与保障。农村基础设施条件的改善，是缓解区域性贫困的重要支撑和基础。完善的道路交通系统，有利于改善周边农民生存和发展环境，扩大农村社会经济的覆盖面，更为企业的落地、产业的发展创造良好的基础设施"硬环境"。"要想富，先修路。"这句话隐含了道路对贫困群众脱贫致富的重要性，同时也强调完善的基础设施对地区经济发展的支撑功能。在基层减贫治理中，为解决农村公路发展不平衡不充分的突出问题，各级地方政府以村村通作为重要手段，通过建设农村公路，着力优化农村路网布局，着眼于脱贫攻坚和群众生活需要，积极稳妥推进"四好农村路"建设，解决了贫困地区居民出行难的问题，也切实缩短产销对接的空间距离，促进交通运输基本公共服务均等化，推动脱贫攻坚取得很大成就。同时也积极完善农村水、电、网、垃圾治理等基础设施，推动农村基础设施建设提档升级，努力改善村民生产生活环境，夯实农村经济社会发展根基，开创农村发展新局面。

在致贫与返贫原因中，疾病一直以来都居高不下。为精准解决因病致贫返贫的问题，保障农村贫困人口在基层就医时享有基本医疗保障服务，党和国家积极优化农村医疗结构，配套建设标准化乡镇卫生院、村卫生室，不断提高基层医疗服务水平和医疗质量，有效缓解当地村民的就医压力，打消农户有病不敢看、医疗费用高的顾虑，让群众在家门口就能享受到质优价廉的医疗卫生服务，提高了农村居民的健康指数和幸福感，让健康扶贫政策真正在广大农村落地生根。教育扶贫是提供人力资本、阻断贫困代际传递及促进社会公平正义的重要手段，能够使贫困群众通过知识来实现稳定就业。各级地方政府围绕提升义务教育质量、改善教育软硬件环境等方面不断补齐教育短板，为脱贫地区的后续发展提供智力支持。如四川省凉山彝族自治州雷波县，在脱贫攻坚中坚持教育优先发展，乡乡建成标准中心校，义务教育达到基本均衡标准，其学校基本办学条件综合评估达标率百分之百，实现了从有学上到上好学的历史性转变。在社会保障方面，进一步加强社会救助政策与脱贫攻坚政策有效衔接，完善农村低保、特困人员救助供养、临时救助等保障性扶贫措施，充分发挥兜底保障在打赢脱贫攻坚战中的重要作用，不断提高兜底能力和兜底水平，重点探索农村低保制度与扶贫制度两者间的衔接，推动农村低保制度与减贫治理政策能够全面覆盖农村贫困群体。

经济的可持续增长，与城乡之间的协调发展密切相关。城市发展到一定阶段必然会向农村扩展，而完善的基础设施则为城市文明向农村发展延伸搭建了桥梁。从基础设施、医疗、教育、社会保障等方面，可以看到我国在脱贫攻坚战中做出的努力，统筹推进贫困地区、贫困村基础设施项目建设，从教育、医疗等方面不断促进城乡公共服务均等化，在悄无声息中促进农村现代化的纵深发展，不断缩小城镇与乡村在发展中形成的差距，为广大乡村居民在经济改革中分享红利创设条件。

（四）健全帮扶体系，促进基层治理现代化

党的十八大以来，党和国家把反贫困治理内化于国家治理体系与治理能力现代化战略宏图中，对脱贫攻坚与中国减贫之治作出了一系列重要论述和全面部署。在脱贫攻坚战中，构建了五级书记抓扶贫、"第一书记"驻村扶贫等系列推动机制，形成以党建扶贫为代表的具有中国减贫特色的扶贫方式，在减贫实际工作中充分发挥党组织的政治与组织优势，为打赢脱贫攻坚战提供有力组织保障。首先是通过外部资源下沉提升乡村治理水平，通过选派第一书记、驻村工作队，为基层治理提供新鲜血液，并给予资金建好基层党组织阵地，把党建优势转化为减贫治理优势，发挥党员先锋模范作用和基层战斗堡垒作用，有力改善了乡村贫困地区部分党组织软弱涣散、战斗力不强的局面。驻村帮扶是打通扶贫"最后一公里"的重要措施，是完成精准扶贫目标的重要保障，充分体现了中国式扶贫的制度优势。在实际工作中，第一书记与驻村工作队深入田间地头，与贫困群众话家常，为贫困群众积极出谋划策并有效整合多方资源，改善贫困群众的生活面貌。同时在党组织的带领下，通过"党建＋产业""党建＋致富带头人""党建＋扶志"等多样化的"党建＋"模式，激发乡村发展的内生力量，夯实贫困地区发展基底，提升农户的生计可持续发展能力。在村级党组织的动员中，农村居民改革发展的士气和内生动力得到极大的提升。如江西省赣州市是我国著名的革命老区，曾为新中国的成立做出重大贡献，由于历史、自然等因素，其贫困面比较广，是全国较大的集中连片特困地区之一。在脱贫攻坚工作中，赣州市继承并发扬苏区精神、长征精神等系列红色精神，从配备村"两委"、第一书记、驻村工作队到实行"大村长"制，协同合作促进乡村治理，为脱贫攻坚工作提供制度保障，并以"乡间夜话"活动、"家访制"等形式发挥党员干部先锋模范作用，帮助农村居民解决生活中的难题；同时在党建带领下积极壮大村集体经济，探索出"资源利用、产业带动、资产经营、服务创收、土地开发、政策利用、异地置业"7种发展模式，在增加农民收入

的同时，也有力地促进了扶贫开发工作与基层党建工作的良性互动。

随着脱贫攻坚战的全面收官，在农村减贫治理中，政府建立健全减贫帮扶体系，比较典型的则是对口帮扶，包括东西部协作和定点扶贫机制。帮扶体系的建立健全，加快了贫困地区脱贫致富的步伐，带动了地区经济社会发展，体现了国家以人为本、"先富帮后富"等发展理念。回首减贫之路，东西部扶贫协作机制已然成熟，在政府、企业、社会组织等多元主体的参与中，逐步建立了多层次、多形式、宽领域、全方位的协作体系，有效破解外部发展机会不足和内在可行路径狭窄的"双向抑制"困境，形成帮扶双方的长效共赢局面，构建从输血到造血、从造血到合作的发展路径，为脱贫攻坚和实现共同富裕提供了新路径。扶贫协作重要的就是在优势互补的基础上把握好"供给"与"需求"良好对接，深度挖掘、精准匹配供需，从经济援助到多领域深度合作，形成二者间的良好协作态势。扶贫实践表明，对口帮扶能够有效号召社会力量，搭建政府、企业、社会组织参与扶贫协作的平台，实现社会资源与市场机制的有效联合，并且在基层工作中锻炼和培养一批干部，把帮扶工作真正落到实处。如广西东兰县在深圳龙华区的扶贫协作、南方电网的对口帮扶中，建立完善"市、区、街道、社区＋企业＋社会组织＋个人"结对帮扶体系，形成"市县乡村"全覆盖的帮扶格局，推动产业梯度转移，以建设扶贫子母车间、引进高科技产业、加大资金帮扶力度等途径增收，改变了以往单向帮扶、参与度不高等情况，实现了帮扶主体间的双向互动、互利，进一步增强了区域发展协调性。根据帮扶双方自身的优势，聚焦于减贫治理，在经济发展中形成了二者长久的合作关系以及实现双方共赢的良好发展局面。

在脱贫攻坚统领经济社会发展的战役中，除了中央对贫困地区"自上而下"的扶持外，还实施了东部发达地区同西部贫困地区之间的区域协作。政府、社会、市场等主体的参与，也使得越来越多的贫困群众参与其中，调动了农村居民在乡村治理中的参与积极性，提升了农村居民的认同感，并在无形中恢复了他们在农村治理中的话语权，畅通了他们在农村治理中的利益表达机制，促进了农村基层治理现代化。

（五）发展与保护并重，协同治理共建和谐家园

在脱贫攻坚推进过程中，党和国家将精准扶贫思想与"两山"理论相结合，统筹经济效益、社会效益、生态效益，将贫困地区的减贫治理工作与生态环境保护相统一，最终实现经济发展过程中生态文明建设和减贫治理的"双赢"。从世界范围来看，这是我国在贫困治理过程中具有鲜明特征的一个原创性举措。我国深度贫困地区与重要生态功能区域和脆弱区域高度耦合。生态扶贫为解决这一类贫困地区的贫困问题提供了"中国方案"，体现着在"一个战场"上同时打赢脱贫攻坚与生态治理"两场战役"的"中国智慧"，对世界其他国家和地区贫困人口摆脱贫困、协同实现 2030 年联合国可持续发展目标具有重要借鉴意义。

生态扶贫其实是以较低的脱贫成本吸引较多的贫困户参与其中，找准政策引导和市场带动的结合点，并有效提升贫困群众内生动力，不以牺牲环境为代价脱贫，而是建立了一套较为完整的绿色转化机制，因地制宜地将绿水青山转化为金山银山，在保护中实现经济发展。中国率先在全世界范围内实现了土地退化"零增长"，荒漠化土地和沙化土地面积"双减少"。为让生态释放更多红利，各区域选聘一批生态护林员，加大森林资源管护力度。截至 2020 年，生态扶贫以部分贫困群众参与生态产业、生态搬迁等方式实现脱贫，累计直接带动 2600 万人增收脱贫，累计从建档在册的贫困群众中选聘了110.2 万名生态护林员，实现了生态环境保护和脱贫攻坚双赢，用"好生态"换"好生活"，用"好风景"换"好钱景"。回望基层减贫工作，在生态扶贫模式中涌现了一个个典型样本，如云南怒江通过构建生态政策帮扶链、保护发展链、产业就业链，增加贫困群众的收入，在实现脱贫攻坚中保护绿水青山，在保护生态中创造金山银山。2020 年怒江傈僳族自治州成为第四批"国家生

态文明建设示范州"，2019 年，怒江傈僳族自治州贡山独龙族怒族自治县获得生态环境部第三批"绿水青山就是金山银山"实践创新基地命名，为人类减贫事业提供了怒江样本。

我国地域辽阔、自然环境差异大，由此在扶贫实际中，也存在"一方水土养不活一方人"的情况，该类贫困群众不能依靠传统的扶贫手段实现就地脱贫致富。面对此种状况，政府在遵循贫困群众实际需求的情况下，坚持与新型城镇化相结合，对此类群体实施易地扶贫搬迁，展开了一场改变千万人命运的"大迁徙"。易地扶贫搬迁其实是一种由空间变动引起的扶贫实践，在搬迁中合理控制建设规模和成本，并逐步做到"搬得出""稳得住""能致富"。与其他扶贫手段相比，易地扶贫搬迁更多是在维持当地生态平衡，同时让贫困群众在新环境中实现可持续发展。在精准扶贫、精准脱贫的奋进征程中，基层政府在搬迁工作中抓住关键环节，建立了一套有序推进贫困群众搬迁工作的政策制度体系，在各部门的通力合作下构建协同治理的工作格局，并及时巡查整改，敢于较真碰硬，确保搬迁政策执行不走偏、工作落实不走样。如贵州省铜仁市为最大程度地释放易地扶贫搬迁政策红利，以中大规模城镇化安置为主，共有 29.36 万贫困人口搬进城区、园区，通过壮大村集体经济、"企业＋基地＋产业＋贫困户"等模式构建使贫困人口广泛参加的分享机制，并不断完善产业扶贫模式，真正做到了"换一方水土富一方人"。

（六）智志双扶，激发内生动力

党的十九大报告提出，坚决打赢脱贫攻坚战，坚持精准扶贫、精准脱贫，注重扶贫同扶志、扶智相结合。贫困群众既是治贫的对象、帮扶的对象，更是脱贫的主体、致富的奋斗者，需要各方的帮扶，更需要自身内在脱贫的动力、发展的动力、振兴的动力。贫困群众的精神面貌是检验他们是否脱贫、返贫的一项重要指标，如果忽略扶贫与扶志扶智相结合，一味强调物质富足、收入达标，就会掉入数字脱贫、短暂脱贫、间断返贫的泥淖无法自拔。在基层扶贫实践中，地方政府不仅注重客观世界、解决物质贫困，而且同样关注改造主观世界，在思想、文化和心理层面积极行动。首先是在扶贫理念中凸显了"扶志"的重要作用。通过政策宣传、创新教育引导方式、发挥先进典型引领示范作用等途径唤醒贫困群众的"精气神"，纠正"等靠要"等错误思维，凝聚脱贫攻坚的"正能量"，激活他们的内生动力，为努力实现高质量、可持续脱贫提供了重要保障。如针对贫困群众好逸恶劳、不愿脱贫，漫天要价、威逼要挟，依赖政府、得过且过，互相攀比、一味"拼穷"，不养老人、强行分户等突出问题，通过强化引导、标本兼治，落实责任，切实破除贫困群众"等靠要"等不良思想倾向的滋生和蔓延，不断激发他们脱贫致富的内生动力。其次是在扶贫方式上强调"扶智"。脱贫攻坚战不是仅仅为暂时地降低"贫困数字"，而是要从根源上解决贫困群众的致贫问题，永久性消除贫困基因。教育扶贫是提供人力资本、阻断贫困代际传递及促进社会公平正义的重要方式和手段。在脱贫攻坚战中，通过改善教育基础设施、提升师资力量、完善教育办学条件、政策性资助与社会性资助相结合等一系列措施，使得贫困地区的教育薄弱环节被改善，适龄学生接受教育得到保障。同时对贫困群众开展职业技能培训，开展岗位导向的就业技能训练，有效推动普通劳动力向技术人员的转化，有利于实现劳动力与就业岗位的有效衔接。在改善精神世界与知识培训结合影响下，激发贫困群众的内生动力，避免政策养懒汉，使他们都能够依靠双手勤劳致富。

三、多元主体与资源下沉：脱贫攻坚经验对乡村振兴的启示

贫困治理一直以来受到国际社会的重视。在这场没有硝烟的反贫困战斗中，中国政府交出了一份治理绝对贫困的完美答卷。在脱贫攻坚工作中，政府积极推动各项资源向农村贫困地区倾斜，打通城乡要素流通渠道，在外部力量的帮助下，与其内生动力相结合，优化扶贫资源结构，最大程度地发挥综合优

势,真正使乡村焕然一新,改善贫困群众生活面貌。2021 年中央一号文件强调,要坚决守住脱贫攻坚成果,做好巩固拓展脱贫攻坚成果同乡村振兴的有效衔接,工作不留空档,政策不留空白。脱贫攻坚取得的系列经验,为乡村振兴工作的稳步推进提供了借鉴意义。

（一）短期脱贫与长期发展相互结合

在脱贫攻坚阶段,更多的是解决贫困群众"两不愁三保障"的问题,通过发展产业、带动就业、低保等形式实现脱贫,在脱贫的同时也注重地区经济的增长,以经济增长的涓滴效应带贫,实现短期脱贫与长期发展的良性互动。从时间上来看,脱贫攻坚是一场决战,乡村振兴是一场持久战。脱贫攻坚是在短期内解决绝对贫困难题,帮助贫困群众脱贫致富;乡村振兴则是在长期内推动经济发展,改善乡村发展环境,实现乡村在新阶段的发展。因而要在时间上做好二者的衔接,乡村振兴以脱贫攻坚战取得的成就为基础,从目标、主体、工具等方面整体布局谋划,将减贫内嵌于经济社会发展中,使乡村全面振兴。从空间上来看,两大战略的实施侧重点不同。在脱贫攻坚时期,是致力于贫困地区的减贫,但在乡村振兴阶段,则是全国范围的一场农村治理改革。脱贫攻坚为乡村振兴补齐了短板,但是由于贫困地区的经济基础薄弱,所以要在乡村振兴阶段重点支持脱贫县中选取的重点帮扶县,继续巩固拓展现有脱贫成果并增强乡村居民的内生动力。从内容上来看,脱贫攻坚的重点是减贫,以脱贫攻坚统揽社会经济发展;乡村振兴则是要使乡村重新焕发生机,实现乡村现代化。但是这并不意味着乡村振兴阶段就没有贫困治理,而是反映在乡村发展的方方面面,贫困治理变成了推动乡村发展的一个点。因而在乡村振兴阶段,是从产业兴旺、生态宜居、乡风文明、治理有效、生活富裕五个方面循序渐进,同时兼顾贫困治理,从而推动乡村经济社会发展。

无论是脱贫攻坚还是乡村振兴阶段,都体现了"以人民为中心"的发展思想，先改善农村薄弱地区的发展环境以及解决低收入群体的吃穿难题，在补强薄弱环节之后，再从广大农村继续挖掘发展潜力，使遍布全国的乡村在新阶段焕发新的生机。在基层治理中，地方政府应积极践行"两山论"，不能盲目地发展产业或是承接产业落地，要在做好市场研判的情况下，结合村庄资源特点合理制定发展规划，并不断优化乡村产业发展结构、促进三产融合发展，探索"生态保护＋产业发展＋减贫"的可持续发展路径，实现经济效益和生态效益双丰收。同时在产业发展中提供技术支持，建立良好的运行模式，避免出现技术风险和营销瓶颈，从而推动乡村的良序发展。以产业为例，从全国范围来看，贫困地区在脱贫攻坚中大力发展特色产业，构建"龙头企业＋合作社＋农户""基地＋合作社＋农户"等利益联结机制，实现贫困群众增收。但是从长远来看，由于基层政府在实际工作中缺乏充分的市场调研，不可避免地出现产业同质化竞争、片面追求规模、发展后劲不足、销售难等情况。因此在乡村振兴战略实施阶段，应将产业发展与地区经济发展规划相结合，从整体上规划乡村产业的发展走向，对农村产业进行精准定位，遵循产业发展规律，不能急于求成，要一张蓝图绘到底，推动乡村产业持续健康成长。由于产业发展周期有长有短，因而在布局上要坚持长短结合，避免产业发展出现空档，且需注重有效拓宽农民增收渠道。

（二）三位一体协同参与，提升治理现代化水平

市场机制是经济增长和减贫的核心，但在资源调配中仍有失灵现象，此时就需要政府来进行调节。贫困治理究其本质是在扶贫场域中的公共治理，在某种程度上表现为准公共物品的供给，这也就决定了政府是扶贫过程的主角。扶贫是需要投入较多公共产品的服务领域。从政府以往的扶贫工作可以看出，出现小部分贫困群众对扶贫政策的依赖度较高而"搭便车"的行为，抑或是政府缺乏长远规划致使出现行政偏好与市场供求失衡现象，种种情况不利于扶贫工作的顺利推进。同时随着扶贫事业的纵深发展，公共事务治理的复杂性、政府

职能的局限性和社会力量的参与性在精准扶贫的过程中愈加明显，从现实层面提出了对政府角色转变的要求。为化解政府失灵及市场失灵带来的不利影响，在脱贫攻坚战中，国家动员社会力量参与扶贫治理工作，形成政府、市场及社会三位一体的扶贫治理大格局，并积极为市场主体、社会力量进入农村贫困地区设置绿色通道。通过出台系列优惠政策激励市场主体、社会力量参与农村贫困治理，盘活农村资源并培育特色产业，搭建平台号召社会组织进行志愿服务和结对帮扶，形成贫困治理合力。在扶贫场域里，社会组织进入农村地区及其发展壮大，为其参与减贫积蓄了潜能，并有效弥补了政府以及市场在扶贫开发中的不足，破解了扶贫工作中各主体碎片化参与的难题，推动了基层治理现代化。在乡村振兴战略实施阶段，"三位一体"的扶贫大格局，更是巩固拓展脱贫攻坚成果同乡村振兴有效衔接的保障。因此依旧要依托政府的决心和三位一体的协同治理机制运行效率的不断提高，调动社会各界力量积极参与农村发展，不断激发市场、参与主体和生产要素的活力，实现乡村面貌的焕然一新。

在新发展阶段，应基于乡村发展新变化，继续发挥社会主义制度的优势。首先要坚持"制度刚性"，做好巩固拓展脱贫攻坚成果的评估，与"以人为中心"的柔性管理相结合，从根本上改变"庸懒散"作风，塑造在人民群众中的良好形象。其次要强化"制度韧性"，在解决实际工作出现的问题时，善用创新思维，拥有敢于探索的勇气，并不断提高战略决策能力，使制度的内涵在解决不同问题时能够符合实际。最后要激发制度活力，从现有体制机制中"取其精华去其糟粕"，构建适用于乡村振兴阶段的治理体制机制。随着多元主体进入乡村，农民也逐渐被带动参与到乡村治理中，要充分调动广大农民的积极性、主动性、创造性，在依靠群众的基础上，不断完善村规民约，并注重村规民约、民风民俗等非正式制度的有效性，引导农民自我管理、自我教育、自我服务、自我提高，鼓励农民在实现自身价值的同时提升他们在乡村发展中的话语权，进一步提升乡村自治和德治水平，从而推动基层治理现代化。

（三）资源整合下的外援扶持与内生发展

1.乡村发展的外驱力

在脱贫攻坚中，国家积极动员社会资源下沉，在贫困地区搭建帮扶平台，使政府、企业和社会力量等帮扶主体在扶贫场域中发挥各自独特的优势。在扶贫实践中，各类帮扶主体在国家划定的贫困区域内动用大量的人力、物力、财力等资源来改善贫困地区的发展窘境，但由于贫困治理的主体较多，其性质、帮扶优势、帮扶策略和着力点也各有千秋，因此基层政府积极统筹各类帮扶主体，有效整合各主体所拥有的资源，提高扶贫资源的利用效率，形成帮扶合力。在外部扶持里，基本是以政府主导的扶贫方式为主，同时积极号召社会力量参与农村治理，打通城市要素下乡通道。在乡村振兴阶段，多元帮扶主体应立足于帮扶地区的资源禀赋条件，着眼于在提升帮扶地区的内生动力基础上的可持续发展，充分发挥不同主体所具有的知识、技术、经验等优势，帮助其制定科学合理的长远发展规划，将乡村发展融入周边城镇和区域发展大环境中，辐射带动乡村经济发展。此外，多层次、多形式、全方位的扶贫协作和对口支援格局，是我国社会主义制度优越性的充分体现。因而依然要致力于整合各类帮扶资源，深化对口帮扶工作，完善东西部结对帮扶关系，从产业合作或转移、资源互补、劳务对接、人才交流等方面延伸帮扶双方的利益联结链条。同时需要打造"西部优势"，增强帮扶项目之间的内在联系，在东西部协作中实现资源互相利用、市场优势互补，提升发展效率和质量，真正产生乡村发展的内在驱动力。

2.乡村发展的内驱力

（1）乡村产业

产业是乡村经济持续增长的主引擎，由于农业农村的现代化水平较低，我国农业农村的可持续发展、农民稳定增收存在较大难题，不利于城乡实现共同富裕。在脱贫攻坚阶段，脱贫地区的产业实现了从无到有的局面，但在市场竞争中处于弱势地位。在新发展阶段，首先应打造区域合作和产业承接发展平台，为区域承接产业转移、提升承接能力创造有利条件，从而推动传统产业转型。其次应充分发挥农业农村特色资源、劳动力、政策因素、市场需求等发展优势，构建高品质、多元化的现代乡村产业体系，积极发展乡村旅游、休闲农业等新产业新业态，并通过打造农业全产业链拓展产业增值增效空间，提升农业设施装备和科技支撑水平，把产业链主体留在县域甚至是乡村，让农民更多参与产业发展和分享增值收益。最后要构建农业对外开放格局，从行政审批、市场监管、金融服务、优惠政策等方面强化制度供给，同时要加大财政支农政策对乡村发展所需"硬件"和"软件"方面的投入，尤其是基础设施的数量供给和质量供给，为农村发展新业态提供保障。

（2）人才培育

减贫治理不仅依赖于政府主导的外援扶持，更重要的是贫困群众的内生动力。从脱贫攻坚到乡村振兴，不论是外部帮扶、输血式扶贫，还是内源发展、造血式扶贫，核心要素始终是人才。根据不同年龄段的贫困人口的特点，以教育扶贫、职业技能培训等措施切断贫困代际传递的路径，帮助贫困群众摆脱精神贫困，为脱贫地区的后续发展储备了更多的内生动力，为实现乡村现代化发展奠定了基础。教育扶贫其实是一个长期过程，见效周期比较长，在新的阶段依旧要持续地投入，才能产生好的社会效果。在乡村振兴全面推进之际，应持续关注教育资源均衡配置，促进受教育权利公平，提高劳动者文化素质，并增强欠发达地区劳动力核心竞争力。教育资源的均衡在一定程度上能够缩小地区间发展差距，实现社会的全面发展，进而真正满足人的需要。乡村人才供需矛盾突出、支撑不足，因而乡村振兴需要有思路、有高度的致富带头人，既要真抓实干，也要长远谋划。同时应营造人才留村的良好环境，制定吸引人才返乡入乡政策措施，注重激发农民的内生动力，培育本土人才，且激励各类人才流向农村、扎根基层。培育致富带头人，着力拓展致富带头人就业创业空间，努力营造示范带动的良好环境，从企业策划和管理、资金筹措和扶持等方面进行系统培训和跟踪帮扶，激发致富带头人的干事创业热情，让乡村真正美丽富足。

（四）畅通要素整合渠道，推动城乡融合发展

在政府、市场和社会组织互动模式的治理中，各方主体明确分工，又相互联系帮扶贫困地区和贫困群众，大大优化贫困治理结构。在乡村振兴阶段，依旧要坚持三位一体协同治理，强化有效市场、有为政府以及社会组织的结合度。一方面广大乡村应深化产权制度改革，以完善产权制度和要素市场化配置为重点，构建合理的土地、森林、矿产等资源交易市场，促使要素资源合理资产化和资本化。但是不能以盘活土地为振兴乡村的主要路径，而是要以人为中心、以发展产业为中心，来打破城乡二元结构，促进乡村振兴。另一方面要破除要素流通壁垒，完善相关顶层设计，推动资本、人才等资源下沉到乡村，激活乡村的要素市场，使资源、资金、人才等要素快速流向乡村，尤其是向脱贫地区、脱贫人口集聚。同时，地方政府要合理整合服务资源，创新乡村治理模式。农民群众也可以及时获得市场信息，积极将现有生产资料投入市场并进行运营，在外部资本、技术等要素的支撑下，拓宽增收渠道，进而推动城乡融合发展。总而言之，通过城乡要素市场改革，进一步推动城乡要素实现自由流动与平等交换，城乡间的发展差距将通过市场自由竞争的力量而逐步缩小。

区域间的关系都是从竞争走向竞合、从功能隔离走向功能融合、从分治走向共治。脱贫攻坚重要成果之一就是充分体现了"以城带乡"和全社会参与的力量。这一阶段，政府主要是发挥主导作用，在短时间内将大量资源汇集在贫困地区，以多元配套措施取得立竿见影的效果。在脱贫攻坚期间，主要是不断提升贫困地区经济发展水平，优化乡村发展结构，补齐乡村振兴的短板。在减贫的多种治理路径中，共通点是对现有资源的再分配，先唤醒乡村内部小循环的沉睡资源，逐步将各项资源打包投入乡村市场甚至是城市市场，产生更高的效率，进而能够在城乡之间流通，将乡村发展纳入区域经济的发展轨道。

城市相较于乡村而言，在经济基础、社会保障、治理水平等方面具有不可比拟的天然优势，其经济发展水平一直都高于乡村。脱贫攻坚在贫困地区实施

的外部财政、技术、制度资源的输入等系列措施，激发了本地发展的内生动力。在这一过程中，虽然我国城乡二元体制的局限仍未完全得到破解，但这对于城乡一体化融合发展有着重要的助推意义。因此在乡村振兴阶段，乡村地区的发展、减贫工作应以城乡融合发展为依托，应注重从整体视角中推动乡村经济发展，并与新型城镇化融合发展，二者形成良性互动，推动城乡资源双向流通，破解人民日益增长的美好生活需要和不平衡不充分的发展之间的矛盾。在推动城乡发展时，必须跳出城市或者乡村单一的视野，重视城市与乡村两个场域之间的互动以及城市化对乡村的辐射带动作用，将乡村振兴这一战略囊括于城乡融合、城乡一体的体制架构中展开。其关键是要挖掘"融合"路径。一方面是通过资源整合式的思路实现乡村的系统发展，通过产业辐射带动、教育扶贫、基础设施完善等提升精准扶贫支撑能力与改善居住环境，为农民致富增收打通渠道，同时也为破解城乡二元结构难题提供思路。另一方面是需要尽快破解城乡二元体制，以乡村人口城市化和乡村人口空间不断优化为基础，建立更为畅通的"以城带乡"模式，实现"城乡互促、融合发展"基础上的乡村振兴。在城市与乡村融合发展时，应符合当前国内国际双循环的大背景，在此构建起城乡间的小循环，以适宜的体制机制与政策指导支撑体系，强化乡村振兴制度性供给，统筹城乡两个地域空间中的人、财、物等资源要素在城乡间双向自由流动和平等交换，加速填平城乡二元结构的鸿沟。同时乡村振兴战略也强调产业、人才、文化、生态、组织等方面的全面振兴，多管齐下治理乡村贫困问题，迈向共同富裕。

第九章

结语与展望

脱贫摘帽不是终点，而是新生活、新奋斗的起点。"十四五"时期，需举全党全社会之力抓好脱贫攻坚与乡村振兴二者间的"接力棒"，跑出乡村振兴的"加速度"。"十四五"规划把不断巩固拓展脱贫攻坚成果、全面推进乡村振兴战略列为"十四五"时期经济社会发展的主要目标，需要弘扬脱贫攻坚精神、立足新发展阶段、贯彻新发展理念，以乡村振兴战略推进"三农"工作重心的历史性转移。乡村振兴是实现中华民族伟大复兴的一项重大任务，其深度、广度、难度都不亚于脱贫攻坚。本章立足新发展态势，分析了由脱贫攻坚向乡村振兴转变的难点与挑战，提出要坚持弘扬脱贫攻坚精神，乘势而上，接续奋斗，从政策制度、路径方法以及保障机制等方面做好脱贫攻坚与乡村振兴的有效衔接，在脱贫攻坚以人为本的思想价值引领下，全面推进乡村振兴战略实施，推动农业全面升级、农村全面进步、农民全面发展。

一、结语：立足现实需求，谋划未来发展

全面打赢打好脱贫攻坚战和实施乡村振兴战略是为实现"两个一百年"奋斗目标的重大决策部署。脱贫攻坚取得了伟大成就，农村贫困人口全部脱贫，贫困地区社会经济迅速发展，脱贫群众精神面貌焕然一新，这是中华民族几千年来首次整体消除绝对贫困的伟大历史发展。在贫困地区和贫困人口脱贫摘帽后，巩固

脱贫攻坚重大成果，全面推动乡村振兴成为欠发达地区实现经济可持续发展的重要举措。在乡村振兴和"十四五"规划时期，需要立足现实需求，总结历史经验，谋划未来发展，做好脱贫攻坚与乡村振兴的有效衔接，消除后脱贫时代返贫忧患。

（一）阶段性发展到可持续发展

脱贫攻坚战不仅完成了消除绝对贫困的艰巨任务，而且凝聚了伟大的脱贫攻坚精神合力。习近平总书记指出："脱贫攻坚伟大斗争，锻造形成了'上下同心、尽锐出战、精准务实、开拓创新、攻坚克难、不负人民'的脱贫攻坚精神。"当前，我国社会的主要矛盾已经转变为"人民日益增长的美好生活需要和不平衡不充分的发展之间的矛盾"，实现了从物质到精神的跨越。这一特殊的过渡时期，乡村振兴战略成为实现这一历史跨越的重要媒介。脱贫攻坚和乡村振兴具有理念上的相通性和阶段上的递进性，两者之间既存在着"以人民为中心""实现共同富裕"的高度耦合，也存在着特惠性与普惠性的较大差异。一是在时间和空间上。脱贫攻坚的工作重点主要在第一个百年目标末期，为消除绝对贫困开展"点对点"的靶向扶贫，政府参与度较高，以输血式扶贫实现全国整体脱贫摘帽。乡村振兴则是在脱贫攻坚的基础上推进，贯穿于第二个百年目标，实现脱贫攻坚期间新兴的"短平快"扶贫工程可持续发展以及解决长期发展造成的区域发展不平衡不充分问题，缩小区域差距、城乡差距。二是脱贫能力方面。脱贫攻坚主要体现的是福利性，由各界力量提供物资和资金提高贫困群众脱贫的能力，这样做容易产生"福利依赖"；乡村振兴则在脱贫的基础上优化基层组织、提升农村人口文化素养、加大科技和人才的投入，实现乡村治理改革，从而激发农村人口内生动力，增强致富能力，推动乡村经济社会发展。

（二）伟大成就与有效衔接难点

习近平总书记在全国脱贫攻坚总结表彰大会上指出："纵览古今、环顾全球，没有哪一个国家能在这么短的时间内实现几亿人脱贫，这个成绩属于中国，也属于世界，为推动构建人类命运共同体贡献了中国力量！"脱贫攻坚的核心思想在于精准识别和分类施策，坚持发展与保护并重的理念，由政府主导，把发展作为解决贫困的根本路径，动员全社会参与，构建大扶贫格局。脱贫攻坚的全面胜利，一是完善了贫困地区的基础设施，提升了区域公共服务水平，使贫困地区面貌和贫困人口精神面貌焕然一新。通过一系列的减贫扶贫措施，贫困地区人口的生活得到了明显的改善，贫困户都能住上安全的房子、孩子都能上得起学，大大缩小了贫困地区与非贫困地区之间的差异。二是开发了适宜贫困地区发展的扶贫产业。国家资源资金有限，一味地输血式扶贫并不能从根本上解决贫困问题。因此，在政府的主导下，贫困地区借力发力，因地制宜开发农业、文化、纺织等扶贫产业，解决了贫困地区人口就业难导致的贫困问题，从而激发了贫困人口的内生动力，增加了他们的经济收入。三是健全帮扶和治理体系。脱贫攻坚是全社会参与的攻坚战，坚持党建引领，形成"五级书记抓扶贫""对口帮扶"等"党建+"的扶贫体系，充分发挥我国的政治优势和制度优势，为基层党组织注入新鲜血液，提升乡村治理能力。

脱贫攻坚任务之艰、规模之大、成效之巨、影响之深前所未有，是改变中国命运的伟大决战，创造了一项彪炳史册的伟业，树起了一座光耀千秋的丰碑。在后脱贫时代，我国将如何巩固这一伟大成果，如何将中华民族谋复兴持续到底，做好脱贫攻坚和乡村振兴的有效衔接，还有许多难点和挑战。一是城乡、区域发展不平衡问题突出。脱贫攻坚期间，农村地区的基础设施、教育水平、医疗水平等各方面尽管有很大提升，但仍与城镇存在较大差距。同时我国东、中、西部地区发展也存在较大差异。乡村振兴解决城乡、区域的发展不平衡问题，打破乡村要素市场壁垒，实现城乡一体化发展的任务还很艰巨。二是经济社会发展的可持续性有待突破。首先是在政策延续上，如何将脱贫攻坚的政策特指性转化为乡村振兴的普适性，减少政策和资金的参与，加强市场参与，使政府和市场有机结合是有效衔接的难点。其次是扶贫产业的可持续发展，脱贫攻坚时期开发的各类扶贫产业其实发展质量并不高，缺乏人才、技术方面的引导以及外部要素的支撑，导致产业发展单一。乡村振兴战略要打造三产融合的全产业链模式，将新兴扶贫产业有机联合，形成更大的经济体，这些都是衔接期间的重大挑战。三是现代化治理体系的与时俱进面临严峻考验。由于城乡经济发展的不平衡，大量青壮年劳动力外出，农村缺乏有效劳动力，导致农村建设主体缺乏。脱贫攻坚期间农村人口的文化水平和道德素质都有很大提高，但人力资本的积累需要很长的时间，故而如何培育新型职业农民，优化基层组织治理，吸引优秀人才返乡建设现代化新农村等都将是乡村振兴与脱贫攻坚有效衔接面临的难点课题。

（三）有效衔接与政策机制保障

脱贫攻坚解决了贫困人口的基本生存问题，脱贫人口的精神面貌得到很大提升，脱贫地区经济社会的发展得到很大改善，但脱贫人口的持续发展能力不强，脱贫地区发展基础薄弱的问题还比较突出。我国实现全面脱贫后，"三农"工作重心转向乡村振兴战略，应聚焦农村长期发展问题，从几个方面做好脱贫成果巩固和乡村振兴战略的有效衔接：一是确保政策的可持续性。在脱贫攻坚向乡村振兴过渡时期内，要严格落实摘帽不摘责任、摘帽不摘政策、摘帽不摘帮扶、摘帽不摘监管的要求，避免脱贫人口因政策退出引发的返贫和新贫困。同时要认清现阶段保障标准，对于部分过度保障政策应予以退出，杜绝脱贫人口的过度"福利依赖"。二是切实提升可持续发展能力。脱贫攻坚开发了许多产业，也为贫困群众提供了就近就业的机会，激发了贫困群众的内生动力。乡村振兴阶段要做好各类特色产业及扶贫产业的可持续发展问题，将"短平快"的扶贫产业发展壮大，持续为欠发达地区提供就业岗位，创造机会并吸引人才到欠发达地区发挥作用，不断提升欠发达地区可持续发展的能力。三是完善欠发达地区基础设施和公共服务。我国虽已实现全面脱贫，但城乡差距、区域差距仍然存在。

要实现乡村振兴宏伟蓝图，还需要统筹城乡发展现状，不断完善欠发达地区基础设施和公共服务，提升人居环境，实现城乡服务均等化。其中需要特别关注易地扶贫搬迁地区后续建设工作，避免因搬离原来生活区域到新区域后生活要素短缺导致的新贫困。四是强化扶贫同"扶智"和"扶志"相结合。后扶贫时代，脱贫人口自身发展能力较弱，"福利依赖"思想严重，导致其发展的内生动力不足。脱贫攻坚与乡村振兴有效衔接，需要同"扶智""扶志"相结合，传承发扬我国优秀传统文化，建立激励机制，加强脱贫人口发展致富的思想动力。

脱贫攻坚向乡村振兴的过渡，需要规范有效的政策机制保障。从针对性的扶贫政策与整体性的振兴政策衔接出发，乡村振兴既要延伸针对性扶贫政策，又要全局谋划惠及整体乡村发展的政策。脱贫攻坚关注的是贫困地区的贫困人口生存和发展问题，乡村振兴战略则围绕乡村经济、文化、生态、治理制度等多元化主体发展。二者之间从个体到整体的转变，需要强化薄弱环节政策，增设新的有效衔接政策，为脱贫攻坚与乡村振兴有效衔接保驾护航。建立长效机制是巩固脱贫成果的重要途径，能够有效防止脱贫人口返贫。社会参与能够有效弥补政府与市场在巩固脱贫攻坚成果中的不足，为产业长效发展增添社会能量。发展不能以生态破坏为代价，在全面推进乡村振兴战略的同时，党委、政府需统筹规划，正确引领，建立健全生态补偿机制，实现乡村绿色经济高效发展。

二、展望：乡村发展生动力

"三农"问题是关系国计民生的根本问题，当前我国发展不平衡不充分问题主要表现在农村，实现国家现代化的前提必须是实现农业现代化。农村是一个可以大有作为的广阔天地。脱贫攻坚以来，国家向农村投入大量人力、物力。全面推动乡村振兴战略过程中，可借鉴脱贫攻坚经验，科学把握各地区的差异和特点，因地制宜、循序渐进，为解决新时代我国社会主要矛盾、实现中华民族伟大复兴中国梦贡献力量。我国坚持将帮扶与发展工作纳入乡村振兴的总框架下统筹推进，坚持一张蓝图绘到底，以政策为牵引，推动社会、市场协同发力，在政府的有效治理下，实现市场在资源配置中起决定性作用，转变经济发展方式和政府职能，提高区域发展效率。乡村振兴有效延续了扶贫产业发展，以农业供给侧改革为主线，坚持质量兴农、绿色兴农，构建农业产业体系、生产体系、经营体系，提高农业全要素生产率，实现一二三产业的融合互动（"1+2+3=6"），即第六产业的发展。乡村振兴极大地发挥我国政策优势和制度优势，基层组织建设不断优化，乡村治理也更加现代化。在不断加强基础设施建设和公共服务过程中，吸引大量人才到农村工作，为农村发展带来知识和技术，培养符合现代化农村发展需要的新型职业农民，带领欠发达地区的群众共同富裕。"党建引领，绿色发展"是我国始终坚持构建的农村工作格局。乡村振兴阶段，农村居民的精神需求大大提升，基层党组织不断优化农村治理能力，通过农村综合改革，实现城乡融合发展，改善农村居住环境，盘活土地资源，积极发展特色产业，将农业资源优势转化为生态经济优势，构建农村多元主体共同发展、人民共同富裕新格局。

（一）政府和市场有机结合的区域发展新态势

乡村振兴是实现我国第二个百年目标的重要战略，以人民共同富裕为目标，重点关注我国城乡、区域差距大的问题，发扬脱贫攻坚精神，借鉴脱贫攻坚成果经验，不断加强统筹协调，优化区域发展布局。乡村振兴明确了要素市场化配置改革是完善社会主义市场经济体制的重点任务，准确把握当下发展形势，退出脱贫攻坚期的过度依赖性政策，以土地、劳动力、资本、技术、数据等生产要素为重点出台推动乡村振兴发展的政策，健全要素市场体系，将市场有效配置和政府兜底有机结合，切实提高资源配置效率和全要素生产率。

1.优胜劣汰的竞争政策

巩固脱贫攻坚成果，推动乡村振兴实施必须将原来福利效应过高、依赖过度的政策退出，需要重新统筹谋划刺激要素市场发展的新政策。从改革的角度和竞争政策的功能看，竞争政策的确可以助推解决改革面临的一些难点问题、机制体制问题。由脱贫攻坚到乡村振兴是一次发展目标的改革，乡村振兴重点进行农村综合改革。这两个方面的改革推动了政策间的博弈，不仅要退出部分政策，更需要新的政策力量守住底线，做好监管兜底衔接。通过政策博弈竞争，不适应乡村振兴战略发展的政策逐渐退出，以市场要素需求为主的新政策出台，推动了农村土地制度改革，盘活农村土地资源市场，并有针对性地提供资源和资金等方面的政策支持，培养欠发达地区自我发展的能力，逐步解决涉及全国统一市场和公平竞争的机制体制问题。

2.城乡要素配置优化

我国长期以来的二元体制壁垒导致了城乡空间和经济结构上的差异，造成农村要素单向流向城市。乡村振兴战略的核心是发展农村，提升农村发展能力，形成与城市间的要素互通。乡村振兴战略下，不断实现城乡要素的平等交换和公共资源均衡配置，建立健全政策保障机制，推进乡村发展并引导城市要素到农村，实现要素有效配置。乡村振兴的目标是使农村产业兴旺、生态宜居、乡风文明、治理有效和生活富裕。脱贫攻坚目标的实现，一方面激发了农村居民的内生动力，使其积极主动参与到农村建设中；另一方面提升了农村吸引力，吸引城市要素资源向农村流动，为农村发展注入动能，提升农村自我发展能力，进一步实现城乡融合发展。

（二）乡村经济多元化

乡村振兴，关键是产业振兴。各地立足当地特色资源，因地制宜发展特色产业，延伸农产品精深加工链条，开拓农产品及附加产品销售市场，推动一二三产业融合发展。乡村振兴有效将政府、企业和社会组织融入乡村发展，其中政府在政策支持和法律保障方面发挥重要作用，企业是带动农民合作社、家庭农场等集体经济发展壮大的运作主体，社会组织以宣传、资助等形式发动和鼓励社会各界力量参与乡村振兴事业。随着政府与市场协调发展和乡村振兴的全面推动，农民已经不再只扮演生产者的角色，他们获得了更多的资源自由。尤其是乡村产业发展以来，农民更是以经营者的身份参与到市场中发挥作用，形成多元化乡村经济经营模式。在市场经济有效发展的大环境下，农村经济发展也将展开新的局面，迫切需要探索建立现代化农业产业体系。为实现乡村经济多元化发展，增加农民收益，农民从生产者的身份转向经营者，大力发展产业，整合各类资源，以市场需求为导向，开展农产品深加工，延伸农业产业链条。同时，开发乡村旅游、农村电商等产业，延续农产品销售环节，打造全产业链发展模式，推动第六产业发展，使第一产业逐步变身为综合产业，进一步推动乡村振兴战略的实施。

（三）人才流动添活力

长期以来城乡要素不均衡，导致农村大量人才外流且人才流入困难，农村现有的人才队伍数量不足、质量不高、活力不够，出现农村经济发展与人才支撑衔接不紧的状况，故而人力资本的开发成为乡村振兴的关键。乡村振兴的各方面建设，都需要优质的人才队伍来实施，需要采取多种措施调动各类人才的积极性，引入并培养出高水平、高质量的领军人才队伍，助力乡村振兴。一是"借高引低"推动人才多层次流动。乡村振兴涉及产业、生态、文化等多个领域，需要各个领域高水平、高知识的专家。但是由于农村交通、信息等基础设施欠发达以及工作体制机制限制，许多高端人才不便下乡进村，故而需以信息化手段向高层次人才借智借才。高层次专家的专业技术、科研成果等通过各类媒体线上信息化形式传递到农村，实现"人""才"分离，"才流而人不动"，最大程度实现知识、技术、经验的共享。二是"上下联动"形成人才环流。把引导人才向农村流动作为农村农业发展的原动力，在乡村振兴战略优势下，不断强化产业发展，延伸产业链条，吸引不同领域人才下乡进村，形成多领域人才融合，有效推动农村经济多元化发展。同时，一些扎根在农村的优秀人才缺少施展才能的空间和平台，导致其专业技术、知识更新缓慢，因而需要在政策领域优化职务晋升渠道，拓展基层人才发展空间。人才环流不仅要让人才"沉得住"，还要让人才"上得来"，引导人才双向流动，形成上下联动的良好态势，提升农民致富能力。三是培养新型职业农民。人才流动是乡村振兴战略实施的关键，同时，如何留住原有农村居民同样重要，坚持"重引轻留"，为农村积累人力资源的同时也要注重原有人口的培养。随着农业经济多元化发展，原有的农民与农村现代化发展的衔接不够紧密，需要采取技术、经营等方面的培训，改变原有农民生产经营方式，培养新型职业农民，助推农业高质量发展。

（四）"红色"引领"绿色"发展

基层党组织担负着推动发展、服务群众、凝聚人心、促进和谐的重要责任。推进农村基层党组织建设，能够有效完善乡村治理体系，加强乡村治理能力，提高农村居民生活质量。全面推动乡村振兴战略发展，必须牢牢守住生态底线。进入新时代以来，农村产业发展产生的面源污染以及乡镇新兴工业带来的点源污染，导致农村生态环境面临严峻考验。乡村振兴战略的实施，必须完善优化基层组织建设，引导乡村以自然恢复为主、人工修复为辅推进乡村生态平衡和可持续发展。乡村振兴以生态环境问题为导向，构建"党建 + 生态"的良性循环模式，加强基层党员干部教育管理，从根本上改变基层党员干部在乡村振兴工作中积极性不高的问题，密切农村党群关系，建立良好的农村政治生态，鼓励农村群众为乡村振兴出谋划策。一方面，基层党员干部发挥"领头雁"引领作用。按照绿色发展新理念着重培养真正爱护生态环境的党员领导干部，增强基层党组织的整体治理能力和自身建设能力，用实际行动践行"红色"引领"绿色"生态新发展理念。另一方面是以有效的生态治理反哺基层党建。乡村生态治理得好不好，农民主要看基层组织是否发挥作用。要把绿水青山变成金山银山，基层党组织必须坚持以生态环境问题为导向，以人民对农村美好环境的向往为出发点，把资源损耗、材料损失、环境污染等系列指标纳入基层党员干部生态文明考评体系中，通过科学合理的考评内容来保障生态文明建设考评指标体系的有效落实，从而建设治理能力强和自身建设能力强的基层党组织，促进乡村生态发展，孕育可持续发展之花。

附录

中共中央 国务院关于实现巩固拓展脱贫攻坚成果同乡村振兴有效衔接的意见

打赢脱贫攻坚战、全面建成小康社会后，要进一步巩固拓展脱贫攻坚成果，接续推动脱贫地区发展和乡村全面振兴。为实现巩固拓展脱贫攻坚成果同乡村振兴有效衔接，现提出如下意见。

一、重大意义

党的十八大以来，以习近平同志为核心的党中央把脱贫攻坚摆在治国理政的突出位置，作为实现第一个百年奋斗目标的重点任务，纳入"五位一体"总体布局和"四个全面"战略布局，作出一系列重大部署和安排，全面打响脱贫攻坚战，困扰中华民族几千年的绝对贫困问题即将历史性地得到解决，脱贫攻坚成果举世瞩目。到 2020 年我国现行标准下农村贫困人口全部实现脱贫、贫困县全部摘帽、区域性整体贫困得到解决。"两不愁"质量水平明显提升，"三保障"突出问题彻底消除。贫困人口收入水平大幅度提高，自主脱贫能力稳步增强。贫困地区生产生活条件明显改善，经济社会发展明显加快。脱贫攻坚取得全面胜利，提前 10 年实现《联合国 2030 年可持续发展议程》减贫目标，实现了全面小康路上一个都不掉队，在促进全体人民共同富裕的道路上迈出了坚实一步。完成脱贫攻坚这一伟大事业，不仅在中华民族发展史上具有重要里程碑意义，更是中国人民对人类文明和全球反贫困事业的重大贡献。

脱贫攻坚的伟大实践，充分展现了我们党领导亿万人民坚持和发展中国特色社会主义创造的伟大奇迹，充分彰显了中国共产党领导和我国社会主义制度的政治优势。脱贫攻坚的伟大成就，极大增强了全党全国人民的凝聚力和向心力，极大增强了全党全国人民的道路自信、理论自信、制度自信、文化自信。

这些成就的取得，归功于以习近平同志为核心的党中央坚强领导，习近平总书记亲自谋划、亲自挂帅、亲自督战，推动实施精准扶贫精准脱贫基本方略；归功于全党全社会众志成城、共同努力，中央统筹、省负总责、市县抓落实，省市县乡村五级书记抓扶贫，构建起专项扶贫、行业扶贫、社会扶贫互为补充的大扶贫格局；归功于广大干部群众辛勤工作和不懈努力，数百万干部战斗在扶贫一线，亿万贫困群众依靠自己的双手和智慧摆脱贫困；归功于行之有效的政策体系、制度体系和工作体系，脱贫攻坚政策体系覆盖面广、含金量高，脱贫攻坚制度体系完备、上下贯通，脱贫攻坚工作体系目标明确、执行力强，为打赢脱贫攻坚战提供了坚强支撑，为全面推进乡村振兴提供了宝贵经验。

脱贫摘帽不是终点，而是新生活、新奋斗的起点。打赢脱贫攻坚战、全面建成小康社会后，要在巩固拓展脱贫攻坚成果的基础上，做好乡村振兴这篇大文章，接续推进脱贫地区发展和群众生活改善。做好巩固拓展脱贫攻坚成果同乡村振兴有效衔接，关系到构建以国内大循环为主体、国内国际双循环相互促进的新发展格局，关系到全面建设社会主义现代化国家全局和实现第二个百年奋斗目标。全党务必站在践行初心使命、坚守社会主义本质要求的政治高度，充分认识实现巩固拓展脱贫攻坚成果同乡村振兴有效衔接的重要性、紧迫性，举全党全国之力，统筹安排、强力推进，让包括脱贫群众在内的广大人民过上更加美好的生活，朝着逐步实现全体人民共同富裕的目标继续前进，彰显党的根本宗旨和我国社会主义制度优势。

二、总体要求

（一）指导思想

以习近平新时代中国特色社会主义思想为指导，深入贯彻党的十九大和十九届二中、三中、四中、五中全会精神，坚定不移贯彻新发展理念，坚持稳中求进工作总基调，坚持以人民为中心的发展思想，坚持共同富裕方向，将巩固拓展脱贫攻坚成果放在突出位置，建立农村低收入人口和欠发达地区帮扶机制，健全乡村振兴领导体制和工作体系，加快推进脱贫地区乡村产业、人才、文化、生态、组织等全面振兴，为全面建设社会主义现代化国家开好局、起好步奠定坚实基础。

（二）基本思路和目标任务

脱贫攻坚目标任务完成后，设立 5 年过渡期。脱贫地区要根据形势变化，理清工作思路，做好过渡期内领导体制、工作体系、发展规划、政策举措、考核机制等有效衔接，从解决建档立卡贫困人口"两不愁三保障"为重点转向实现乡村产业兴旺、生态宜居、乡风文明、治理有效、生活富裕，从集中资源支持脱贫攻坚转向巩固拓展脱贫攻坚成果和全面推进乡村振兴。到 2025 年，脱贫攻坚成果巩固拓展，乡村振兴全面推进，脱贫地区经济活力和发展后劲明显增强，乡村产业质量效益和竞争力进一步提高，农村基础设施和基本公共服务水平进一步提升，生态环境持续改善，美丽宜居乡村建设扎实推进，乡风文明建设取得显著进展，农村基层组织建设不断加强，农村低收入人口分类帮扶长效机制逐步完善，脱贫地区农民收入增速高于全国农民平均水平。到 2035 年，脱贫地区经济实力显著增强，乡村振兴取得重大进展，农村低收入人口生活水平显著提高，城乡差距进一步缩小，在促进全体人民共同富裕上取得更为明显的实质性进展。

（三）主要原则

——坚持党的全面领导。坚持中央统筹、省负总责、市县乡抓落实的工作机制，充分发挥各级党委总揽全局、协调各方的领导作用，省市县乡村五级书记抓巩固拓展脱贫攻坚成果和乡村振兴。总结脱贫攻坚经验，发挥脱贫攻坚体制机制作用。

——坚持有序调整、平稳过渡。过渡期内在巩固拓展脱贫攻坚成果上下更大功夫、想更多办法、给予更多后续帮扶支持，对脱贫县、脱贫村、脱贫人口扶上马送一程，确保脱贫群众不返贫。在主要帮扶政策保持总体稳定的基础上，分类优化调整，合理把握调整节奏、力度和时限，增强脱贫稳定性。

——坚持群众主体、激发内生动力。坚持扶志扶智相结合，防止政策养懒汉和泛福利化倾向，发挥奋进致富典型示范引领作用，激励有劳动能力的低收入人口勤劳致富。

——坚持政府推动引导、社会市场协同发力。坚持行政推动与市场机制有机结合，发挥集中力量办大事的优势，广泛动员社会力量参与，形成巩固拓展脱贫攻坚成果、全面推进乡村振兴的强大合力。

三、建立健全巩固拓展脱贫攻坚成果长效机制

（一）保持主要帮扶政策总体稳定。过渡期内严格落实"四个不摘"要求，摘帽不摘责任，防止松劲懈怠；摘帽不摘政策，防止急刹车；摘帽不摘帮扶，防止一撤了之；摘帽不摘监管，防止贫困反弹。现有帮扶政策该延续的延续、该优化的优化、该调整的调整，确保政策连续性。兜底救助类政策要继续保持稳定。落实好教育、医疗、住房、饮水等民生保障普惠性政策，并根据脱贫人

口实际困难给予适度倾斜。优化产业就业等发展类政策。

（二）健全防止返贫动态监测和帮扶机制。对脱贫不稳定户、边缘易致贫户，以及因病因灾因意外事故等刚性支出较大或收入大幅缩减导致基本生活出现严重困难户，开展定期检查、动态管理，重点监测其收入支出状况、"两不愁三保障"及饮水安全状况，合理确定监测标准。建立健全易返贫致贫人口快速发现和响应机制，分层分类及时纳入帮扶政策范围，实行动态清零。健全防止返贫大数据监测平台，加强相关部门、单位数据共享和对接，充分利用先进技术手段提升监测准确性，以国家脱贫攻坚普查结果为依据，进一步完善基础数据库。建立农户主动申请、部门信息比对、基层干部定期跟踪回访相结合的易返贫致贫人口发现和核查机制，实施帮扶对象动态管理。坚持预防性措施和事后帮扶相结合，精准分析返贫致贫原因，采取有针对性的帮扶措施。

（三）巩固"两不愁三保障"成果。落实行业主管部门工作责任。健全控辍保学工作机制，确保除身体原因不具备学习条件外脱贫家庭义务教育阶段适龄儿童少年不失学辍学。有效防范因病返贫致贫风险，落实分类资助参保政策，做好脱贫人口参保动员工作。建立农村脱贫人口住房安全动态监测机制，通过农村危房改造等多种方式保障低收入人口基本住房安全。巩固维护好已建农村供水工程成果，不断提升农村供水保障水平。

（四）做好易地扶贫搬迁后续扶持工作。聚焦原深度贫困地区、大型特大型安置区，从就业需要、产业发展和后续配套设施建设提升完善等方面加大扶持力度，完善后续扶持政策体系，持续巩固易地搬迁脱贫成果，确保搬迁群众稳得住、有就业、逐步能致富。提升安置区社区管理服务水平，建立关爱机制，促进社会融入。

（五）加强扶贫项目资产管理和监督。分类摸清各类扶贫项目形成的资产底数。公益性资产要落实管护主体，明确管护责任，确保继续发挥作用。经营性资产要明晰产权关系，防止资产流失和被侵占，资产收益重点用于项目运行管护、巩固拓展脱贫攻坚成果、村级公益事业等。确权到农户或其他经营主体的扶贫资产，依法维护其财产权利，由其自主管理和运营。

四、聚力做好脱贫地区巩固拓展脱贫攻坚成果同乡村振兴有效衔接重点工作

（六）支持脱贫地区乡村特色产业发展壮大。注重产业后续长期培育，尊重市场规律和产业发展规律，提高产业市场竞争力和抗风险能力。以脱贫县为单位规划发展乡村特色产业，实施特色种养业提升行动，完善全产业链支持措施。加快脱贫地区农产品和食品仓储保鲜、冷链物流设施建设，支持农产品流通企业、电商、批发市场与区域特色产业精准对接。现代农业产业园、科技园、产业融合发展示范园继续优先支持脱贫县。支持脱贫地区培育绿色食品、有机农产品、地理标志农产品，打造区域公用品牌。继续大力实施消费帮扶。

（七）促进脱贫人口稳定就业。搭建用工信息平台，培育区域劳务品牌，加大脱贫人口有组织劳务输出力度。支持脱贫地区在农村人居环境、小型水利、乡村道路、农田整治、水土保持、产业园区、林业草原基础设施等涉农项目建设和管护时广泛采取以工代赈方式。延续支持扶贫车间的优惠政策。过渡期内逐步调整优化生态护林员政策。统筹用好乡村公益岗位，健全按需设岗、以岗聘任、在岗领补、有序退岗的管理机制，过渡期内逐步调整优化公益岗位政策。

（八）持续改善脱贫地区基础设施条件。继续加大对脱贫地区基础设施建设的支持力度，重点谋划建设一批高速公路、客货共线铁路、水利、电力、机场、通信网络等区域性和跨区域重大基础设施建设工程。按照实施乡村建设行动统一部署，支持脱贫地区因地制宜推进农村厕所革命、生活垃圾和污水治理、村容村貌提升。推进脱贫县"四好农村路"建设，推动交通项目更多向进村入户倾斜，因地制宜推进较大人口规模自然村（组）通硬化路，加强通村公路和村内主干道连接，加大农村产业路、旅游路建设力度。加强脱贫地区农村防洪、灌溉等中小型水利工程建设。统筹推进脱贫地区县乡村三级物流体系建设，实施"快递进村"工程。支持脱贫地区电网建设和乡村电气化提升工程实施。

（九）进一步提升脱贫地区公共服务水平。继续改善义务教育办学条件，加强乡村寄宿制学校和乡村小规模学校建设。加强脱贫地区职业院校（含技工院校）基础能力建设。继续实施家庭经济困难学生资助政策和农村义务教育学生营养改善计划。在脱贫地区普遍增加公费师范生培养供给，加强城乡教师合理流动和对口支援。过渡期内保持现有健康帮扶政策基本稳定，完善大病专项救治政策，优化高血压等主要慢病签约服务，调整完善县域内先诊疗后付费政策。继续开展三级医院对口帮扶并建立长效机制，持续提升县级医院诊疗能力。加大中央倾斜支持脱贫地区医疗卫生机构基础设施建设和设备配备力度，继续改善疾病预防控制机构条件。继续实施农村危房改造和地震高烈度设防地区农房抗震改造，逐步建立农村低收入人口住房安全保障长效机制。继续加强脱贫地区村级综合服务设施建设，提升为民服务能力和水平。

五、健全农村低收入人口常态化帮扶机制

（十）加强农村低收入人口监测。以现有社会保障体系为基础，对农村低保对象、农村特困人员、农村易返贫致贫人口，以及因病因灾因意外事故等刚性支出较大或收入大幅缩减导致基本生活出现严重困难人口等农村低收入人口开展动态监测。充分利用民政、扶贫、教育、人力资源社会保障、住房城乡建设、医疗保障等政府部门现有数据平台，加强数据比对和信息共享，完善基层主动发现机制。健全多部门联动的风险预警、研判和处置机制，实现对农村低收入人口风险点的早发现和早帮扶。完善农村低收入人口定期核查和动态调整机制。

（十一）分层分类实施社会救助。完善最低生活保障制度，科学认定农村低保对象，提高政策精准性。调整优化针对原建档立卡贫困户的低保"单人户"政策。完善低保家庭收入财产认定方法。健全低保标准制定和动态调整机制。加大低保标准制定省级统筹力度。鼓励有劳动能力的农村低保对象参与就业，

在计算家庭收入时扣减必要的就业成本。完善农村特困人员救助供养制度，合理提高救助供养水平和服务质量。完善残疾儿童康复救助制度，提高救助服务质量。加强社会救助资源统筹，根据对象类型、困难程度等，及时有针对性地给予困难群众医疗、教育、住房、就业等专项救助，做到精准识别、应救尽救。对基本生活陷入暂时困难的群众加强临时救助，做到凡困必帮、有难必救。鼓励通过政府购买服务对社会救助家庭中生活不能自理的老年人、未成年人、残疾人等提供必要的访视、照料服务。

（十二）合理确定农村医疗保障待遇水平。坚持基本标准，统筹发挥基本医疗保险、大病保险、医疗救助三重保障制度综合梯次减负功能。完善城乡居民基本医疗保险参保个人缴费资助政策，继续全额资助农村特困人员，定额资助低保对象，过渡期内逐步调整脱贫人口资助政策。在逐步提高大病保障水平基础上，大病保险继续对低保对象、特困人员和返贫致贫人口进行倾斜支付。进一步夯实医疗救助托底保障，合理设定年度救助限额，合理控制救助对象政策范围内自付费用比例。分阶段、分对象、分类别调整脱贫攻坚期超常规保障措施。重点加大医疗救助资金投入，倾斜支持乡村振兴重点帮扶县。

（十三）完善养老保障和儿童关爱服务。完善城乡居民基本养老保险费代缴政策，地方政府结合当地实际情况，按照最低缴费档次为参加城乡居民养老保险的低保对象、特困人员、返贫致贫人口、重度残疾人等缴费困难群体代缴部分或全部保费。在提高城乡居民养老保险缴费档次时，对上述困难群体和其他已脱贫人口可保留现行最低缴费档次。强化县乡两级养老机构对失能、部分失能特困老年人口的兜底保障。加大对孤儿、事实无人抚养儿童等保障力度。加强残疾人托养照护、康复服务。

（十四）织密兜牢丧失劳动能力人口基本生活保障底线。对脱贫人口中完全丧失劳动能力或部分丧失劳动能力且无法通过产业就业获得稳定收入的人口，要按规定纳入农村低保或特困人员救助供养范围，并按困难类型及时给予专项救助、临时救助等，做到应保尽保、应兜尽兜。

六、着力提升脱贫地区整体发展水平

（十五）在西部地区脱贫县中集中支持一批乡村振兴重点帮扶县。按照应减尽减原则，在西部地区处于边远或高海拔、自然环境相对恶劣、经济发展基础薄弱、社会事业发展相对滞后的脱贫县中，确定一批国家乡村振兴重点帮扶县，从财政、金融、土地、人才、基础设施建设、公共服务等方面给予集中支持，增强其区域发展能力。支持各地在脱贫县中自主选择一部分县作为乡村振兴重点帮扶县。支持革命老区、民族地区、边疆地区巩固脱贫攻坚成果和乡村振兴。建立跟踪监测机制，对乡村振兴重点帮扶县进行定期监测评估。

（十六）坚持和完善东西部协作和对口支援、社会力量参与帮扶机制。继续坚持并完善东西部协作机制，在保持现有结对关系基本稳定和加强现有经济联系的基础上，调整优化结对帮扶关系，将现行一对多、多对一的帮扶办法，调整为原则上一个东部地区省份帮扶一个西部地区省份的长期固定结对帮扶关系。省际间要做好帮扶关系的衔接，防止出现工作断档、力量弱化。中部地区不再实施省际间结对帮扶。优化协作帮扶方式，在继续给予资金支持、援建项目基础上，进一步加强产业合作、劳务协作、人才支援，推进产业梯度转移，鼓励东西部共建产业园区。教育、文化、医疗卫生、科技等行业对口支援原则上纳入新的东西部协作结对关系。更加注重发挥市场作用，强化以企业合作为载体的帮扶协作。继续坚持定点帮扶机制，适当予以调整优化，安排有能力的部门、单位和企业承担更多责任。军队持续推进定点帮扶工作，健全完善长效机制，巩固提升帮扶成效。继续实施"万企帮万村"行动。定期对东西部协作和定点帮扶成效进行考核评价。

七、加强脱贫攻坚与乡村振兴政策有效衔接

（十七）做好财政投入政策衔接。过渡期内在保持财政支持政策总体稳定

的前提下，根据巩固拓展脱贫攻坚成果同乡村振兴有效衔接的需要和财力状况，合理安排财政投入规模，优化支出结构，调整支持重点。保留并调整优化原财政专项扶贫资金，聚焦支持脱贫地区巩固拓展脱贫攻坚成果和乡村振兴，适当向国家乡村振兴重点帮扶县倾斜，并逐步提高用于产业发展的比例。各地要用好城乡建设用地增减挂钩政策，统筹地方可支配财力，支持"十三五"易地扶贫搬迁融资资金偿还。对农村低收入人口的救助帮扶，通过现有资金支出渠道支持。过渡期前 3 年脱贫县继续实行涉农资金统筹整合试点政策，此后调整至国家乡村振兴重点帮扶县实施，其他地区探索建立涉农资金整合长效机制。确保以工代赈中央预算内投资落实到项目，及时足额发放劳务报酬。现有财政相关转移支付继续倾斜支持脱贫地区。对支持脱贫地区产业发展效果明显的贷款贴息、政府采购等政策，在调整优化基础上继续实施。过渡期内延续脱贫攻坚相关税收优惠政策。

（十八）做好金融服务政策衔接。继续发挥再贷款作用，现有再贷款帮扶政策在展期期间保持不变。进一步完善针对脱贫人口的小额信贷政策。对有较大贷款资金需求、符合贷款条件的对象，鼓励其申请创业担保贷款政策支持。加大对脱贫地区优势特色产业信贷和保险支持力度。鼓励各地因地制宜开发优势特色农产品保险。对脱贫地区继续实施企业上市"绿色通道"政策。探索农产品期货期权和农业保险联动。

（十九）做好土地支持政策衔接。坚持最严格耕地保护制度，强化耕地保护主体责任，严格控制非农建设占用耕地，坚决守住 18 亿亩耕地红线。以国土空间规划为依据，按照应保尽保原则，新增建设用地计划指标优先保障巩固拓展脱贫攻坚成果和乡村振兴用地需要，过渡期内专项安排脱贫县年度新增建设用地计划指标，专项指标不得挪用；原深度贫困地区计划指标不足的，由所在省份协调解决。过渡期内，对脱贫地区继续实施城乡建设用地增减挂钩节余指标省内交易政策；在东西部协作和对口支援框架下，对现行政策进行调整完善，继续开展增减挂钩节余指标跨省域调剂。

（二十）做好人才智力支持政策衔接。延续脱贫攻坚期间各项人才智力支持政策，建立健全引导各类人才服务乡村振兴长效机制。继续实施农村义务教育阶段教师特岗计划、中小学幼儿园教师国家级培训计划、银龄讲学计划、乡村教师生活补助政策，优先满足脱贫地区对高素质教师的补充需求。继续实施高校毕业生"三支一扶"计划，继续实施重点高校定向招生专项计划。全科医生特岗和农村订单定向医学生免费培养计划优先向中西部地区倾斜。在国家乡村振兴重点帮扶县对农业科技推广人员探索"县管乡用、下沉到村"的新机制。继续支持脱贫户"两后生"接受职业教育，并按规定给予相应资助。鼓励和引导各方面人才向国家乡村振兴重点帮扶县基层流动。

八、全面加强党的集中统一领导

（二十一）做好领导体制衔接。健全中央统筹、省负总责、市县乡抓落实的工作机制，构建责任清晰、各负其责、执行有力的乡村振兴领导体制，层层压实责任。充分发挥中央和地方各级党委农村工作领导小组作用，建立统一高效的实现巩固拓展脱贫攻坚成果同乡村振兴有效衔接的决策议事协调工作机制。

（二十二）做好工作体系衔接。脱贫攻坚任务完成后，要及时做好巩固拓展脱贫攻坚成果同全面推进乡村振兴在工作力量、组织保障、规划实施、项目建设、要素保障方面的有机结合，做到一盘棋、一体化推进。持续加强脱贫村党组织建设，选好用好管好乡村振兴带头人。对巩固拓展脱贫攻坚成果和乡村振兴任务重的村，继续选派驻村第一书记和工作队，健全常态化驻村工作机制。

（二十三）做好规划实施和项目建设衔接。将实现巩固拓展脱贫攻坚成果同乡村振兴有效衔接的重大举措纳入"十四五"规划。将脱贫地区巩固拓展脱贫攻坚成果和乡村振兴重大工程项目纳入"十四五"相关规划。科学编制"十四五"时期巩固拓展脱贫攻坚成果同乡村振兴有效衔接规划。

（二十四）做好考核机制衔接。脱贫攻坚任务完成后，脱贫地区开展乡村振兴考核时要把巩固拓展脱贫攻坚成果纳入市县党政领导班子和领导干部推进乡村振兴战略实绩考核范围。与高质量发展综合绩效评价做好衔接，科学设置考核指标，切实减轻基层负担。强化考核结果运用，将考核结果作为干部选拔任用、评先奖优、问责追责的重要参考。

决战脱贫攻坚目标任务胜利完成，我们要更加紧密地团结在以习近平同志为核心的党中央周围，乘势而上、埋头苦干，巩固拓展脱贫攻坚成果，全面推进乡村振兴，朝着全面建设社会主义现代化国家、实现第二个百年奋斗目标迈进。

参考文献

［1］吴国宝.实现巩固拓展脱贫攻坚成果同乡村振兴有效衔接重在建立长效机制［EB/OL］.htpp://news.cnr.cn/native/gb/20210125/t20210125_525399379.shtml,2021-01-25.

［2］中共中央党史和文献研究院.习近平扶贫论述摘编［M］.北京:中央文献出版社,2018.

［3］王小林,张晓颖.中国消除绝对贫困的经验解释与2020年后相对贫困治理取向［J］.中国农村经济,2021(02):2-18.

［4］韩长赋.实施乡村振兴战略　推动农业农村优先发展［N］.人民日报,2018-08-27(007).

［5］卢黎歌,武星星.后扶贫时期推进脱贫攻坚与乡村振兴有机衔接的学理阐释［J］.当代世界与社会主义,2020(02):89-96.

［6］张应良,徐亚东.农村公共服务供给与居民主观幸福感［J］.农林经济管理学报,2020,19(01):98-108.

［7］徐亚东,张应良.脱贫攻坚与乡村振兴有效衔接的制度供给研究:以重庆S乡农村"三变"改革为例［J］.农林经济管理学报,2021,20(02):256-266.

［8］许丹,陈果.中国农村公共文化服务制度变迁研究——以制度变迁为分析框架［J］.社会科学,2021(03):28-39.

［9］张琦,张艳荣.红色老区脱贫实践的时代新曲［M］.北京:北京师范大学出版社,2021.

［10］魏后凯.深刻把握城乡融合发展的本质内涵［J］.中国农村经济，2020(06):5-8.

［11］黄祖辉.准确把握中国乡村振兴战略［J］.中国农村经济，2018(04):2-12.

［12］汪三贵，冯紫曦.脱贫攻坚与乡村振兴有机衔接:逻辑关系、内涵与重点内容［J］.南京农业大学学报(社会科学版)，2019,19(05):8-14,154.

［13］魏后凯，姜长云，孔祥智，等.全面推进乡村振兴:权威专家深度解读十九届五中全会精神［J］.中国农村经济，2021(01):2-14.

［14］冯勇，刘志颐，吴瑞成.乡村振兴国际经验比较与启示——以日本、韩国、欧盟为例［J］.世界农业，2019(01):80-85,98.

［15］谭海燕.日本农村振兴运动对我国新农村建设的启示［J］.安徽农业大学学报(社会科学版)，2014,23(05):25-28,92.

［16］颜毓洁，任学文.日本造村运动对我国新农村建设的启示［J］.现代农业，2013(06):68-69.

［17］陈磊，曲文俏.解读日本的造村运动［J］.当代亚太，2006(06):29-35.

［18］齐永峰，巨强.韩国"新村运动"对我国农业供给侧改革的启示［J］.农业发展与金融，2016(11):60-62.

［19］肖晓光，贝燕威.韩国新村运动对广东当前新农村建设的启示［J］.发展改革理论与实践，2017(10):18-20,34.

［20］韩喜平，李罡.从价格支持到农村发展——欧盟共同农业政策的演变与启示［J］.理论探讨，2007(02):69-72.

［21］刘文博，张陆彪，王锦标，等.欧盟共同农业政策新一轮改革特点解析［J］.世界农业，2015(05):6,1-5.

［22］王志刚，封启帆.巩固贫困治理策略:从精准脱贫到乡村振兴［J］.财经问题研究，2021(10):14-23.

［23］庄晋财，黄曼.论稳定脱贫与乡村振兴的有机衔接［J］.农业现代化研究，2020,41(04):549-556.

[24]朱启铭.脱贫攻坚与乡村振兴:连续性、继起性的县域实践[J].江西财经大学学报,2019(03):95-104.

[25]施海波,吕开宇.2020年后反贫困战略:话语切换、顶层谋划与学界探讨[J].中国农业大学学报(社会科学版),2020,37(03):88-100.

[26]李秉文."可持续生计"框架下欠发达地区乡村振兴推进策略研究——以甘肃省为例[J].甘肃行政学院学报,2020(05):103-112,127-128.

[27]张军.乡村价值定位与乡村振兴[J].中国农村经济,2018(01):2-10.

[28]刘文斌,武力.乡村振兴进程中脱贫攻坚的成效利用与经验传递[J].河南师范大学学报(哲学社会科学版),2020,47(05):30-37.

[29]陈桂生,林路遥.不平衡不充分发展视域下的精准扶贫——基于产业益贫和政策减贫的框架[J].山西大学学报(哲学社会科学版),2020,43(01):84-92.

[30]徐晓军,张楠楠.乡村振兴与脱贫攻坚的对接:逻辑转换与实践路径[J].湖北民族学院学报(哲学社会科学版),2019,37(06):101-108.

[31]李晓园,钟伟.乡村振兴中的精准扶贫:出场逻辑、耦合机理与共生路径[J].中国井冈山干部学院学报,2018,11(05):122-130.

[32]李实,陈基平,滕阳川.共同富裕路上的乡村振兴:问题、挑战与建议[J].兰州大学学报(社会科学版),2021,49(03):37-46.

[33]陈锡文.实施乡村振兴战略,推进农业农村现代化[J].中国农业大学学报(社会科学版),2018,35(01):5-12.

[34]白永秀,宁启.巩固拓展脱贫攻坚成果同乡村振兴有效衔接的提出、研究进展及深化研究的重点[J].西北大学学报(哲学社会科学版),2021,51(05):5-14.

[35]豆书龙,叶敬忠.乡村振兴与脱贫攻坚的有机衔接及其机制构建[J].改革,2019(01):19-29.

[36]庄天慧,孙锦杨,杨浩.精准脱贫与乡村振兴的内在逻辑及有机衔接路径研究[J].西南民族大学学报(人文社科版),2018,39(12):113-117.

［37］翟坤周.新发展格局下乡村"产业—生态"协同振兴进路——基于县域治理分析框架［J］.理论与改革,2021(03):40-55.

［38］王文彬.由点及面:脱贫攻坚转向乡村振兴的战略思考［J］.西北农林科技大学学报(社会科学版),2021,21(01):52-59.

［39］张琦.稳步推进脱贫攻坚与乡村振兴有效衔接［J］.人民论坛,2019(S1):84-86.

［40］郭晓鸣,高杰.脱贫攻坚与乡村振兴政策实施如何有效衔接［J］.理论导报,2019(09): 60-62.

［41］樊杰,周侃,伍健雄.中国相对贫困地区可持续发展问题典型研究与政策前瞻［J］.中国科学院院刊,2020,35(10):1249-1263.

［42］张琦,张艳荣,卫祥玉.立下愚公移山志 打赢脱贫攻坚战——河南济源脱贫攻坚经验［M］.北京:北京师范大学出版社,2021.

［43］崔红志.乡村振兴与精准脱贫的进展、问题与实施路径——"乡村振兴战略与精准脱贫研讨会暨第十四届全国社科农经协作网络大会"会议综述［J］.中国农村经济,2018(09): 136-144.

［44］习近平.把乡村振兴战略作为新时代"三农"工作总抓手［J］.社会主义论坛,2019(07): 4-6.

［45］习近平.在全国脱贫攻坚总结表彰大会上的讲话［N］.人民日报,2021-02-26(2).

［46］中共中央党史和文献研究院.十八大以来重要文献选编［M］.北京:中央文献出版社,2018.

［47］中共中央文献研究室.做焦裕禄式的县委书记［M］.北京:中央文献出版社,2015.

［48］黄承伟.习近平扶贫思想论纲［J］.福建论坛(人文社会科学版),2018(01):54-64.

［49］方劲.中国农村扶贫工作"内卷化"困境及其治理［J］.社会建设,

2014,1(02):84-94.

[50]孙咏梅.中国脱贫攻坚成就与反贫困展望[J].中国高校社会科学,2020(06):22-29,154.

[51]韦艳,李美琪.乡村振兴视域下健康扶贫战略转型及接续机制研究[J].中国特色社会主义研究,2021(02):56-62.

[52]黄承伟.脱贫攻坚伟大成就彰显我国制度优势[J].红旗文稿,2020(08):29-32.

[53]中共中央国务院关于打赢脱贫攻坚战三年行动的指导意见[N].人民日报,2018-08-20(001).

[54]李博.后扶贫时代深度贫困地区脱贫成果巩固中的韧性治理[J].南京农业大学学报(社会科学版),2020,20(04):172-180.

[55]张琦,孔梅."十四五"时期我国的减贫目标及战略重点[J].改革,2019(11):117-125.

[56]章文光.脱贫攻坚决战决胜期需要注意的几个问题——基于建档立卡实地监测调研的思考[J].中共中央党校(国家行政学院)学报,2020,24(02):43-51.

[57]十一部门:继续支持脱贫县统筹整合使用财政涉农资金[J].农民文摘,2021(05):24.

[58]余昕,汪早容."后扶贫时代"返贫问题及对策[J].中国经贸导刊(中),2021(01):109-111.

[59]王介勇,戴纯,刘正佳,李裕瑞.巩固脱贫攻坚成果,推动乡村振兴的政策思考及建议[J].中国科学院院刊,2020,35(10):1273-1281.

[60]习近平在山东考察时强调切实把新发展理念落到实处不断增强经济社会发展创新力[J].党员干部之友,2018(07):6-9.

[61]范和生.返贫预警机制构建探究[J].中国特色社会主义研究,2018(01):57-63.

[62]吴振磊,李钺霆.易地扶贫搬迁:历史演进、现实逻辑与风险防范[J].

学习与探索,2020(02):131-137, 2.

[63]周建标.《摆脱贫困》中蕴含的精准扶贫理念——习近平精准扶贫理念在福建孕育及实践[J].西藏发展论坛,2021(01):76-81.

[64]汪三贵,胡骏,徐伍达.民族地区脱贫攻坚"志智双扶"问题研究[J].华南师范大学学报(社会科学版),2019(06):5-11, 191.

[65]曲海燕.激发贫困人口内生动力的现实困境与实现路径[J].农林经济管理学报,2019,18(02):216-223.

[66]汪三贵,郭建兵,胡骏.巩固拓展脱贫攻坚成果的若干思考[J].西北师大学报(社会科学版),2021,58(03):16-25.

[67]王建宏.宁夏冲刺文化扶贫"四到"目标[N].光明日报,2017-03-23(009).

[68]程建平.教育巩固脱贫攻坚成果[J].北京观察,2020(06):24.

[69]赵明仁,陆春萍.从外控逻辑到内生逻辑:贫困地区义务教育控辍保学长效机制探究[J].教育研究,2020,41(10):73-81.

[70]李智永.乡村振兴与长效扶贫机制衔接的路径探析[J].领导科学,2019(22):110-113.

[71]孙刚,罗昊.乡村振兴背景下文化治理现代化的价值意蕴与政策路径[J].江汉论坛,2021(07):85-90.

[72]刘建.主体性视角下后脱贫时代的贫困治理[J].华南农业大学学报(社会科学版),2019,18(05):17-25.

[73]王国敏,何莉琼.巩固拓展脱贫攻坚成果与乡村振兴有效衔接——基于"主体—内容—工具"三维整体框架[J].理论与改革,2021(03):56-66,155.

[74]《当代农村财经》编辑部.中共中央办公厅　国务院办公厅印发《关于促进小农户和现代农业发展有机衔接的意见》[J].当代农村财经,2019(05):35-39.

[75]姜长云.新时代创新完善农户利益联结机制研究[J].社会科学战线,

2019(07):44-53.

[76]欧阳海龙.湖泊湿地的生态补偿与绿色减贫协同机制——以湖北武汉安山国家湿地公园的生态治理为例[J].决策与信息,2021(05):71-80.

[77]杨虹,张柯.民族地区生态扶贫补偿机制研究——以云南省为例[J].北方金融,2020(01):39-47.

[78]姜安印,陈卫强.论相对贫困的成因、属性及治理之策[J].南京农业大学学报(社会科学版),2021,21(03):127-139.

[79]黄承伟.我国新时代脱贫攻坚阶段性成果及其前景展望[J].江西财经大学学报,2019(01):55-62.

[80]王维,向德平.从"嵌入"到"融入":精准扶贫驻村帮扶工作机制研究[J].南京农业大学学报(社会科学版),2020,20(01):41-50.

[81]习近平:在解决"两不愁三保障"突出问题座谈会上的讲话[J].商业文化,2019(24):8-15.

[82]历史性的跨越 新奋斗的起点——习近平总书记关于打赢脱贫攻坚战重要论述综述[J].当代兵团,2021(05):10-19.

[83]白永秀,刘盼.全面建成小康社会后我国城乡反贫困的特点、难点与重点[J].改革,2019(05):29-37.

[84]高强,孔祥智.论相对贫困的内涵、特点难点及应对之策[J].新疆师范大学学报(哲学社会科学版),2020,41(03):120-128,2.

[85]陈薇琼.乡村振兴战略背景下农村基础设施建设的现状与对策[J].山西能源学院学报,2021,34(03):73-75.

[86]邓研华.农村基础设施建设:现实问题与治理对策[J].农村经济与科技,2020,31(24):239-240.

[87]国务院发展研究中心农村经济研究部课题组.农村全面建成小康社会重大问题研究报告[R].国务院发展研究中心工作报告,2019.

[88]吴业苗.农村医疗卫生服务改进:农民需要与国家政策[J].深圳社会

科学,2021,4(04):65-75.

[89]金三林,韩杨.巩固拓展脱贫攻坚成果要充分发挥社会政策作用[J].经济纵横,2021(05):102-109.

[90]王俊程,武友德,钟群英.我国原深度贫困地区脱贫成果巩固的难点及其破解[J].西安财经大学学报,2021,34(02):64-72.

[91]程明,钱力,吴波."后扶贫时代"返贫治理问题研究[J].重庆理工大学学报(社会科学),2020,34(03):81-87.

[92]张强.解决城乡发展不平衡问题的纵向区域协调[J].治理现代化研究,2018(05):45-50.

[93]唐耀荣.脱贫攻坚与乡村振兴有效衔接的实现途径分析[J].农家参谋,2021(07):21-22.

[94]杜尚荣,朱艳,游春蓉.从脱贫攻坚到乡村振兴:新时代乡村教育发展的机遇与挑战[J].现代教育管理,2021(05):1-8.

[95]马焕灵,景琛琛.走向均衡:城乡基础教育资源配置论析[J].长春大学学报,2019,29(02):78-82.

[96]侯萌.我国农村医疗卫生服务的政府投入研究[D].山东大学,2011.

[97]国务院办公厅关于以新业态新模式引领新型消费加快发展的意见[J].中华人民共和国国务院公报,2020(28):23-27.

[98]本书编写组.中共中央关于制定国民经济和社会发展第十四个五年规划和二〇三五年远景目标的建议[M].北京:人民出版社,2020.

[99]晏世琦.完善我国区域政策框架体系[J].宏观经济管理,2021(03):18-23,29.

[100]蔡昉,杨涛.城乡收入差距的政治经济学[J].中国社会科学,2000(04):11-22,204.

[101]杨少博.浅析乡村振兴战略背景下农村土地流转问题[J].大陆桥视野,2021(05):76-77.

[102]夏怡然,陆铭.城市间的"孟母三迁"——公共服务影响劳动力流向的经验研究[J].管理世界,2015(10):78-90.

[103]周振,涂圣伟,张义博.工商资本参与乡村振兴的趋势、障碍与对策——基于8省14县的调研[J].宏观经济管理,2019(03):58-65.

[104]黄季焜.乡村振兴:农村转型、结构转型和政府职能[J].农业经济问题,2020(01):4-16.

[105]郑中华.深度贫困地区脱贫攻坚与乡村振兴有效衔接研究[J].重庆行政,2021,22(01):30-33.

[106]《上海农村经济》编辑部.激活乡村振兴内生动力加速乡村振兴战略落地[J].上海农村经济,2019(03):1.

[107]谢景景.巩固脱贫攻坚成果与乡村振兴有效衔接对策研究[J].乡村科技,2021,12(06):64-66.

[108]曲延春.乡镇政府职能转变:乡镇干部的认知研究——基于山东省问卷调查的分析[J].中共中央党校学报,2017,21(04):88-96.

[109]莫光辉,张菁.基于"人本主义"视角的贫困人口扶志扶智路径创新[J].中共中央党校学报,2018,22(03):102-110.

[110]劳德祥,黎昌珍.激发贫困群众脱贫内生动力探析[J].合作经济与科技,2020(02):171-173.

[111]农业农村部:鼓励社会资本投资现代种养业等产业领域[J].甘肃畜牧兽医,2021,51(05):77.

[112]唐惠敏,范和生.资本下乡背景下乡村振兴模式选择[J].安徽大学学报(哲学社会科学版),2021,45(03):117-125.

[113]陈健,苏志豪.小农户与现代农业有机衔接:结构、模式与发展走向——基于供给侧结构改革的视角[J].南京农业大学学报(社会科学版),2019,19(05):74-85,157.

[114]郑雄英,赵臻.政府引导下社会资本助力乡村振兴的法治路径研究[J].

山西农经, 2021(02):1-5.

[115]武汉大学易地扶贫搬迁后续扶持研究课题组.易地扶贫搬迁的基本特征与后续扶持的路径选择[J].中国农村经济, 2020(12):88-102.

[116]姚学刚.建立防止返贫监测和帮扶机制的思考和建议[J].重庆行政, 2020, 21(02): 35-37.

[117]涂圣伟.脱贫攻坚与乡村振兴有机衔接：目标导向、重点领域与关键举措[J].中国农村经济, 2020(08):2-12.

[118]吕承成, 黄玥, 蔡曼.“互联网+”大数据平台下动态返贫风险监测及预警机制研究[J].山西农经, 2021(08):23-24.

[119]张琦.巩固拓展脱贫攻坚成果同乡村振兴有效衔接:基于贫困治理绩效评估的视角[J].贵州社会科学, 2021(01):144-151.

[120]张宜红, 万欣.统筹推进脱贫攻坚与乡村振兴相衔接：内在逻辑及政策选择[J].农业考古, 2020(01):250-258.

[121]高强.脱贫攻坚与乡村振兴有效衔接的再探讨——基于政策转移接续的视角[J].南京农业大学学报(社会科学版), 2020, 20(04):49-57.

[122]唐亮, 杜婵, 邓茗尹.组织扶贫与组织振兴的有机衔接：现实需求、困难及实现路径[J].农村经济, 2021(01):111-118.

[123]徐华.提升村“两委”素质助力乡村振兴[J].决策探索(下), 2018 (06):91-92.

[124]孔祥智.村“两委”是乡村振兴的关键[J].农村工作通讯, 2017(22):44.

[125]陈志钢, 毕洁颖, 吴国宝, 等.中国扶贫现状与演进以及2020年后的扶贫愿景和战略重点[J].中国农村经济, 2019(01):2-16.

[126]马克斯·韦伯.社会科学方法论[M].李秋零, 田薇, 译.北京:中国人民大学出版社, 1999: 31-32.

[127]伊庆山.乡村振兴战略下农村发展不平衡不充分的根源、表征及应对[J].江苏农业科学, 2019, 47(09):58-63.

［128］刘奇.城市化背景下的乡村价值该如何定位［J］.中国发展观察,2012(09):37-41.

［129］刘进军,韩建民.明确乡村功能定位科学实施乡村振兴战略［N］.光明日报,2018-06-05(006).

［130］孙大海.始终坚持以人民为中心的价值追求［N］.抚州日报,2017-10-25(B03).

［131］洪大用.协同推进国家治理与贫困治理［J］.领导科学,2017(30):20.

［132］李纪恒.坚持以人民为中心的发展思想［EB/OL］.2017-06-14.http://theory.people.com.cn/n1/2017/0614/c352498-29338938.html

［133］谢铭威.脱贫攻坚对实现共同富裕的现实意义和经验启示［J］.山西农经,2021(09):21-23.

［134］刘学敏,张生玲,王诺.效率、社会公平与中国减贫方略［J］.中国软科学,2018(05):49-55.

［135］宋锐,曹东勃.中国贫困治理的制度透视及实践导向［J］.甘肃社会科学,2020(06):79-86.

［136］中共中央文献研究室.习近平关于社会主义社会建设论述摘编［M］.北京:中央文献出版社,2017.

［137］刘泾.习近平公平正义观三重维度探析［J］.科学社会主义,2019(06):72-79.

［138］李小云,吴一凡,武晋.精准脱贫:中国治国理政的新实践［J］.华中农业大学学报(社会科学版),2019(05):12-20,164.

［139］戴红梅,贾后明.城乡市场分割的形成和统筹建设的措施分析［J］.农业现代化研究,2004(04):262-265.

［140］张开云,邓永超,魏璇.党建扶贫质量:内涵机理、评估及其提升路径——基于可持续生计框架的分析［J］.宏观质量研究,2021,9(03):12-23.

［141］张芳娟,张乾元.我国农村反贫困的制度创新及其治理效能［J］.江西

社会科学,2021,41(04):236-244,2.

[142]郑立华.探索多元化扶贫模式助力脱贫攻坚[N].中国商报,2017-11-16(003).

[143]尹成杰.推进脱贫攻坚与乡村振兴有机衔接[J].中国乡村发现,2020(02):21-24.

[144]郭子隽.精准扶贫中政府角色转变问题研究[J].党政论坛,2021(01):45-48.

[145]张蕴弛.找寻制度建设中的"韧性"密码[EB/OL].http://www.71.cn/2019/1202/1068810.shtml,2019-12-02.

[146]杜向辉.乡村振兴视域下西部贫困地区"内外融合"动力机制构建研究[J].石河子大学学报(哲学社会科学版),2020,34(04):15-21.

[147]刘秀杰,万成伟,叶裕民.京津冀协同发展的制度困境与对策建议——以通州与北三县协同发展为例[J].城市发展研究,2019,26(11):5-10.

[148]黄祖辉.推进浙江乡村振兴提供全国示范样本[J].决策咨询,2019(01):15-16,19.

[149]黄祖辉,马彦丽.再论以城市化带动乡村振兴[J].农业经济问题,2020(09):9-15.

[150]徐补生.脱贫攻坚前所未有的伟大成就[N].山西日报,2021-02-26(005).

后　记

　　重农固本是安民之基、治国之要。解决"三农"问题是我国走向现代化进程中一项艰巨的任务,也是全面建设小康社会的一大难题。在解决"三农"问题时,党和国家精准把握不同发展阶段的主要矛盾,先后提出脱贫攻坚和乡村振兴战略,推动乡村现代化发展。经过多年的接续奋斗,尤其是脱贫攻坚战,使我国解决了困扰千年之久的绝对贫困难题,提前完成联合国千年发展目标。巩固拓展脱贫攻坚成果与乡村振兴衔接既是当下的问题,也是一个长期问题。本书的撰写由张琦教授和张艳荣教授牵头组织来完成;主要撰写人员有北京师范大学中国扶贫研究院张琦教授,甘肃农业大学财经学院张艳荣教授,新疆农业大学经济与贸易学院郭琳,北京林业大学经济管理学院博士研究生孟娜及甘肃农业大学财经学院硕士研究生白硕、张萌、林紫藤、张小梅、李蓉和刘巧彦。在撰写过程中,团队成员积极交流探讨,大量查阅文献资料,力求真实反映出两大战略在不同发展阶段所发挥的作用。

　　第一章从整体上对本书的主要内容进行简略阐述;第二章从国内国际两个视角分析巩固拓展脱贫攻坚成果与乡村振兴衔接问题提出的背景,并说明巩固拓展脱贫攻坚成果和乡村振兴两大战略有效衔接的意义;第三章从时间、空间两个维度分析脱贫攻坚和乡村振兴两大战略的关系;第四章是从国内国际两个视角分析脱贫攻坚战取得的成就,并说明这系列成就为乡村振兴的实施所作出的贡献;第五章主要是从为什么要巩固脱贫攻坚成果、如何巩固脱贫攻坚成果两大方面出发，分析其基本内涵、关键实现路径、长效机制构建以及发挥的长久功能等内容；第六章主要是分析巩固拓展脱贫攻坚成果与乡村振兴衔接存在的难点和挑战；第七章基于巩固拓展脱贫攻坚成果与乡村振兴两大战略平稳过渡的政策着力点，分别从宏观层面和微观层面展开论述；第八章总结脱贫攻坚系列经验，并为乡村振兴战略的全面实施提供借鉴与启示；第九章从整体上对本书撰写的内容进行总结，并对乡村振兴战略的实施进行展望。

巩固拓展脱贫攻坚成果与乡村振兴衔接是当前经济社会发展必然经历的一个过程，对该过程中取得的系列成就、两大战略协同推进的关键路径、机制构建以及实施的重点与难点进行梳理与总结，有助于将脱贫攻坚的系列经验吸收并运用在乡村振兴中，为探索建立扶贫济困长效机制，实现脱贫攻坚与乡村振兴有效衔接提供智力支持。撰写本书的过程，便于我们深入乡村，分析其在新发展阶段所具有的潜力，有幸见证我国广袤地域中的乡村焕发生机；也加深了我们对党和国家扶持乡村发展的政策落实方面的理解，鼓励我们扎根基层，深入研究乡村，为实现第二个百年奋斗目标、建成社会主义现代化强国不懈努力。

由于我们水平有限，书中难免存在疏漏和不当之处，敬请各位读者批评指正！

张琦　张艳荣